KASDAREEN
THE HOLISTIC PSYCHOLOGY

KASDAREEN
THE HOLISTIC PSYCHOLOGY

SHANWIIL BAALE

Looh Press | 2023

LOOH PRESS LTD.
Copyright © Shanwiil Baale 2023
Dhowran © Shanwiil Baale 2023
First Edition, First Print June 2023.
Soo Saariddii 1aad, Daabacaaddii 1aad Yuunyo 2023.

Xuquuqda oo dhammi way dhawrantahay. Buuggan dhammaantiis ama qayb ka mid ah sina loo ma daabici karo loo mana kaydsan karo elegtaroonig ahaan, makaanig ahaan ama hababka kale oo ay ku jirto sawirid, iyada oo aan oggolaansho laga helin qoraaga. Waa sharci-darro in buuggan la koobbiyeeyo, lagu daabaco degellada internetka, ama loo baahiyo si kasta oo kale, iyada oo aan oggolaansho laga helin qoraaga ama cid si la caddayn karo ugu idman maaraynta xuquuqda.
Wixii talo ama falcelin ah ka la xiriir qoraaga: shanwiilbaale@gmail.com

PRINTED & DISTRIBUTED BY
Looh Press
56 Lethbridge Close
Leicester, LE1 2EB
LoohPress@gmail.com
www.LoohPress.com
+4479 466866 93

Edited & Translated by:	Bodhari Warsame
Cover design & typeset by:	Looh Press Ltd.

ISBN: 978-1-912411-65-8   (Paperback)

HIBAYN

Bahda iyo akhristayaasha Kasdareen oo dhan ayaan u hibeeyay dhiganahan.

MAHADCELIN

Alle sokadii, waxaan ahay iyo waxaan rejaynayo in aan noqdaba, waxaa abaal bur iyo dheeraad ah uga hayaa hooyadey, Ashkiro-Shaqlan; Xaaskayga, Hibo-Habboon, iyo walaashey Yaasmiin Maxamuud; Cabdikariim Jaamac, Daa'uud Jicib, Maxamed Cabdulqaadir, Cabdimaalik Cabdulqaadir, Cali Cismaan iyo Xalwo Cali, Ilyaas Cumar, Khadar Fiqi, Bodhari Warsame, iyo bahda Madbacadda Laashin, iyo Maxamad Cabdullaahi Cartan.

HIBAYN v
MAHADCELIN vi
HORDHAC xi

Chapter 1 – Philosophy 1
1 EUDAIMONIC HAPPINESS 2
2 STOIC PHILOSOPHY 5
3 LIVE YOUR DHARMA 8
4 THE FOUR NOBLE TRUTHS 11
5 FOR WHAT WERE YOU MADE? 14
6 DO YOU LIKE YOURSELF? 17
7 TODAY IS THE DAY 20
8 THE EQUATION FOR LIFE 23
9 PRACTISE WHAT YOU PREACH 26
10 HOLD NOTHING BACK 29
11 BEYOND GOOD AND EVIL 32

Chapter 2 – Psychology 35
12 MAKE P.E.R.M.A YOUR MODEL 36
13 HAPPINESS PREEDS ALL GOALS 39
14 THE DOWNSIDE OF DREAMING 42
15 WHAT IS GRIT? 45
16 THE GIFT FALLACY 48
17 WHAT IS PRESENCE? 51
18 WHAT IS AGENCY? 54
19 WHY BE HAPPY? 57
20 WHAT IS CREATIVITY? 60
21 THE COURAGE QUOTIENT 63

22 POST TRAUMATIC STRESS DISORDER................................66
23 WHAT IS CHARACTER?...69
24 WHAT IS AN ICONOCLAST?...72

Chapter 3 – Habits..75
25 WHAT IS TINY HABITS?..76
26 WHATS ATOMIC HABITS?..79
27 WE ARE OUR HABITS...82
28 THE HABIT LOOP..85
29 QUICK RESULT REWARDS...88
30 SELF-CONTROL OVER SELF-STEEM.................................91
31 WILLPOWER CONSISTS OF THREE FORCES....................94
32 THE SLIGHT EDGE..97
33 THE MARSHMALLOW TEST...100
34 DRUGS AND STIMULANTS...103

Chapter 4 – Nutrition... 107
35 THE FOOD SYSTEM...108
36 MODERATE AMERICAN DIET..111
37 THE FOOD IMPACT...114
38 THE HISTORY OF SUGAR...117
39 WHY WE GET FAT...120
40 THE TRUTH ABOUT FAT..123
41 THE FAT CHANCE...126
42 THE BRAIN KILLERS..129
43 EAT CORRECTLY..132
44 WHAT IS A BRIGHT LINE EATING?.................................135

Chapter 5 – Exercise 139
45 THE COLLECTIVE JOY..140
46 NO SWEAT...143
47 THE MIND-BODY CONNECTION......................................146
48 COMFORT IS THE ENEMY..149
49 HEALTHY vs FITNESS..152
50 MOVE YOUR DNA...155
51 SITTING KILLS..158
52 THE FOOT ANATOMY...161
53 THE FOUNDATION TRAINING...164
54 FIND EXTRA GEAR...167
55 THE BIG PICTURE...170

Chapter 6 – Sleep 173
56 WHY WE SLEEP? 174
57 CULTURE OF WORKAHOLISM 177
58 IMPORTANCE OF SLEEP 180
59 END THE INSOMNIA 183
60 SLEEP IS ESSENTIAL 186
61 THE SLEEPLESS CONSEQUENCES 189
62 THE CO-SLEEPING FORM 192
63 THE FAST LANE 195
64 NAPPING IS A TOOL 198
65 SLEEP FORIS 201

Chapter 7 – Focus 205
66 SOLITUDE DEPRIVIATION 206
67 THE SMARTPHONE ADDICTION 209
68 DISTRACTION STARTS FROM WITHIN 212
69 THE HIGH-TECH WORLD 215
70 MEDIA IS MY DRUG 218
71 THE PROGRESS PARADOX 221
72 BREAK UP WITH YOUR PHONE 224
73 THE REST DAYS 227
74 PAIN OVER BOREDOM 230
75 FOCUS IMPROVES WILLPOWER 233

Chapter 8 – Empathy 237
76 WHERE DOES PERSONALITY COME FROM? 238
77 THE FOUR TENDENCIES 241
78 THE FOUR PERSONALITY TYPES 244
79 THE FOUR QUESTION 247
80 SELF-COMPASSION 250
81 AUTHENTICITY IS A CHOICE 253
82 THE RAIN MEDITATION 256
83 SOCIAL EMPATHY HELPS 259
84 EMPATHY BECAME A POPULAR 262
85 EMPATHY COMES NATURALLY 265
86 I FEEL YOUR PAIN 268
87 EMPATHY HAS A DARK SIDE 271
88 A FORCE FOR GOOD 274
89 THE EGOCENTRIC POINT OF VIEW 277
90 MAP OUT YOUR QUALITY 280
91 TYPES OF ALTRUISM 283

Chapter 9 – Freedom 287
92 THE COMPONENTS OF LIFE 288
93 THE BURNING DESIRE 291
94 THE MONEY BLUEPRINT 294
95 ACT MORE INTENTIONALLY 297
96 THE FOUR QUADRANTS 300
97 VALUE YOUR LIFE 303
98 DIE WITH ZERO 306
99 FOLLOW YOUR HEART 309
100 LEAVE YOUR COMFORT ZONE 312
101 THE D.E.A.L FORMULA 315

TIXRAACYO GUUD 318

HORDHAC

Miyaysan ahayn arrin la-yaab leh in aynnu dhigannay taariikh, xisaab, iyo juquraafi, balse aynnu seegnay fasalkii ahaa sida loogu noolaado nolol wanaagsan? Miyuuse jiray fasalkaas horta? Ka warran haddii aan ku dhaho fasalkaas casharradii lagu dhigi lahaa waxaad ka dheegan kartaa dhiganahaan, waxaana macallimiin kuu noqonaya Epictetus, Martin Seligman, B. J Fogg, Mark Hyman, Kelly McGonigal, Matthew Walker, Cal Newport, Kristin Neff iyo Wallace D. Wattles!

Sannaddii 2007 ayaa waxaa ila soo daristay murugo xanuun badan oo igu qasabtay in aan buugaagta ka raadiyo nafis iyo wehel, si aan uga baxsado ciriiriga dhul iyo midka seben ee aan dareemayay. Waxaa halkaas ka bilowday safarkaygaygii qaarinnimada, walow aan yaraantaydii jecelaa akhriska iyo qoraalka. Ma ahayn ruux akhriya buug kasta oo ay dadku ii faaniyaan ama maktabadda yaalla ee waxaan akhrin jiray uun mowduucyada aan xiiseeyo. Muddo markii ay buugaagtu ii ahaayeen barkin ayaan Is-weydiiyay Culuumtaan aad habeen iyo maalin ku cayilinayso caqligaaga oo aad ku quudinayso qalbigaaga, goorma ayaad wax ka qori ama bulshada uga faa'iideyn, inta ay naftu kaa nuuxnuuxsanyso? Aniga oo og in aanay dadkaygu jeclayn wax akhriska ayaan 2016 bilaabay in aan Youtube-ka ku baahiyo muuqaallo koobkooban. Nasiibwanaag, 2019 waxaan ka mid noqday dadkii ka badbaaday caabuqii Covid-19. Xabsi-gurigii uu cudurku igu xukumay ayaa waxaa ka dhashay in aan ku curiyo KASDAREEN.

CHAPTER 1
PHILOSOPHY

1
EUDAIMONIC HAPPINESS

"Happiness is when what you think, what you feel, and what you do are in harmony."

Mahatma Gaandi

Yoolka ugu sarreeya ee ay aadanuhu raacdeeyaan inta ay dunida dusheeda joogaan ayaa la sheegay in uu yahay farxadda. Waxay cilmi-nafsiyaqaannadu (psychologists) u bixiyeen "Lacagta ugu qiime sarreysa" (the ultimte currency), halka falsafadyahannadu (Philosophers) ugu yeeraan "Wanaag kiisa ugu wanaagsan" (the summum bonum).

Muran ka ma jiro in biya-dhaca ama gabagabada ficil ama tallaabo kasta oo uu insaanku qaado, wuxuu doono ha ahaadee, maxsuulka uu ka doonayo yahay in ay farxad geliyaan, doodduse waxay ka taagantahay macnaha iyo waddada loo marayo sidii farxaddaas lagu heli lahaa. Dadka qaar ayaa aamminsan farxaddu in ay tahay maal, magac, iyo muuqaal, halka kuwo kale aamminsanyihiin farxaddu in ay tahay caafimaad, curin, iyo caawin.

Bani-aadamku farxadda wuxuu ka dareemaa labadaan mid uun: in ay ka soo burqanayso gudaha ama ay uga soo darrinayso dibadda. Midda la isku raacsanyahay ayaa noqotay midda ka imaanaysa gudaha qofka (Intrinsic), waayo waxaa la leeyahay wax kasta oo bannaanka kaaga yimaada (Extrinsic) ma aha wax la isku hallayn karo ama aad adigu maamuli karto had iyo jeer. Taas waxaa ka sii daran, waxaa la leeyahay, haddaad doonaysid in aad ku noolaato nolol farxadi ku dheehantahay, noloshaada ku xir hadaf (purpose) ee ha ku xirin dad (people) iyo duunyo (things).

Haddaba su'aal: adiga farxaddaadu maxay ku xirantahay?

THE PATH TO EUDAIMONIA

Haddii aynu isku dayno in aynu macnayno erayga Eudaimonia oo asalkiisu yahay Giriig, waa uu ka guda ballaaranyahay farxadda (Happiness), kaa oo markii laba loo qaybiyo ku soo baxaya sidatan: Eu (good) Wanaag + Daimon (Soul) Ruux = Ruuxwanaag!

Sida aysan wirwiradu u noqon karin biyo ama dhado u noqon waysay roob ayaa maalin, toddobaad iyo bil wax la mid ahna aadan ku noqon karin qof hufan ama naftiisa hanta; waayo waa shaqo u baahan joogtayn iyo samir, inta aad nooshahay.

Waxaa la is weydiiyay qofka maxaa qaabeeya oo ka dhigay waxa uu yahay? Waxaa ka jawaabay Aristotle oo yiri, Waxaynnu nahay waxa aynnu ku celcelinno (we are what we repeatedly do). Waxaynnu ku celcelinnaana ma aha ficil aynnu mararka qaarkood qabanno ee waa waxa aynnu ka dhiganno caado (habit), ilaa ficilkaas qabashadiisu uu noqdo mid aynnaan u baahnayn in aan ka fikirno oo uu u dhaadhaco maskaxda qaybteeda baraadka la' (unconscious mind).

Haddaba, hadduu qofku doonayo in uu qaado waddadii dhammaysnimada (Arete) ama uu rabo in uu naftiisa ka dhigo qof qumman, waxaa lamahuraan noqonaysa in uu la yimaado dhaqan wanaagsan iyo asluub suuban (Virtues), taas oo macnaheedu yahay in uu ka shaqeeyo siduu ugu noolaan lahaa noloshuu hal-abuur Cali Ileeye ku tilmaamay "Nolol aan xumaan iyo xin jirin; nolol aan xigteysi iyo faquuq jirin; nolol aan jahligu xirin oo aanay xakame iyo xarriiq jirin."

THE GREATNESS OF YOUR SOUL

Erayga MAGNANIMITY waa Giriig, haddii laba loo qaybiyana wuxuu noqonayaa laba erey oo kale oo samaynaya laba macne. Magnus (great) + Animus (soul). Magnanimity = Great Soul = Ruux Weyn. PUSILLANIMITY waa erey kale oo ka soo horjeeda oo ka kooban Pusillus (small) iyo Animus (Soul). Pusillanimity = Small Soul = Ruux Yar.

Durbadaba wuxuu caqligaagu soo dhifanaaya sow ma aha, sidee lagu kala garan karaa ama lagu kala saari karaa, illeen ruuxdu sideedaba ma aha mid dhaayuhu qaban karaane? Waa sax oo inta na laga ogaysiiyay cilmiga aan u leennahay ruuxda ayaa aad u yar (qaliil).

Ruuxda weyni waa mid rumaysan in ay wax u qaban karto nafteeda, una kaba-gashan oo u tafa-xaydan siday u qabyo-tiri lahayd qorshaha ay nolosheeda u degsatay, caalamkaan mashaakilaadka iyo masiibooyinka dhex ceegaagana wax uga qaban lahayd. Halka ruuxda yari adduunka in ay wax ku soo kordhiso iska daaye iyadu culays ku tahay! Macnaha, waa naf hanyari ku jirto oo aan hanaqaad lahayn. Miyaad garanaysaa macnaha naanaysta "Gaandi" iyo sababta loogu bixiyo qof? Maxaase kuu muuqda ama aad ka dheehataa markaad aragto suuradda foolkiisa? Mahatma: Maha (great) + Atman (Soul). Mahatma = Great Soul = Ruuxdii Weynayd.

Su'aal haddaba: Ruux noocee ah ayaa kugu jirtaad is-leedahay adigu?

Farxaddu waa markii sida aad u fikirayso, waxa aad dareemayso iyo ficilkaagu iswaafaqaan

2
STOIC PHILOSOPHY

*What else is freedom but The power
to live your life the way you want.*

- Epictetus

Falsafadda dulbadnidu (stoic) wax kale ma aha ee fikraddeeda ugu weyn ee ay xambaarsantahay waa in uu qofku kala saari karo duruufaha kala duwan ee soo wajaha, kuwu la xakameyn karo (controllable) iyo kuwa aan la xakameyn karin (uncontrollable).

Falsafaddaani waxay leedahay; samaanta (good) iyo xumaanta (bad) labaduba waxay ku jiraan doorashadaada (choice) oo waa hadba sidaad ugu ban-dhigto fasiraaddaada (interpretation). Waayo ficil dhacay miyaad wax ka qaban kartaa mise fal-celintaada (response) ayaad wax ka qaban kartaa? Dabcan fal-celintaada, sow ma aha? Waana meeshaas halka xorriyadda dhabta ahi (essence of freedom) ee aadanuhu baayaceen xarfanayso.

Masuuliyadda naga saaran nolosha iyo shaqada ugu horraysa ee na la ka doonayo in aynnu qabanno ayaa ah sidii aynnu mar kasta u kala qaadi lahayn labadaan qodob oo u kala galin lahayn laba khaanadood oo kala duwan, si aysan maalmaheenna noloshu u noqon kuwo cadaadis (stress), qulub (depression), walwal (worry) iyo walaac (anxiety) hareereeyeen. Micnuhu ma aha qofku markay mashaqo iyo mixnad u soo martiyaan in uusan dareemayn walwal iyo walbahaar oo uu yahay dhagax ama kurtun meel iska yuurura e sirta falsafaddani waa in aan korkaaga si sahlan looga daalacan uurkaaga waxa ku jira, afkuna si fudud kaaga xadin.

WANT SOMETHING GREAT?

Ka warran haddii aad u tagto nin beeroole ah oo aad ku tiraahdo waxa aan rabaa in aan abuurto cambe iyo timir oo aan ku gurto sanad gudihiis? Sow hubaal ma aha in uu ninkaas kuu arkayo laba mid uun; in aadan aqoon u lahayn geedaha aad doonayso inta ay ku miro dhalaan iyo in aad tahay qof foollo ah (dhimirkiisu aanu dhammayn). Waa yahaye sidee isaga dhaadhicisay ama cindigaaga u galisay, habeen qura waxaad nolosha ka doonayso in ay kuu hagaagaan, ama isbeddelka aad doonayso uu kuu hirgalo adiga oo aan hurdo iyo hoyaad ka tagin, indhaha hoostoodu ku bararin, xigto iyo xigaalo cawda kuu jarin, saaxiibbadaa noqon cadowgaaga kowaad oo in ay ku bari-taaraan iska daaye ku xagal-daaciyaan, ummadda inta soo hartana kuu arkin nin soo waalan raba?

Ma waxay ku la tahay been in loo yiri "Xaglo laaban xoolo ku ma yimaadaan" iyo "Nin meel dheer u socda ma daalo?" Maahmaahahaan waxay na hoga-tusaalaynayaan, walow irsaaqdu tahay wax ku qoran Looxmaxfuudka, haddana in aad camalkaaga abaalmarintiisa leedahay if iyo aakhiro. Waa arrin dabiici ah oo maangal ah qofna in uusan helayn wax uusan dhexda u xiran meelna u dhikaysan malmal.

Haddaba, ku jiifso oo ku soo toos, taariikhda in aan lagu haynnin wax farjaawis ku yimid oo dhaxal reebay ama nolosha iyo hab-fikirka aadanaha wax ka baddalay.

LET US BE AN EXAMPLE

Adduunka maanta waxaa loogu baahi badanyahay shaqsiyaadka waxay ku soo barteen iskuullada ama waqtiga iyo waayahu bareen ficil ahaan u muujiya ee aan hadal qallalan ummadda la soo hortaagnaan, sida loo badanyahay qarniga maanta aynnu noolnahay.

Ma ogtahay inaad ka dambi badantahay adduun iyo aakhiro ruuxa jaahilka ah haddaadan waxaad taqaan ku dhaqmayn? Mase ogtahay macallinka saxda ahi in uu yahay kan ardayga u sharraxa macnaha muuqaalka ee aan u fasirin siduu u fiirin lahaa? Inta yar ee aad garanayso haddaad ku camalfasho oo ay hab-nololeedkaaga ka soo if-baxaan waxaad noqonaysaa hoggaamiye ruuxi ah (spritual leader) oo aan u baahnayn magacyadaan la mujaamaladeeyay oo indho-sarcaadka iyo gacan ku rimiska ku dhisan?

Sidee ku noqon kartaa qof lagu daydo (role model) haddaad fikradaha aad xambaarsantahay ku qanacsanayn oo aadan ku dabbaqayn noloshaada, ama dhagahaaga iyo afkaagu ahayn kuwa is-maqla? Miyaadan noqonayn munaafaq ama yeelanayn sifooyinkiisa, haddii qowlkaaga iyo camalkaagu is-qilaafsanyihiin? Waad ka dharagsantahaan filayaa in na loo ka digay in aynnaan ka mid noqon kuwa waxay dhahayaan aan iyagu ku dhaqmin? Haantu waxay ka tolantaa gunta, wax kastana waxay ka bilowdaan seeska. Haddii aad rabtid adduunkaan in aad wax ka baddasho, adigu noqo horta isbeddelka aad doonayso (be the change).

Waxaad jeceshahay in aad samayso waa xorriyad, waxaad samaysay in aad ka heshana waa farxad

3
LIVE YOUR DHARMA

"It's better to live your own destiny imperfectly than to live an imitation of somebodys else's life with perfection."

- Bhagavad Gita

Dharma waa eray ka mid ah luuqadihii hore ee Hindiya (Sanskrit), macnaha ugu dhow ee uu samayn karo markaan Afsoomali ku fasirana waa hadaf (calling). Waa hubaal ereaygaan wuu kaaga dhex muuqan doonaa buugaagga falsafadda iyo cilmi-nafsiga oo isticmaalkiisa waad la yaabi doontaa, balse micmihiisu ma aha mid marnaba isbeddela, jumlad kasta oo la galiyo. Waa hadaf (purpose), yool (goal), ujeedka (mission) qofku u noolyahay ama loo abuuray.

Halkaan isma weydiinayno iska ma dhigayno in aynnaan aqoon ama shaki iyo mugdi galinno maqsadka aadanaha loo abuuray oo waa caabudidda Alle (swt) oo lagu caabudo dariiqa Rasuulka (scw), balse waxaan isa su'aalaynaa oo jawaab inaad u hesho adiga akhrinaaya dhiganahaan lagaaga baahanyahay, Asalaynka ka dib (Kitaabullaahi wa sunnah) istikhyaarkii lagu siiyay ee xoolaha lagaa duway inaad xumaan iyo samaan kala doorato, adigu ma ku nooshahay noloshaada (dharma)?

Foolxumada noloshaada inaad quruxsato oo aad taada ku noolaato waxay nolosha kaga macaantahay la waa, waayo wali la ma sheegin wax ku qasaaray ama ku lumay waddo qofku jeexday ama fashay. Ku dayashada iyo raacidda dhaan dad kale wato waxay ku dhaxalsiisaa shallaay iyo qoomamo, ugu dambaynna waxaad awrta ku furi doontaa bangeeryaad.

HOW IS YOUR FAITH?

Ninkii buurta qarkeeda ka lushay ee Alle baryay in uu badbaadiyo, markii lagu yiri laantaad haysato sii daa annagaa ku badbaadinaynee muxuu yiri? Ma sii deyn karee Ilaahow i badbaadi. Kalsoonida aad Alle ku qabto waa intee?

Marka aad rabto inaad wax qabato, kalsooni intee le'eg ayaad ku qabtaa naftaada? Adigu haddaadan isku qabin kalsooni ama aadan ahayn mid isagu is-aamminsan ayaad ka sugaysaa ama ka rabtaa in ay ku aamminaan? Jinni mise jaan? Ogow sacabkaaga in uusan sacab kaaga horreynin.

Sideedaba, Arkaanul Iimaanka ma aha tiirar lagu binayn karo fikirka ah "i tus oo i tabsii" ama loo adeegsan karo caqli ee waa dareen arwaaxdeenna hoose ku xardhan oo aynnu soo rumaynnay intaynnaan dunidaan malcuunka ah na loo soo saarin ka hor. Iimaanku (faith) waa kalsooni aad wax ku qabto adigoon u jeedin dhammaadkooda ama ciribtooda dambe natiijada ka dhalan doonta, balse aad adigu aamminsantahay in ay kuu saxmayaan ama ay kuu muuqdaan wax ummadda inteeda kale aysan ku la arki karin ama ku la fahmi karin.

Fashilku waa hooyada guusha, daliilna waxaa u ah wuxuu kugu hoggaamiyaa inaad qaaddo waddo aan ahayn midda aad hadda hayso, adiga oo intaan ka waayo-aragsan, ka adkaysi badan, kana xirfad badan. Guushuna sideedaba macaan ma yeelato haddii aanad soo dhadhamin dhuunkaasha nolosha, naftaada iyo Rabbigaana aamminsanayn.

SELFLESS SERVICE

Waxa aad jeceshahay oo ku xiiso galiya adiga keliya ayaa manfac ka helaya, balse hadafkaaga nolosha haddaad aqoonsato waxaa ka macaashaya ummadda kale ee dunida guudkeeda kula saaran. Ma ku howllantahay shaqo aad is-leedahay naftaada iyo aadanuhuba way ku samatabixi karaan? Niyaddaadase ma ku haysaa wax naftaada ka weyn (bigger than yourself) oo aad rabto in aad qabato, inta aadan aadin halkii loo badnaa, waa aakhiree, adiga oo aan cidna ka sugayn abaalmarin iyo in ay dadku ku sheeg-sheegaan, balse naftaadu tahay mid u jidbaysan oo salaadda subax sariirta uga soo boodda adiga oo aan iska war-qabin?

Doonista xooggan (burning desire) ee uu qofku doonayo in uu noqdo labada gacan midda sarraysa, wixii naftiisa ka soo harana quuri kara, xoog iyo xoolo, cilmi iyo caqli, dhiggiisna la jecel wuxuu naftiisa la doonayo, si ay dunidu u noqoto dagal ka quruxoon siday ahayd markii uu ku soo biiray, ayaa noqonaysa adeegga naf-hurnimada (selfless service).

Ahraamta baahiyaha aadanaha (hierarchy of needs) ee uu sameeyay Abraham Maslow (psychologist) waxaa ugu sarraysa is-dhammaystiridda (self-actualize), balse intii uu sakaraadayay ayaa wuxuu yiri, "Haddaad doonaysaan in aad ku noolaataan nolol sacaado iyo baraare leh, waxaa qasab noqonaysa in aad ka sare-martaan naftiinna (self-transcendence).

Waxaa kun mar ka qurux badan in aad ku noolaato nolol foolxun oo aad adigu leedahay, intii aad ku noolaan lahayd nolol qurxoon oo dad kale leeyihi

4
THE FOUR NOBLE TRUTHS

"The wise are disciplined in body, speech, and mind. They are well controlled indeed."

-Budha

Life is full of suffering; Noloshu waa silic iyo saxariir.

The cause of suffering is selfish desire; sababta keenaysa waa damaca anaaniga ah ee aadanaha. Suffering can be relieved: silicaasna waa laga booga-dhayan karaa. The relief of suffering can be acheived by following the eightfold path: Haddii la raaco 8 waddo ee soo socta.

"Noloshu waa silic" maxaa loo la jeedaa halkaan? Waa xaqiiqo dhaaftay xadkeedii, annagoon falsafad, hadal maldahan iyo sarbeeb hoos isugu dhigin ayuu Waxyigu cod dheer noogu sheegay in ay noloshu imtixaan tahay, imtixaankaasna lagu kala saarayo kuweenna la yimaada camalka xun iyo kiisa fiican (axsan). Silicu waa in haddii geeridu maalmo noo kaadiso, gabowga, cudurka, caabuqa, iyo qasaaruhu yihiin kuwo kedis ku dhacaya oo nolosha hareer socda, si kasta oo aan iskugu dayno in aan uga taxaddarno ama uga hor tagnana aan laga baaqsan karin.

Xaqiiqdaa waxay tahay marxaladahaas in aysan ahayn kuwo loo aanayn karo ama loo tiirin karo waxa keena farxad-darrada inta badan aadanuhu dareemo, balse ay tahay aqbalid la'aanta ku wajahan in ay wax u dhacayaan si ka duwan sidaynu doonayno. Waana filashadaas (expectations) iyo isku-dhejintaas (attachments) dhibaatada oo dhammi.

Xalku wuxuu ku jiraa uun nafta yar ee nagu jirta in aynu ugu laab-qaboojinno noloshu in ay tahay mid aan la saadaalin karin (unpredictable), sida cimilada, soona bandhigi doonta casharro (lessons) iyo dhacdooyin (events) isugu jira kuwo aynu jeclaysanno iyo kuwo aynaan calman (undesirable).

THE EIGHTFOLD PATH

Furayaasha iyo farsamada looga baxo silica nolosha waxaa la leeyahay waa siddeeddaan waddo ama aragti ee soo socota:

1. Right understanding : Fahan sax ah
2. Right thought: Fikir sax ah
3. Right speech: Hadal sax ah
4. Right action: Ficil sax ah
5. Right livelihood: Nolol sax ah
6. Right effort: Dadaal sax ah
7. Right mindfulness: Baraarug sax ah
8. Right concentration: Foogganaan sax ah

Waddada kowaad ee ah *Fahan sax ah* qofku in uu yeesho waa tallaabada kowaad uguna muhiimsan 8-da waddo, waayo safarka booga-dhayashada ma geli karno haddii uu alifku naga qaldanyahay. Aragtida labaadna waa *Fikir sax ah* oo macnaheedu noqonayo in aynu u fikirno siday wax yihiin ee ma aha sidaynu jeclaan lahayn in ay wax noqdaan. Hadalka, ficilka, dadaalka iyo nolol aan ku dhisnayn isku-dhererin iyo ku-dayashana waa dariiqooyin iyo qaaciddooyin ka hor-tagaya beenta, xatooyada iyo tallaabooyin keeni kara in aynu waxyeello gaarsiinno noolaha kale. Si kale haddaynu u dhigno, waa waddooyin xoojinaya anshaxa qofka, haddii laga ammaan helayo afkiisa iyo addinkiisaba. Waxay kale oo waddooyinkaan qofka ka caawin karaan in uu xakameeyo qabkiisa.

*Baraarugga iyo foogganaanshaha saxda ah*i waa labada jiiro ee ugu dambaysa ka faaruqidda xanuunka iyo murugada nolosha aadanaha jeeniga libaax saartay. Qofku in uu ahaado mid baraarugsan isla markaasna diirad-saaryadiisu saxnaato waa mid aasaas u ah nolosha wacan. Waxaa lagu gaari karaa iyadana waddooyin badan. Galbeedka waxaa looga yaqaan (Meditation), halka Barigu ugu yeeraan (Mindfulness), inta Muslimiinta ahna waxay yiraahdaan (Qilwa).

ARMIES IN OUR MIND

Ma ogtahay maskaxdaada oo aadan carbin in ay kuu gaysanayso dhaawac ka daran kan ay kuu geysan karaan, inta ku neceb, inta ku jecel iyo in ka badan cadowgaaga dhan oo laysku daray?

Xooluhu maalintii oo dhan way daaqaan, habeenkii markay xeradooda u soo hoydaanna way barya-qaadaan. Ka warran hadday maskaxdaadu sidaas oo kale tahay oo maalintii waxay duubtay oo dhan ku soo ceshato habeenkii markay sariirta tagto, sidii cajal rikoor ku dhagay?

Allow maxay taasi run tahay! Bal ka warran xiwaarka ka dhacaya maskaxdaada gudaheeda (internal dialogue)? Ma ka warqabtaa ama ma tahay mid la socda siduu naftiisa u canbaareeyo ama u dhalleeceeyo xaaladaha cakiran markay dhex muquuranayso? Runtii waa arrin adag sidii loo joojin lahaa ama loo yarayn lahaa, xanta iyo xamxamda ka baxaysa xagga sare ee dhaladeena. Gaandi wuxuu leeyahay, waa sida qof isku dayaya in uu faaruqiyo baddaas weyn, asaga oo waliba ku dhuraaya fijaan (tea cup).

Laakiin sida gacanku (irrigator) u geeyo biyaha halkii loogu talo galay, qaansooleyduna (archers) liishaanka u saaraan goobaabinta, faryaamiistayaashuna (carpenters) u qoraan alwaaxyada, ayaa caaqilkana (the wise) laga doonayaa in uu qaabeeyo (shape) maskaxdiisa waxa ka dhex guuxaya, oo uu u yeelo sal adag (solid rock) oo aysan ruxi karin dabaylaha ammaanta (praise) iyo kuwa dhalleeceynta (criticism).

Waddada silica iyo saxariirta looga baxo waa adigoo ka sara mara dareenka raaxada iyo xanuunka.

5
FOR WHAT WERE YOU MADE?

*"Waste no more time arguing about
what a good man should be. Be one."*

- Marcus Aurelius

Wax kasta oo uu Alle abuuray sabab ayuu u abuuray. Haddii ay yihiin kuwo badda ku nool, berriga jooga iyo inta aanay isheennu qaban karin. Su'aashu waxay tahay, adiga maxaa laguu abuuray? Waan hubaa jawaabta inta adan ka fikirinba waxaad isweydiisay, sidee su'aasha noocaan oo kale ah qoraagu noo weydiin karaa, miyuusan ahayn muslim? Waan ogahay xaqbaad u leedahay in aad sidaas u fikirtid, laakiin weydiintaydu sidii macruufka ahayd oo aan wada naqaannay u ma dhacayso. Halkaan waxaa la is weydiinaayaa; Maxaa ku dareensiiya in aad nooshahay (alive)? Maxay tahay hibadaadu (gift)? Sideena rabtaa in aad adduunka ugu adeegto (serve)?

Marcus Aurelius (Stoic philosopher) xikmadihii laga helay xusuus-qorkiisii (Meditations) waxaa ka mid ahaa ; Hiirta waaberi, markaad sariirta ka toosi weyso ee hurdadu kuu macaanaato, waxaad naftaada ku tiraahdaa ; Anigu shaqadii koonkaan lay keenaan qabanaaye, maxaad isku nab-nabaysaa? Mise waxaa laguu abuuray in aad bustahaas diirimaadka leh iskaga hoos jirto?

Markay dhirtu, shimbiruhu, quraanjadu, caaracaaradu iyo shiniduba u socdaan in ay qabtaan shaqadii loo igmaday ayagoo xayawaan ah, adiga oo bani-aadam ah, Caqli lagu siiyay, lagu karaameeyay, qaliifkii dhulkana lagaa dhigay, maxaad u jeclaatay in aad barkinta dheeraysato?

A SURPLUS OF TIME

Sow la ma dhihin, waqtiga (time) iyo hirkuba (tide) cidna ma sugaan? Taas oo micnaheedu tahay qof go' ay iyo roob-galbeed, midkoodna haddii uu galbado, gadaal u ma soo noqdo.

Waayahee annaga oo og waqtigu in uu yahay cimrigeena iyo waxa ugu qaalisan oo aynu haysanno, sidee ku dhacday in aynu niraahno; kaalaya waqtigaynu dilaynaaye? Waliba waxyaalo maalo-yacni ah sida; Fan, filin iyo facebook?

Alle caadilnimadiisa waxaa ka mid ah in uu addoomadiisa wada siiyay 24-saac. Waxaase lagu kala tagay oo lagu kala badiyay orod ma ahane, waa sidii uu qof kasta uga faa'iidaystay waqtigiisa.

Haddii aad rabto in aad ogaato qiimaha waqtigu leeyahay, waxaad weydiisaa ; Arday ku dhacay imtixaankii qalin-qorashada. Hooyo biyihii fooshu dillaaceen iyo bukaan loo sheegay in uu maalmo qura adduunka sii joogi doono.

Walow ay dhahaan waqtigu waa lacag, haddana waqtigu waa ka qaalisan yahay lacagta. Caddayna waxaa kaaga dhigaayaa, haddii uu waqtigu lacag yahay, sidee ku dhacday laba qof oo isku shirkad ka shaqeeya, waliba qabanaya laba shaqo oo kala culus, in uu kan shaqada fudud qabanaya uu ka lacag badnaado kan kale, ayaga oo saacadaha ay shaqaynayaan isku mid yihiin?

Nolosha bani-aadamka waxaa halbeeg u ah waqtiga. Sanadka, bisha, isbuuca, maalinta, saacadda, miririka iyo ilbiriqsiguna waa qayb ka mid ah waqtiga. Waqtigu waa mid tagay, mid jooga iyo mid soo socda. Kan tagay iyo kan soo socda waxa aad ku sixi kartaa, kan jooga haddii aad si dhug leh u maamusho!

THE OPINION OF OTHERS

Malloolinimo (nacasnimo) ka weyn miyaa jirta, in ay ku baqo-galiso fikirka ay kaa qabaan, ummad aan iyaguba naftooda jeclayn? Ogow wax kasta oo aad maqasho waa ra'yi ee ma aha xaqiiq. Wax kasta oo aynu aragnana waa muuqaal (perspective) ee ma aha xaqiiqo (truth). Waligaa haw oggolaanin qof kale aragtidiisa, in ay noqoto xaqiiqda noloshaada.

Waqti hayskaga luminin inta aad nooshahay in aad ka walaacdo ama aad ka walwasho aragtida dadka kale ay kaa qabaan, illaa in ay faa'iido wadareed idin ka dhaxayso mooyee (mutual benefit). Waxaad ahaataa qofka aad adigu tahay, waxaadna dhahdaa wixii caqligaaga ku jira iyo qalbigaada, waayo kuwa intaas wax ka qaba macno malahan, kuwa macnaha lehna waxba ka ma qabaan intaas. Yaa waaye ummaddu kuweey u sacab tumaan hadda? Miyaysan ahayn kuwii ay ugu wici jireen Cali-waal? Hagaag. Adigu hadda ma waxaad rabtaa in aad nin waalan u riyaaqdo?

Markasta ay ku walbahaar galiso siday kuu arkaan dadku, waxaad isweydiisaa saddexdaan su'aal ee soo socota; Ma waxaad rabtaa in aad ku noolaato noloshaada mise dadka kale nolosha ay kula jecel yihiin? Ma hubtaa dadka kale taladoodu in ay tahay mid ka saxsan taadaada? Yaase masuul ka ah cawaaqibyada ka dhasha ficilkaaga?

Haddii aad rabto in aad heer ka gaarto nolosha, waa in aad ka kortaa, sida ay kuu arkaan indhaha dadyowga kale.

6
DO YOU LIKE YOURSELF?

"A good character is the only gurantee of everlasting, carefree happiness."

- Seneca

Maxay maco ah oo ay kuu samaynaysaa heer kasta oo aad ka gaarto nolosha ama boos kasta oo aad ka joogto, haddii aad adigu tahay mid aan isjeclayn ama aan iska helin, si guud iyo si gaar ah ba? Maxay soo kordhinaysaa ayaad isleedahay, haddii aad guri weyn oo qasriya leedahay, oori joog iyo jamaal leh kuu dhaxdo, gaadiidka dhulka, badda iyo cirkaba midkaad doonto ku mushaaxdo, shaqaalahaaga aadan kala aqoonin, amarkaagu yahay mid fula, goor kasta, goobkasta iyo xaalad walba, balse aad tahay qof aan isku qanacsanayn, sow bar-kuma-taal ma aha noloshaasi?

Sow la yaab ma aha sidaynu waqtigeenna badan ugu bixinno ama aynu iskugu mashquulinno, waliba si naf-la-caari ah, sidii aan u qancin lahayn ummadda nagu haraysaysan ama aan ugu muuqan lahayn, qof balaayo-casar ah, laakiin habeenkii markaan sariirta tagno aan is-hiifno?

Waad ogtahaan jeclahay, waayahaan dambe waxaa maqalkoodu nagu batay oo lagu celceliyay ereyada ay ka mid yihiin is-jeclaysi (self-love) iyo is-danayn (self-care), laakiin midna macquul noqon mayso annaga oo aan ahayn kuwa aan is-aqoon (self-knowledge). Macnaha saxdaa ee is-jeclaysigu waa adiga oo aqbala naftaada si buuxda, laxda kasta oo aad joogo iyo wax kasta oo aad tahay. In aad noqoto shaqsi is-jecelna waa mid aad muhiim ugu ah caafimaadka dhimirka (mental health).

CREATING DISPOSITION TO GOOD

Micnaha ereyga disposition waa adduunyo-aragga qofka (perception). Waa fikradda guud ee qofku nolosha ka haysto xumaan iyo samaan. Waana arrin ku xiran ama ay go' aaminaayaan anshaxiisa (moral) asluubtiisa (ethics), dabeecaddiisa (character) shaqsiyaddiisa (personality) iyo qiimihiisa (values).

1962, ayaa madaxweynihii Maraykanka ee la oran jiray John Kennedy wuxuu booqday xarunta cir-bixineedka (NASA) markii ugu horraysay. Si kedis ah ayaa wuxuu u la kulmay dhul-xaaqihii (janitor), wuxuuna weydiiyay su'aashaan; Maxaad u qabataa NASA? Dhul-xaarihii ayaa ku jawaabay, waxaan ka caawiyaa xarunta, siday nin u saari lahaayeen dayaxa.

Noloshu waxay kaa doonaysaa in aad yeelato hal-abuur ku dhisan dhiirranaan, kalsooni, iyo mintidnimo (tenacity) ku gaarsiinaaya waxa aad ka dalbanayso nolosha. Waa in aynu la nimaanno adkaysi (persevere) aan ku quweynayno ujeedada aynu ka leennahay nolosha, haddii kale waxeennu waxay noqonaayaan sheeko-xariir (fairy-tale) iyo riyo, waayo himilo ficil la'aan ah waa lagu hungoobaa, ugu dambayna qofka waxay dhaxalsiisaa niyad-jab.

Waligaa haysku qaldin dhaqdhaqaaq (movement) iyo horusocod (progress). Waayo in aad gedgediso (flip) Hambeegar (Hamburger) ayaa kaaga faa'iido badan in aad gedgediso telefishinka, walow labaduba yihiin xarakaad aad samaynayso. Ogow muhiim ma aha meesha aad ka bilowday, laakiin waxaa muhiima, sida aad u dhammaysay qorshahii aad u dajisay noloshaada, sababta oo ah qof kasta oo maanta arkaysid ama kuu ah mid aad ku daysato (Rolmodel) meel ayuu ka soo bilaabay heerka uu joogo.

THE PLAY OF LIFE

Muhiim ma aha ciyaarta nolosha intay socoto, ee muhiimaddu waxay tahay ciyaartaasi sida ay u fiican tahay. Bal isweydii adigu, ma waxaad tirsataa nolosha intii aad noolayd, macnaha da,daa jirto mise intaad noolayd nolol macaan oo xayaato leh? Iska illow cimrigaagu intii uu gaari doono ee ku dadaal uun ciyaarta nolosha, sidii aad u ciyaari lahayd mid wanaagsan.

Waxa aad doonaysaa sow ma aha in aad ku noolaatid nolol aad ka tahay jakatooraha jiilka? laakiin ma taqaanaa qaabkii aad ugu noolaan lahayd? Haddii aad tahay mid dhimashada ka baqa, waxa aad ii sheegtaa, nolosha aad hadda ku nooshahay waxay dhaanto dhimashada? Sow ku ma noolid nolosha aan ugu yeerno, waan raaxaysanayaa (pleasure) oo ah mid ciribteeda dambe tahay ciqaab (punishment)? Waxay noqon kartaa ciqaabkaas loo maleeyo raaxada; Jaadka oo la ruugo, sigaarka oo la buufiyo, khamriga oo la dhamo, raashinka fudud (junk-food) oo la badsado iyo warbaahinta (maas/social media) oo waqtig lagu lumiyo.

Waxaa laga yaabaa in aad isweyddiinayso sidee raaxo ku noqon kartaa ciqaab? Waxaan ku xasuusinaayaa jawaabtii uu bixiyay ninkii muqayilka ahaa ee la weyddiiyay maxaad u taqaannaa marqaan? Wuxuu yiri, "marqaanka la sheego sow naftoo la cadaabay ma aha?" Maxay ku la tahay wercelintaan? Miyuu isha ka tuuray mise waa uu ilduufay?

Noloshu waa riyada caaqilka, ciyaarta doqonka, qosolka taajirka iyo musiibada faqiirka.

7
TODAY IS THE DAY

*It's not that we have a short time to live,
but that we waste a lot of it.*

- Seneca

Ma taqaanaa maalinta ugu muhiimsan noloshaadu maalinta ay tahay? Waxaa laga yaabaa inaad isweydiiso waxay ahayd maalmo la soo dhaafay (past) ama maalmo soo socda (future), laakiin maalinta ugu muhiimsan noloshaada, noloshayda iyo nolosheena oo dhan, in ay tahay maanta (today) oo aynu noolnahay.

Maxaa yeelay? Shalay weynu soo dhaafnay, albaabkeedii waa xirmay, qalad iyo sax wixii dhacayba dib uguma noqon karno, berina in aynu gaari doono qaadirka uun baa garan, iyo sida uu xaalku noqon doono. Sidaas daraadeed, maanta ayaa ah maalinta keliya aynu hubno oo aan samayn karno isbeddel nololeed, iyo wax kasta aynu u baahannahay in aynu ku soo kordhino ama aynu rabno in aynu ku qurxino, nolosheenna adduun iyo teenna aakhiro.

Sow maysan ahayn oraahdii Franklin Benjamin; Waxaad maanta qaban karto haw dhigan beritoole, halka uu Mark Twain ku daray iyo saadanbe? Doqoniimo ka weyn miyaa jirta in aad ku qanciso naftaada waxaad maanta samayn karto in aad tiraahdo berri ayaan samaynayaa? Waxaad maanta samayn kari weyday sideed berrito u samayn kartaa? Yaase kuu dammaanad qaadaya in aad nolol ku gaarayso berrito ama xoog iyo caafimaad aad wax ku qabsato?

WISE WOOP

Waa iyadii laga weriyay: Nabigeena suuban (scw); Ummaddaydu cimrigeedu waxay u dhaxaynaysaa 60-70 sano. Si noloshaas gaaban kuugu dheeraato oo aad ugu raaxaysato, maalintaadana aad u quruxsato, waxaa daruuri noqonaysa tallaabooyinkaan inaad la timaaddo.

WISH: Maxaad rabtaa noloshaada in aad abuurto? Ma taqaan waxa ku xiiso galiya. Waxaasna ma ku qeexi kartaa 7-10 xaraf.

OUTCOME: Maxay noqon karaan faa'iidada ugu weyn ama khibradda aad ka heli karto, haddii ay riyadaadu kuu hir-gasho?

OBSTACLES: Maxaa carqalad ku noqon kara in aad samayso waxaad ku fikirtay ama kaa hor-istaagi kara? Taas xisaabta ku darso, waayo waxay kaa caawinaysaa inaad ogaatid awooddaadu inta ay le,eg tahay, haddii aad sidaad rabtay wax u dhici waayaan.

PLAN: Qorshahaagu waa in ay ku jiraan oo aad laabta ku haysataa taatikada la yiraahdo: Haddii (if then) ama lacalla waxaas dhici waayaan, saas iyo saas ayaan samaynayaa.

Qorshe kasta oo aad yeelanayso waa in ay ahaadaan kuwo qayaxan (specific). La miisami karo (measurable). Ahna hadaf la gaari karo (attainable). Xaqiiqda ku salaysan (realistic). Waqti cayimanna loo yeelay (time-based). Wax kasta waxay ku dhacaan qaddarta Eebbe, oo ninkii uu ilaahay wax la doonayo, gaddac-gaddac ayuu u tuuraa, balse haddii aadan qorshahaaga nololeed u isticmaalin labadaan aragti ee kala ah WOOP ama SMART; Qorshahaagu wuxuu noqonoyaa mid dhicisooba (fail).

FLEXIBILITY IS THE KEY

Ma ogtahay ereayga xasilooni (tranquility) in uu ka yimid ereyga ah dhex-dhexaad ama jilicsanaan (flexibility)? Waase maxay dhex-dhexaadnimo? Waxaa jira laba nooc oo jilicsanaan ah. Mid waa jirka (body flexibility) oo waxaa leh dadka ciyaara qaalma-rogadka (gymnastics). Midda labaadna waa jilicsanaan maskixiyan ah (mental flexibility) waana middaan tan aan ka hadlayno hadda. Waa ka soo horjeedka xagjirnimada (obstinate) iyo dameeri dhaan raacnimada (fickle).

Markii aad tahay qof madax-adag (obstinate) oo qummanihiisu qoorta ugu jiro, hubaal macriifadaadu waa ay yaraanaysaa, wayna adkaanaysaa dad la dhaqankaaduna in uu noqdo mid hagaagsan ama sii daba-dheeraada oo mar kasta wuu soo af-jarmi. Haddii aad tahay dameeri dhaan raacdayna (fickle) nolosha waad ku dhex lumi oo waad ku daali, waayo dhankii loo ordaba haddii aad janta fagax gashid, sow ma noqonaysid mid dhaqso wadnuhu afka yimaado, asaga oo meelna gaarinna beerku caddaado?

Haddaba sababtaas ayay dhex-dhexaadnimadu u tahay furaha guusaha? Sideese lagu helaa? Dhexdhexaadnimadu nolosha waxay u yeesha dhadhan iyo qanacsanaan. Waa muhiim in aad ahaato dhexdhexaad markii aad guriga joogto iyo haddii aad shaqada joogtidba, waxaana lagu gaara 3-daan hab (strategies).

1. Work on your reactions: Ka shaqee falcelintaada.
2. Get out of your comfort zone: Ka bax seerada amniga.
3. Speak up: Noqo mid xaqiisa dhacsan kara.

Noloshu ma gaabna haddii aad taqaanno sida loo noolaado.

8
THE EQUATION FOR LIFE

Men er disturbed not by the things that happen,
But by their opinion of the things that happen.

- Epictetus

Aragtida is le'egta nolosha (equation for life) waa fikrad aan ku isticmaali karno qayb kasta oo nolosheenna ka mid ah ee ma aha mid loogu talo galay xisaabaadka keliya. Waxayna ka kooban tahay saddexdaan xaraf ee la soo gaabiyay.

E = Event (dhacdo).
R = Response (falcelin)
O = Outcome (natiijo)

Dhacdadu (event) wax kasta ayay noqon kartaa; fikir, dareen, taraafig (traffic), cimilo, ama qof. Xaqiiqdiina ma aha kuwo aan wax ka qaban karno, waayo waxay ka dhacayaan awooddeenna wax ka baxsan, mana ahan kuwo aan wax ka baddali karno markii ay na la soo daristo dhacdadu. Natiijaduna (outcome) waxay ku xirantahay sidaad uga falcelisay dhacdadaas. Haddaba, halkaan waxaan ku xaqiijinnay in ay falcelinteennu (Response) tahay waxa aan xakamayn karno oo aynu awood u leennahay.

Tusaale: waligaa ma aragtay laba qof oo la kulmaya isku dhacdo (same event) haddana helaya natiijooyin kala duwan (different outcome)? Maxay ku dhacday ayaad isleedahay taasi? Sharraxaadda kore haddii aynu fahannay, wey fududdahay ayaan jeclahay jawaabtu. Falcelintooda ayaa kala duwanayd, iyadoo qaddartu (fate) halkeedii tahay. Aragtidaani waa midda keli ah ee qofku ku xorayn karo noloshiisa, waana mid ka mid ah caadooyinka ugu adag ee qofku abuuran karo, markii la joogo caalamka naf-hanashada (self-mastary).

THE CHARADE OF LIFE

Xusuusnow in aad tahay jilaa (actor) markii la joogo ciyaarta-nolosha (play of life). Soosaaraha (director) filimka ayaa ka masuul ah sida loo duubayo. Qoraaguna (scriptwriter) qof kale ma ahane waa adiga. Haddii soosaaruhu rabo in uu filimku dheeraado, wuu dheeraan, haddii uu rabo in uu gaabnaadana wuu gaabnaan. Haddii uu doonayo in aad jisho dawarsade waad jili, haddii lagu yiraahdo naafo iska dhigna waad iska dhigi.

Sheekadu haddii ay tahay in aad matasho boqor, nacas, tuug ama aabbe waad ku qasbantahay sow ma aha in aad metasho? Sidaas si la mid ah ayay tahay shaqada noloshaadu, in aad si fiican u jisho qaybtaada, intii nolosha lagaa siiyay ama booska kaaga bannaan. Caqliga saliimka ah wuxuu ku farayaa mar kasta in aynu samayno waxaynu u aragno in ay na la saxanyihiin, annaga oo aan u aabba-yeelin dadku in ay na la yaabaan. Kuwa u halgamaya xorriyatul-qowlka (free speech) haddana la dagaallamaya xorriyatul-fikirka (free thinking) miyaa warkooda ka soo qaad yeelan karaa?

Adigu waxaad ku dadaashaa in ay iskugu kaa mid noqdaan kii ku dhalleeceeya (crticise) iyo kii ku amaanaba (praise), adiga oo iska ilaalinay in aad waxaad samayn jirtay iska dayso ama waxaadan samayn jirin samayso bulshada darteed. Waligaa dadka ha uga sheekayn in aad tahay jilaa weyn ama ciyaartooy laacib ah (jakatoore), balse haddii dadku ku sheegaan isa sheel, haddii lagu sheelana isa sheeg.

THE FLOW OF LIFE

Atoorihii caanka ahaa, Bruce Lee, ma ahayn mid xariif ku ahaa karateega oo qura (martial arts), ee waxaa laga dhaxlay xikmado cajiib ah oo casharro nololeed laga la dhex bixi karo. Xulkiisii xikmadaha waxaa ka mid ah middaan aan ka soo xulannay oo oranaysa: Noqo sida biyaha oo kale (be like water). Laakiin waa maxay mugga iyo macaanida xaqiiqdii ay jumladdaani xambaarsantahay?

Jilaagu wuxuu u la jeedaa, faaruqi maskaxdaada; noqo mid aan lahayn hab-muuqaal (shapeless) iyo hab-qaabeed (formless), maskixiyan iyo jismiyan, oo u maan-furan wixii ka soo hara qaciidadiisa lana qabsan kara xaaladaha, isbeddeli kara, koritaanna samayn kara. Waayo biyaha haddii koob lagu shubo waa biyo, haddii dhalo lagu shubo waa biyo, haddii jalmad lagu shubana waa biyo. Taas waxaa ka sii daran wax celin kara ma lahan oo waa dareere (liquid), haddii ay rabaan way qulquli (flow), haddii ay rabaanna wax bay qarqin (crash).

Qofkii isku daya in uu u dabaasho hirku meesha uu ka soo socdo, hubaal in ay garbuhu kala dhilqanayaan dhaqsana uu u daali doono. Noloshuna waa caynkaas oo kale. Ma aha in aan is-maqiiqno ama aan indho-caddayno, haddii sidaynu wax u rabno u dhici waayaan, waa in aynu hirka-nolosha (flow of life) u raacnaa dhanka uu u socdo.

Ma ahan wixii dhacay waxa dadka dhiba ee waa fikirka ay ka qabaan wixii dhacay.

9
PRACTISE WHAT YOU PREACH

If you expect great things of yourself and demand little of others, you will keep resentment far away.

- Confucius

Nolosha sideedaba waxaa ka buuxa is-burin (contradiction) tiro badan. Dad baa jira oranaya waxaynu rabnaa cunto caafimaad leh balse wali maqaayadda (Mcdonalds) waxay samaysaa balaayiin sanad kasta. Su'aashu waxay tahay, yaa baas oo wax ka cuna? Kuwo ayaa jira dhahaya waxaynu jecelnahay in aynu ka shaqayno shaqo aan ku qanacsannahay laakiin indhuhu ku madoobaadeen siday u raadinaayeen shaqaba shaqaday ka mushaar badantahay. Qaar kale ayaa jira oo yiraahda waxaynu rabnaa in aynu cayilino caqligeenna ama quudinno qalbigeenna balse sanadkii aan akhrin karin hal buug. Aniga laftirkaygu dadkaas waxba ma dhaamo oo waxaa jira iska hor-imaadyo badan noloshayda oo u dhaxeeya waxaan aamminsanahay iyo sidaan u dhaqmo. Ma ogi dhankiinna jaallayaal, waxaanse ogahay qof kasta oo yiraahda noloshayda is-khilaaf ka ma jiro, intii ay doonaba ha le'ekaatee, in uu naftiisa iyo annagaba been noo sheegay.

Wacdiga iyo waanada waxaa fiican qofka sheegaya in ay ka muuqato si ay insaanku u rumaystaan, waayo aadanaha badankoodu waa indho ku garaadle oo waxay ku dhaqmaan xeerka "I tus oo i taabsii" si aan kuu aammino, haddii kale nagu kala wad. Waxay kale oo aamminsanyihiin qofkii aad kabaha ka tolonayso kabihiisa ayaa la fiiriyaa, oo macquul ma noqonayso waayahaan dambe qof in aad ka dhaadhiciso cilmigayga qaado camalkaygana ka tag.

SEEING YOUR OWN FAULTS

Waan ka quustay in aan arko noloshayda, qof awooda in uu arko qaladaadkiisa ka dibna geeya maxkamadda ku taalla qalbigiisa. Waxaa sidaa yiri Confucius. Saa'id ayay noogu fududahay in aan faraha ku fiiq-fiiqno daldaloollada (shortcomings) dadka kale una sheegno adduunka qaladaadka ay galayaan, annaga oo isku haysanna in aan samayn karno shaqo ka wacan tan ay hayaan; maamulayaasheenna, tababareyaasheenna iyo kooxaheennaba. Wayna nagu adagtahay in aan u fiirsanno ceebaheenna (flaws) iyo daciifnimadeenna (weakness).

Halkuuse dhaqankaasna salka ku hayaa maxaase keeni kara ayaad is-leedahay? Haddii aynu af-gaabannahay waxaynu la yaabnaa dadka afka dheer. Haddii aynu shaqo-badannahay waxaynu u aragnaa dadka shaqada yar caajislowyaal. Haddii aynu qaab-darannahay (corrupt) waxaynu u aragnaa dadka daacadda ah kuwo doqommo ah (fools).

Ka soo qaad, waxaad saarantahay diyaarad ku socota 800 km/h. Ma dareentid sow ma aha xawaarahaas? Waad dareemi lahayd haddii wax kasta oo indhahaagu qabanayaan ay isku xawaare ku socon lahaayeen. Qaynuunkaan waxaa la dhahaa xeerka is-lahaanshaha (principle of relativity). Macquulna ma aha nolosha in aad tiraahdo xeerkaan ayaan ku dhaqmayaa oo waxaan dhalleecaynayaa kala-duwanaanshaha fikir ama ficil.

Xusuusnow shanta farood in aysan isku mid ahayn. Ha noqon maroodiga arka takarta saaran maroodiga kale ee ku mashquul wax kuu dan ah kana mashquul wax kuu daran.

THE WAY OF THE MASTER

Falsafadyahannadii (philosophers) ugu cad-caddaa reer Giriig; Socrates, Plato iyo Aristotle waxay isku raaceen macnaha noloshu in ay tahay farxad. Haddii aynu rabno in aan farxad ku noolaannana waa in aynu raacdaynnaa ama aynu ku joognaa waddada dhammaysnimada (arete). Arete; Erey-bixinta tooskaa waa dhaqan-wanaag (virtue) ama heer-sare (excellence), balse micnihiisa hoose waa waxaynu ku magacownay Kasdareen. Halka iskuulka Confucianism ay tahay wadada macallinimada (chun yu).

Ma jirto waddo toobin ah oo kugu ridaysa ama kaa dhigaysa macallin dadku isla yaqaan ama isku raacsanyihiin, balse waddada macallinnimadu waa sidii aad dadka uga dhaadhacsiin lahayd ama aad adduunweynaha u gaarsiin lahayd fikradaha aad xambaarsantahay, adiga oo adeegsanaya balaaqadaada (rhetoric), codkarnimadaada iyo caqligaagaba. Ogow oo fikirkaaga haddaadan 7.jir fahansiin karin adiga ayaan si fasiix ah u fahansanayn. Ma haysaa waddadii macallinnimada mase jeceshahay inaad noqoto Macallin-Ziigo?

Qodobka 4-aad ee buugga afarta-hesiish (Four-agreements) wuxuu leeyahay: mar kasta samee karaankaaga (Always do your best) oo macnaheedu yahay xaalad kasta oo aad ku sugantahay, tabartaada tiigso oo iska illow inta kale (forget the rest) ayada oo aanay hagrasho jirin ama tartan jirin.

Ogowse, karaankaagu isku mid ma noqon doono waligiis, waayo wax kasta oo noole ah waa is-beddelaa. Sidaas daraaddeed, wax aad qabatay maanta way ka fiicnaan karaan ama ka xumaan karaan wixii aad shalay qabatay.

In aad wax baratid fikir la'aan waa caaqnimo, In aad fikirto adiga oo aan wax baranna waa halis.

10
HOLD NOTHING BACK

"The master acts without doing anything and Teaches without saying anything."

- Lao Tzu

Macalinku wuxuu u taaganyahay in uu sharraxo cashar kasta oo loo keeno, waayo wuxuu ogyahay in uu dhimanaayo, mana rabo in uu wuxuu yaqaanno hagrado. Maankiisa ka ma buuxaan mala-awaal, jirkiisu ma aha mid shahwaddu ka shaqaysato, mana ahan mid ka fikira ficilladiisa, balse waxay la socdaan casharradiisa. Ardaydiisa ka la ma bakhiilo cilmigiisa, sababtoo ah wuxuu ogyahay adduunyadaan wax baaqi noqonaya in aysan jirin. Sidaynu hurdada isugu diyaarinno markaynu shaqo adag qabanno ayuu isugu diyaariyaa macaan-gooyuhu in uu waqtigii uu rabo imaan karo asaga oo aan ka baqayn dhimashada.

Subixii hadday noqoto in uu soo tooso, wuxuu xoogga saaraa siduu uga faa'iidaysan lahaa waqtiga uu joogo, asaga oo aan ka fakarayn shalay wixii dhacay iyo berri waxa dhici doona. Muhiimadda wuxuu siiyaa laxdada markaas uu joogo iyo shaqada uu faraha ku la jiro, asaga oo u gudanaya in ay tahay maanta maalintiisii ugu dambaysay nolosha, cindigiisana ku haya in ay macquul noqon karto in uusan dib u helin fursaddaan oo kale.

Ma waxaad u malaysaa adigu in aad waligaa noolaan doontid? Haddii ay jawaabtaadu maya tahay, miyaysan na la gudboonayn in aan qaadanno dardaarankii Rasuulka (scw) ee ahaa: "U joog adduunyada sidii oo aad tahay qaloodi ama socoto oo kale." Jumladdaas haddii aad gunudday, waxaad taqaannid ama haysatid in aad aadanaha ka hagrato maxay macno ah oo kuu samaynaysaa?!

KNOWING YOUR WEAKNESS

Ku dhiirrigali naftaada in ay xasuusnaato ku baraarugsanaanta dulduleellada ay leedahay iyo habacsanaanta nafteeda ku jirta, taasna ma aha liidasho iyo calaannimo'e waa libin kuu soo hoyatay oo cid gaari kartaa ay yartahay, waayo iska war-qabkaas waa nuurka burburinaya ama booska ka saaraya war-moognimada iyo dammanaanta.

Qaab-darradaada oo aad la socoto waxay yaraynaysaa cadaadiska iyo culaysyada kaaga imaanaya naftaada iyo ilmo-aadan. Nusqaanta qofku waa sida godka bareeska la galiyo oo kale; qof kasta oo bani-aadam ahna xabadka ayuu ku sitaa. Markii aad xanaaqdo waxaa la yiri qof ayaa gashtay fiilo god ka mid ha godadkii bareesyada nusqaantaada. Haddaba, xabadkaagu ha kuu xirnaado oo shafkaaga foolxumadiisa dadka ka qarso, ama waa in aad ka ilaalisaa qalqal (shock) in uusan dhicin, haddii aad rabto guluusyada shaatiga in aad furato.

Lao Tzu wuxuu leeyahay; Ninka weyn markii uu qalad sameeyo wuu garwaaqsadaa, markii uu garwaaqsadana wuu qirtaa, markii uu qirtana wuu saxaa. Dadkii u sheegay qaladkiisana eedda dusha ka ma saaree wuxuu u arkaa macallimiin kuwii ugu mudnaa ee uu la kulmi lahaa ama owliyo loo soo diray. Wuxuuna ogaadaa cadowgiisa kowaad in uu yahay hooska ama wirwirada ay naftiisu tusinayso ama tuurayso (the shadow that he himself casts).

U fiirso fikirkaaga waxay noqon hadalladaadee.
U fiirso hadalladaada waxay nqon ficilkaagee.
U fiirso ficilladaada waxay noqon caadadaadee.
U fiirso caadadaada waxay noqon dabcigaagee.
U fiirso caadadaada waxay noqon mustaqbalkaagee.

A JOURNEY OF A THOUSAND MILES

Waa maahmaah caan noqotay oo ka soo yeertay Shiinaha, waxaana cutubka 64 ee buugga Tao Te Ching ee uu qoray Lao Tzu (philosopher) oo ah midkaan aan hadda wax idin kaga soo naqlinaayo, micnaheeduna yahay "Safar kun mayl ah wuxuu ka bilowdaa tallaabada kowaad." Waa maahmaah la-yaabkeeda leh oo iska soo horjeeda (paradox), waayo waxay ku leedahay kun mayl, haddana tallaabada kowaad.

Dulucdu waxa weeye, Waw Quraan iyo waa beryay yaa badan? Bilow ayaa la iska doonaaya inta kalana booskoodaa loogu tagi weeyaan sheekadu.

Wax kasta oo aad nolosha tiigsanaysid waa wax aadan ogayn marka hore in aad haaban doontid iyo in aad ku hungoobi doonto oo taas xag Alle ayay ka qorantahay, balse adiga xilka ku saaran waa sidii aad u qaadi lahayd tallaabada kowaad ama aad u bilaabi lahayd safarka. Waan ogahay maskaxdeenna quful baa ku jaban, addimadeenana seeto gaaban baa ku xiran, surbacaadka riyooyinkaan ku saamalaylnaa, saqda dhexe habeenkii baa hawada sare na la ka salaamaa, jiifka ayaynu ka salalnaa, shanqar markaan waynnana samir taag la'aaneed ayaynu ku seexannaa meel.

Haddaba, saddexdaan in ay isugu kaa beeganto waligaa nolosha ha ka sugine, saddexlahaaga buuxso oo waddada cagta saar waagu markuu kuu beryo, adigoo u boqoolaya bari iyo sanaag iyo halkay ku noolayd bidhaan qurux.

Ha sugin ilaa wax kasta Ok kuu noqonayaan.
Ha sugin ilaa dadku ay ku aqbalayaan.
Ha sugin ilaa inta aad xirfad ka yeelanayso.

Ardaygu markii uu diyaar yahay ayuu soo muuqda macallinku.

11
BEYOND GOOD AND EVIL

*To live is to suffer, to survive is to find
some meaning in the suffering.*

- Nietzsche

Friedrich Nietzsche (philosopher) ma ahayn mid aamminsan waxa loogu yeero dimuqraaddiyadda, waayo, wuxuu leeyahay, eraygaan "dimuqraaddiyad" waa sharci koox yari ay dejisay.

Ujeedkiisu waa in basharku isla noolaadaan ama ay aqbalaan kala-duwanaanshaha ku dhisan diinta, qiyamka, anshaxa, asluubta, akhlaaqda, dhaqanka, caadooyinka iyo afkaarta. Wuxuu ku waydiinayaa mufakirku, taasi macquul ma ku la tahay adiga?

Wuxuu leeyahay; sartu meeshay ka qurunsantahay oo ay salaaddu ka xirmi la'dahay, aadanuhuna la dawakhsanyihiin inta badan, waa dadka oo aan isku si u aqoon waxa loo yaqaanno xumaan (evil) iyo samaan (good). U ma baahnid wadaad bayd-gaab ah oo wacdi naar ah kali ah kuu mariya, gabyaa erayadiisu deel-qaaf miiran yihiin oo dhaqan baa laga tagay ku digrinaya, aqoonyahan kibirsan oo qudbad yasid ah kugu dhaga-bajiya, siyaasi caraysan oo jidbo mucaarad ama muxaafad ah la xiiqsan, ama islaan ninkii furay cuqdad ka qaadday oo Youtube-ka ka baroorans in ay kuu sheegaan ama aad ka dhagaysatid xumaanta iyo samaanta waxay u yaqaannaan.

Falsafadda Nietzsche ee oranaysa xumaan iyo samaan waxa loo yaqaanno waa in uu qofka hankiisu dhaafsiiyaa, waayo Alle mar hore ayuu dhintay (God is already dead) ma aha mid aniga i deeqday ama ii cuntantay, balse wixii Kitaabka iyo Sunnada ka soo hara qofku in uu kir iyo uf oran karo waa fikir aan xaqiiqdii ku waafaqsanahay.

UBERMAN CONCEPT

Fikradda ah (uberman) waa fikrad la qalad fahmay, waayo markii ugu horraysay wuxuu Nietzsche ku soo bandhigay 1883 buuggiisa Thus Spoke Zarathustra. Markaynu maqalno magaca Superman oo filinkii ugu horreeyay lagu jilay 1938 waxaynu u malaynaynaa isku micno in ay yihiin, maadaama eraygu yahay, kii sarreeyay Overman. Haddaba muxuu u la jeeday?

Superman waa midka aanay xabaddu karin, darbiyada ka dhex baxa, badda celin kara, markii uu doonana duuli kara, balse ninka korreeya ee uu mufakirku ka hadlaayo waa ninka ka sara-maray fikradaha aadanaha maskax ahaan, dareen ahaan, si nafsiyan ah (psychological terms). Wuxuu leeyahay; Markaynu duulno oo baalal yeelanno, dadka intooda badan ee dhulka jooga ma noqonayaan kuwo ku jeclaada, waayo insaanku ma jecla in ay kor fiiriyaan oo qoorta ayaa xanuunaysa. Waxay ka door-bidaan in ay hoos fiiriyaan. Marka adigu middee dooranaysaa; ma in kor laguu fiiriyo oo aad dadka qoorta xanuujiso mise in hoos laguu fiiriyo oo lagu quursado? Sideese lagu noqon karaa ninkaa sarreeya ee uu mufakirku sheegayo?

Make your own values: Waxaa ahaata mid nafsi ahaan u sarreeya oo aan dadka weydiin maxaa saxsan iyo maxaa qaldan ee aad lahaataa qiyam adiga kuu gaar ah.

Accept that you will hurt people's feeling: Ku talo gal inaad dhaawici doontid dadka dareenkooda.

Understand that you are different: Fahan inaad jaad-gooni tahay oo qof kaa sarreeya jirin qof kula mid ahina jirin oo ay abuurtaadu madi tahay.

MY WAY vs YOUR WAY

Adigu waxaad haysataa jidkaaga. Anigu waxaan haystaa jidkayga. Waayo ma jiro jid saxan ama qaldan. Tusaale aan ku siiyo; waxaa loo shiday 100 qof hees kaban ah oo uu garaacayo Jiim Sheekh Muumin (aun). 12 ka mid ah waxay dhaheen dhagahayagu waligood ma aysan maqal waxay ka jeclaysteen. 8 ka mid ah waxay dhaheen horaan u maqalnay. 10 kale waxay yiraahdeen Daa'uud Cali Masxaf (aun) ayaa ka gacan macaan. 17 kale waxay taaganyihiin maba xiisaynno kabanka. 29 kale waxay leeyihiin qaybta u dambaysa ayuu ku dheelay odaygu. 24 soo hartana wayba ka kici lahaayeen goobta haddii uu Jiim soo gali lahaa, waayo shaqsi ahaan u ma jecla balse waxay ka helaan sida uu kabanka u canaanto. Sow u ma jeedid? Qof kastaba shanqartaas xarigga kabanka ah ee baxday ashqaraar gooni ah ayay u samaysay markii dhagahiisu maqleen, dareen-wadayaashuna u dhaadhiciyeen qalbiga, wadnuhuna dhiiggii uu tuurayay u raacsiiyay xididdada, ilaa gaar ay u dhadhansadeen sida raashinka oo ay yiraahdeen macaan badanaa.

Taas ayaa kuu caddaynaysa in uusan jirin jid sax ah oo la isku raacsanyahay, aan ka ahayn jidkii Alle iyo kii Rasuulka (scw). Haddaba, maxaa keenay in aynu waqti isaga luminno ama isku dirqinno in qof kasta waddadiisu tahay tan sax ah, annaga oo og dadku in aanay isku haad iyo isku heer ahayn oo qofba salaaddu meel u marayso?

Noloshu waa silic, si aad silicaas uga badbaaddidna waa in aad macne ka dhex raadisaa silica

12
MAKE P.E.R.M.A YOUR MODEL

"Authentic happiness derives from raising the bar for yourself, not rating yourself against others."

- Martin Seligman

Martin Seligman (psychologist) wuxuu sameeyay aragti ka kooban shan xaraf oo uu leeyahay haddii ay isku kaa waafaqaan waxaad ku noolaan nolol ku dhisan bash-bash iyo barwaaqo. Waxayna kala yihiin sida soo socota:

Postitive emotion: Dareen togan qofku in uu lahaado waxay qayb libaax ka qaadataa ahaanshiyaheenna, haddii aad si fiican ugu fiirsatana dadka inta badan wajigooda farxadda laga dheehan karo waa kuwo tagtadii aysan ku haynin tiiraanyo mustaqbalkana ay ku larantahay rejo, kuna dhandhanaansanaya waqtiga ay joogaan.

Engagement: Markii aynu diiradda saarno waxaynu jecelnahay in aynu samayno ama aynu ihtimaam siinayno, waxaynnu u la fal-galnaa si maskax-falluuqnimo ah markaynu faraha la galno howshaas ilaa intaynu ka gaarayno heerka loo yaqaanno qulqulka (flow).

Relationships: Qof kasta qof buu u baahanyahay oo bani-aadamku ma aha xoolo, jiritaankeennana wuxuu ku dhisanyahay wax wada qaybsiga iyo hadba inta uu le'gyahay xiriirka aan la leennahay bulshada nagu hareeraysan oo ay ugu horreeyaan qoyska, asxaabta, jaallayaasheen iyo dariskeenaba. Meaning: Waxaynu nahay kuwo hadafkoodu sarreeyo oo ay noloshoodu macne leedahay, markii aynu tiigsanayno wax ka weyn nafsadaheenna. Haddii ay ahaan lahayd in aad noqotid Mufakir, Macallin, Qoraa, Qudbadeeye ama Khabiir.

Accomplishment: Qof kasta nolosha wuxuu u ordaayaa in uu guulaysto si uu u dareemo in uu wax qaban karo yididiilana uu ka sii qaado hadafkaas uu xaqiijiyay.

POSTITIVE PSYCHOLOGY EXERCISE

Cilmi-nafsiga togan (postive psychology) waa laan ka mid ah laamaha aqoonta cilmi-nafsiga oo uu aabbe u yahay ninka la yiraahdo Martin Seligman. Waxay waaxdani xoogga saartaa arimaha la xariira, khibradaha (experiences), xaaladaha (states) iyo sifooyinka (traits). Maadaama aynu ka soo sheekaynnay habka lagu gaaro baraaraha nolosha, haddana waxaynu isla wadaagi doonnaa layliska ugu horreeya ee la is kugu diro shaqo-guri, laylisyada dareenka togan (positive psychology exercise).

Gratitude Journal: Xamdi-naqu waa hubka ugu culus ee wax lagu gumaado, markii la joogo cilmi-nafsiga. Ninka ugu haysta adduunka aqoontaan xamdi-naqa ee magaciisa la yiraahdo; Robert Emmons ayaa ku qeexaya sidaan xamdi-naqa; Waa dareen mucjiseed xambaarsan mahad-naq iyo maqsuud nolosha idilkeed. Hubkaas waxaa la iskaga difaacaa dareemada taban (negative emotions) sida xasadnimada, cadowtinim/da iyo xanaaqa. Xamdi-naqu wax kale ma ahane waa ku qanacsanaanta waxa aad haysatid, intii aad u hanqaltaagi lahayd waxa kaa maqan.

Dadka inta badan mahad-naqa badiya wuxuu leeyahay Emmons waa kuwo farxaaniin ah, tamar badan, filasho wanaagsanna leh. Sida ugu wanaagsan ee aad uga shaqayn karto laylisyadaan waa adiga oo buug iyo qalin soo qaata, waqtigaagana ka doorta xilliga ugu habboon ee aad si maskax furan u fikiri karto. qortid 3-5 shay oo aad ka mahadnaqayso inaad haysato. Hadduu jiro fikir jisaarnimo ku dareensiiyay, isku day in aad u baddasho mahadnaq.

Tusaale: Ninkaygu wuxuu illoobay sanadguuradii arooskeenna, laakiin wuxuu shaqaynayaa lacagtii aan ku tagi lahayn fasaxeennii-riyada (dream vacation). Wad muddo 90 cisho ah, adigaa arki isbeddelka ku yimaada noloshaadee.

SUCCESS IS MORE THAN IQ

Aragtida uu qabo Seligman wuxuu leeyahay, caqligu ma aha horseedka guusha ee waa dabciga (character) waxa keena guusha, horseedkaasna wuxuu u qaybiyay 4 qaybood oo kala ah:

Speed of thinking: Xawaaraha fikirku wuxuu ballaariyaa xirfadaha xalka, qorshaynta iyo fogaansho-aragga. The ability to plan: Awoodda qorshayntu waa xirfad-caqliyeed qofka dhaxalsiisa doorashada tallaabooyinka muhiimka ah ee uu ku gaari lahaa yoolkiisa.

A fast learning rate: Fahan-furnaanshuhu waa ka xeelad dheertahay fahmidda oo qura, waayo waxaa raacsiisan in aad waxa aad baratay dhaqangelin karto. Sifooyinka lagu garto dadka fahanka-furan waxaa ka mid ah in ay yaqaanniin dadka sida loo la hadlo sidoo kalana yihiin dhagaystayaal wanaagsan.

The effort you put into task: Shaqo kasta oo aad qabato, ha yaraato ama ha badnaatee, natiijada aad ka sugayso waxay ku xirnaan doontaa hadba juhdiga iyo dadaalka aad galiso.

Qofku markii uu mulkiyo afartaas sifo wuxuu sheegayaa Seligman in uu ku-dhac leeyahay, hal-abuur badanyahay, walibana kalsoonida uu naftiisa ku qabana saa'id noqonayso.

Sidoo kale, markii uu qofku awoodahaas uu hantiyo, waxaa sahlanaanaysa ku dhex jirka bulshada, qancinta macaamiisha, iyo soo jiidasha hadalladiisa ay u yeelanaayaan waaxid iyo wadar, mar kasta oo uu afka kala furo. Intaas waxay cilmi-baarayaashu ku dareen, dadka 4-taas tilmaamood ku suntan in ay yihiin kuwo leh burji.

Farxadda rasmiga ahi waa mid ka dhan-balanta kor u qaadidda qofnimadaada ee ma aha mid ka timaada isku dhererinta asaagaada.

13
HAPPINESS PREEDS ALL GOALS

"Happiness is the meaning and the purpose of life, the whole aim and end of human existence."

- Aristotle

Xaqiiqdu waxay tahay kulligeen waxaynu u baahannahay in aynu had iyo jeeraale ahaanno kuwo faraxsan. Su'aashuse waxay tahay weli mays weydiinnay sababta wax kasta oo aynu samayno nolosha uga doonayno in aan ka helno farxad?

Qarnigii 18-aad, David Hume (philosopher) wuxuu yiri, Farxaddu waa ujeedka ugu dambeeya ee insaanku u sameeyaan waxay faraha kula jiraan, haddii ay ahaan lahayd farshaxan (art), saynis (science) ama madadaalo (entertainment).

Baarayaasha kala ah Sonja Lyubomirsky (psychologist), Laura King (psychologist), iyo Ed Diener (psychologist) waxay iyaguna isku raaceen qofba inta uu qof ka farxad badanyahay waa ka caafimaad, hanti, iyo xiriir fiicanyahay qofka kale.

Farxadda waa waxa ugu horreeya ee qof kastaa raadinaayo nolosha, haddana inta midda runta ah haysataa ay yartahay. Bal dib aan u jalleecno sidii aan ku soo kornay, markaas ayaynu fahmi doonaa midda beenta ahe. Waligeen waxaynu raajicinaa sow ma ahan yool aynu xaqiijinno si aan farxad u helno, haddii ay ahaan lahayd buundooyin fiican, shahaado sare ama shaqo mushaar badan?

Hadafyadaasna ku ma jiraan kuwa keensada farxadda dhabta ah ee waa sun ay noo walaaqeen kuwa shuruudahaas ku xiray farxadda.

Su'aal: adigu ma waxa aad aamminsantahay farxaddu in ay guusha wadato mise guushu in ay wadato farxad?

BALANCE YOUR OUTLOOK

Waxaa jirta xikmad uu leeyahay Lao Tzu oo oranaysa; Walwalku waa ku noolaanshaha wixii tagay, Walbahaarku waa ku noolaanshaha waxa soo socda, Farxadduna waa ku noolaanshaha waqti-xaadirka. Sidoo kale, Wayne Dyer (author) isagana wuxuu leeyahay; Markii aad baddashid qaabka aad wax u eegaysid waxaa isbeddelaaya muuqaalka wixii aad fiirinaysay. Waxaana jirta 4 qaybood ay bani-aadamku u noolyihiin:

The Rat Racer: Ma qancayaasha. Waa ummad nolosha eryata oo har iyo habeen u hanqal-taagaysa sidii ay u dhargi lahaayeen mustaqbalka, iyaga oo aan maalinna ku qanacsanayn waqtiga ay joogaan. Caqli xumo ka weyn miyaa jirta xoolaha aad maanta baadi-goobayso ina aad berri ku raadiso caafimaadkaaga? Siduu kaaga gadmay fikirka ah maanta rafaad berri ayaad raaxaysan doontaaye?

The hedonist: Duulkaan waa kuwo u nool maanta keli ha oo waxay aamminsanyihiin berrito Allah ha na gaarsiiyo. Waxay ugu dhandhanaansadaan maalintooda sidii in ay tahay maalintii ifka ugu dambaysay ayaga oo aan wax qorsha ah u hayn berri sida ay noqon doonto, iskaba daa bisha xigta ama sanadka dambee.

The nihilist: Kuwani waa kuwa ka daran labadii hore, sababta oo ah ka ma fikiraan maanta iyo berri midna ee waxay taagan yihiin quus. Farxad ku ma haystaan qoyska, asxaabta iyo shaqada. Waa kuwo iska soo taagay nolosha wax rejo ahna aan ka lahayn.

The happy person: Kan faraxsani waa kan hadaf noloshiisha ka weyn leh, sidaas oo ay tahayna rumaynta riyadaasi aysan dhaafsiinin ku raaxaysiga nolol maalmeedkiisa.

Qaabkee u nooshahay adigu?

THE SECRET TO HAPPINESS

Daniel Gilbert (professor) wuxuu leeyahay; xiriirka ka dhaxeeya bulshadu waa mid muhiim u ah aadanaha, inta uu le'egyahayna waa arrin lagu saadaalin karo ama lagu cabbiri karo farxadda qofka, in ka badan farxadda lacagtu keento.

Mowduucaan wax badan ayaa laga qoray awoodda ku hoos duuggan, xiriirka bulshada iyo midka lammaanaha. Inta badana aad ayaynu u falanqeynnaa, filimaan ayaynu ka jilnay, buugaag ayaynu ka qornay, baaritaanno badan ayaynu ka samaynnay, welina wax ka soo caano-casoobay ma lahan oo ummaddii hadda xiriirkoodu waaba ka sii yaraanayaa sidii beri-samaadkii. Xiriirkii lammaanahana warkiisa waadba haysaa meesha uu maraayo maanta!

Francis Bacon (philosopher) isaguna wuxuu leeyahay; saaxiibtinnimadu waxay laba-jibbaartaa farxadda waxayna kala qaybisaa murugada. Bal ka warran heerka ay gaarsiiyeen Seligman iyo Diener oo oranaya; xiriirka togan (postitive relationship) ma aha mid keena uun farxade wuxuu ka qayb-qaataa caafimaadkeenna guud oo haddii la wanaajiyo waxaa kor u kaca caafimaadkeenna, haddii uu xumaadana waxaa hoos u dhaca caafimaadkeenna.

Taas waxaan ku caddaynaynaa ayay leeyihiin in qowmiyadaha adduunka ugu cimriga dheer uguna farxadda badan yihiin waddammada Denmark, Norway, Netherland, Columbia iyo Israa'iil. Su'aashu waxay tahay, xiriir kulligeen waynu samaynaaye midkee ayaynu hor marinnaa dadka iyo lacagta? Mase ogtahay dhibta adduunyada ka taagan in ay ugu weyntahay walxihii (things) oo la jeclaaday iyo dadkii oo la isticmaalay (used).

Haddii ad aragto qof mar kasta iska faraxsan, ogow qofkaasi ma aha mid fiyow.

14
THE DOWNSIDE OF DREAMING

"If you want to take action toward a desire future, then be sure to choose wishes that are challenging, but still attainable for you."

- Gabriele Oettingen

Hammi ma kugu jiraa? Maxaad jeceshahay in aad noqoto ama aad samayso? Hadafkaagu ma adiga keli ah ayuu ku koobanyahay mise ilmo-dhooqo rootiga waa kugu la daaran karaan? Aakhiro ma ku anfici doonaa oo casuumaad ma ku heli, mise adduunka ayuu ku egyahay dhaxalkaagu?

Ka warran riyooyinkaaga oo run noqon lahaa? Sow cajiib ma ahaateen nolosha aad ku hamminaysay oo kuu hirgasha? Maxaa kaa hor taagsan in aad xaqiijiso?

Gabriele Oettingen (psychologist) waxay leedahay, qofku in uu hammi sare leeyahay ama doonis ay jirto ma aha midda qura ee ka caawinaysa in uu gaaro hadafyadiisa ee waa in uu ficil ku lifaaqo oo uu wajahaa caqabadaha (obstacles) ka hor imaan kara. Taas ayaa riyada u baddali karta run. Sidoo kale, waxay cilmi-baaristeeda ku ogaatay saamaynta ay nagu yeelan karto marka waxaynu nolosha ka rabno ay tahay riyo iyo mala-awaal uun. Tusaale; haddii la cabbiro cadaadiska dhiiggaaga (blood pressure) ka dibna lagu yiraahdo waxaad ka fikirtaa ama aad sawiratta waxyaalo aad jeceshay, sida xeebaha Acapulco, Pora Pora iyo Maldives, adiga oo ku la baashaalaaya xaajiyaddaada, mar labaadna la cabbiro cadaadiska dhiiggaaga, in uu hoos u dhacayo?

Mise ogtahay nafta oo aad been u sheegno in ay hoos u dhac u keenayso dhiirrigelinteenna iyo tamarta aynu ku gaari lahayn riyooyinkeenna? Haddaba, sidee uga hor tagnaa cilladdaas?

MENTAL CONTRASTING

Waa qaab-fikir ku dhisan markaynu xaalad ka eegayno labada dhinac, dhanka rabitaanka (wish) iyo dhanka carqaladda (obstacle) ama xumaan iyo samaan.

Qof ayaa dhex mushaaxaaya riyooyinkiisa togan ee ku saabsan mustaqbalka doonistiisa asaga oo iska indho-tiraya xaqiiqada uu hadda ku suganyahay siday tahay. Mid kale ayaa xaalka uu ku suganyahay ka tanbadiyay oo dawakhsan, taas oo gaarsiisay in uu yeelan waayo yool iyo yididiilo. Labadaas waddana ma aha mid qofka gaarsiinaysa halkii uu rabay ama hiigsanayay.

Tusaale; haddii aad rabto in aad baabuur noociisa la yiraahdo Tesla gadato oo aad sawirato adiga oo xeebta Hobyo ku wata, geel-jirayaasha iyo mallay-dabataduna kuu dhoollacadaynayaan ayaga oo la yaabban baabuurkaaga noociisa. Sow hummaag qayral-caadiya ma ahan? Balse ka warran markii aad ka fikirtay shaqadaad ka shaqayso, mushaarkaagu inta uu yahay, iyo inta sano oo ay kugu qaadanayso lacalla haddii aad isku daydo in aad lacagta baabuurkaas uruuriso, sow quus ma aha iyaduna?

Ama waxa aad ahayd mid u daystay calool sidii garkii markii aad ka baxday diifii doobnimada, ka dibna waxa aad sawiratay adiga oo yeeshay murqaha MoFit (Somali body builder), laakiin markii aad aragtay xayaysiintiisa in uu bishii dadka ku tababaro shan kun oo doollar (5000$) ayaad nafta ku qancisay, meeqa kaa calool buuran ayaa jirta oo guluusyadu shaatigu daataan marmarka qaar. Waddo saddexaad ma jirto miyaa? Haa. Oettingen waxay leedahay, waddada saddexaad oo saxda ahi waa qofka in uu la yimaado doonis aan caadi ahayn oo lagu daray ficil u qalma doonistaa

IMPLEMENTATION INTENTIONS

Peter Gollwitzer (professor) ayaa sameeyay daraasad ama aragti uu ku magacaabay Niyad-ka-baaraandegid (impletention intentions). Waa qorshe laga doonayo qofku in uu qabyo-tiro intuusan u qaadinba tallaabo waxa uu doonayo in uu qabto nolosha.

Dadku inta badan waxay leeyihiin; Qaaciddada furaha guushu wax sidaas u sii adag ma ahan. Waa qofka oo yeesha yool ka dibna ku dhaqaaqa qabashada wixii gaarsiin lahaa yoolkaas. Gollwitzer wuxuu leeyahay; Habar fadhida legdin la fududaa (Easier said tahan done).

Warka farxadda leh ayaa wuxuu yahay in ay jirto waddo taas ka sii fudud oo meel dhexe ka dusinaysa dhaankii dabaggaalle ee aad wadatay adigoo habeenno sii dhixin. Waxaad u baahantahay oo qura in aad bilowdo niyad-ka-baaraandegid iyo sidii aad u dhaqan-gelin lahayd.

Ujeedada niyad-ka-baaraandegiddu wax kale ma ahane waa aragti ku dhisan lacalla (if-then plan). Haddii waxaas iyo waxaas dhacaan, sidaas iyo sidaas ayaan samayn, si aan u gaaro hadafkayga. Labadaan tiir ayaana saldhig u ah hirgelinta fikraddaan.

Qeex yoolkaagu wuxuu yahay iyo ficilka ku habboon in aad qaaddo. Isweydii goora ayaan ogaanayaa markii aan tallaabaas qaadayo?

Qeex caqabadaha kaa hor imaan kara in aad fuliso qorshahaaga iyo sidii aad u la macaamili lahayd mushkiladdaas?

Tusaale; Hadafkaagu waa sigaar-joojin (goal). Mar kasta oo xaraarad i qabato (obstacle), waxaan ruugi doonaa xanjo (impletion intentions).

Haddii riyooyinku ahaan lahaayeen fardo,

waxaa ugu hor fuuli lahaa faqiiriinta.

15
WHAT IS GRIT?

"You can go from job to career to calling, all without changing your accupation."

- Angela Duckworthy

Markii ay joogto adkaysiga maskaxda (mental toughness), waxaa la yiri, aadanuhu wuxuu u kala baxaa saddex qaybood oo kala ah:

1- Nacnac-luubaani (Marshmallow). Gudaha iyo bannaankaba ka jilicsan oo u adkaysan karin kul yar. 2-Xanjo-kuul (Jelly bean). Korka ka adag, gudahase ka jilicsan oo la ruugi karo. 3-Dhagax (Rock). Kor iyo hoosba ka adag oo taabasho iyo tuujis isku mid u yihiin.

Angela Duckworth (psychologist) markii ay baaritaan ku samaysay ciidammada gala kulliyadda milatariga ee West-point oo ku taalla carriga Maraykanka waxay sheegtay; kuwa carbiskaas adag ka gudbay wixii caawiyay in aysan ahayn caqligii (IQ), hidda-sidihii (Genetics) iyo hibadoodii (Talent) balse waxay ugu yeertay markii laysku daro Ummal (passion) iyo adkaysi (perseverance).

GRIT: Waa awoodda qofka ka caawisa in uusan khalkhalin markii uu wajaho caqabad kuna riixda in uu xoogga saaro sidii uu uga dabaalan lahaa mushkiladdaas soo foodsaartay. Awooddaas la'aanteed hibada iyo caqliguba qofka waxba u ma tari karaan ka mana caawin karaan. Qofku in uu caqli leeyahay uu cilmiga ku kaashado ama hibo gaar ah uu leeyahay uu dadka kaga soocanaado waa wax aad u fiican, laakiin kala reebtada ciyaartu waa dhabar-adayga iyo raqbadda uu qofku la yimaado markii uu xaalku xumaado.

Adigu waa sidee adkaysigaagu mise jiraan nolosha wax aad raqbad u hayso?

HOW TO GROW GRIT

Xaqiiqdu waxay tahay, qofku in uu wax ka saaqido (drop out) waxyaalo badan oo kala duwan ayaa sababi kara. Tusaalayaalka soo socda ayaa ka mid noqon kara.

Waxaan samaynayo waan ku caajisay
Waxba ku ma helaayo dadaalkayga
Waxaan samaynaayo muhiim ma ahan
Waxaan ma awoodi karo.

Angela waxay noo sheegaysaa waxaa jira 4 raasumaal (asset) u ah in aad shay raqbo u qaaddo ama adkaysi u yeelato, waxayna kala yihiin;

INTREST: Ahmiyad waa in ay jirtaa. Xiisuhu waa tallaabada kowaad ee qofka ku riixda in uu hawl qabto asaga oo aan dareemin wax cadaadis ah ama culays ah.

PRACTISE: Tallaabada labaad waa midda keentay marmarsiyaha ah aniga natiijo ka ma helaayo dadaalkayga. Waxaad qabanayso waxay u baahanyihiin ku celcelis fara badan ka hor inta aadan gaarin guusha.

PURPOSE: Haddii shaqadaad qabanayso jeceshahay oo aad la timid dhiirranaan in aadan ka daalin ah, waxa aad cagta saartay waddadii horusocodka, balse haddii aadan ka lahayn hadaf waxaa adkaanaysa in aad sii waddo qorshahaas. Hadafku ugu weyn ee qofi yeeshana waxay ku qeexday Duckworth ka shaqaynta wanaajinta ummadda.

HOPE: Dadka dhabar-adaygga leh waa kuwo rejo ka qaba waxay qabteen in ay wax ka soo baxaayaan oo ma aha kuwo aamminsan waxa loogu yeero nasiib, jaanis iyo isku-aaddo. Si kale haddii aan u dhahno, waa haddii ay rejo jirto waxaa jirta waddo. Su'aal; afartaan raasumaal ma haysataa, mise jiraan wax aad u hayso nolosha?

THE SCIENCE OF GRIT

Angela waxay farta ku fiiqday in ay jiraan ammuuro ka waaweyn cilmiga hanashada guusha (psychology of acheivement) markii la rabo in wax laga biyo-keeno.

Markii aan ilmaha ahayn, dabcan ma aynu ahayn ilmo farta ka xiran (prodigy) oo isku arkayay in ay hibo dabiiciya leeyihiin. Taasna waxay nagu noqotay leeb ku taagan laabteenna hoose oo shaki galisay in aan guulo soo hoyinno.

Maxaad u malaynaysaa in uu yahay farqiga u dhaxeyn kara laba qof oo lagu tartansiiyay imtixaan isku mid ah? Macallimiintii soo tababartay, nasiib ay u kala dhasheen, mise calafkii loo qoray? Maya! Waa dadaalkii ay ku bixiyeen mid kasta hibadii uu u dhashay.

Hibada (talent) markii lagu daro dadaal (effort) waxay noqotaa xirfad (skill). Xirfaddana markii lagu daro dadaal (effort) waxay noqotaa guul (acheivement).

Micnaha xirfaddu ma aha wax aad ku dhalatayee waa natiijadii kuu soo baxday markii laysku daray hibadaadii iyo dadaalkaagii. Guushuna waxay timaaddaa xirfaddaada markii aad ku darto dadaal dheeri ah.

Waxay qaaciddadan guusha (formula of success) tusaale ugu soo qaadatay halhayskii Will Smith ee oranaysay "Aniga waad iga hiba badnaan kartaa. Waad iga caqli badnaan kartaa. Waad iga qurux badnaan kartaa. Waad iga xoog badnaan kartaa, laakiin haddii aynu aniga iyo adigu ku tartanno mashiinka orodka (treadmill) laba mid ayay noqon; anigaa kaa raynaya oo waan hubaa taas ama mashiinka dushiisha ayay naftu iiga bixi!

Guul waxaa lagu helaa dadaal lagu laba jibbaaray hibo iyo xirfad

16
THE GIFT FALLACY

"If you never push yourself beyond your comfort zone, you will never improve."

- Anders Ericsson

Anigu ma ahi mid hibo leh (talent) balse waxaan ahay mid wayraxsan (obsessed). Sidaas waxaa yiri; Conor McGregor (UFC champion). Inta badan bulshadu waxay qabtaa ama laga dhaadhaciyay fikir gurracan oo ah; Dadka guulaysta ama horjoogayaasha u ah masraxyada baratanku in ay yihiin kuwo hibo gaar ah leh ama awood daahsoon oo aysan dadku fahmi karin ama u jeedi karin.

Aragtidaas waxaa beeniyay Anders Ericsson (psychologist). Cid ku dhalatay ma jirto awood qarsoon oo loogu talo galay mihnad (domain) gaar ah. Qof kasta oo noqday mid bannaanka ku dhacay (exeptional) wuxuu sameeyay tababar xad-dhaaf ah oo ka dhigtay aadanuhu wax aysan indhaha ka laaban karin ama ku dhicin in ay dafiraan.

Ericsson wuxuu leeyahay arrinta keli ah ee aan ka reebayo wax baa lagu dhashaa oo noqotay been fakatay waa qofka baxaalkiisa iyo siduu Alle u abuuray oo ka saaciddi karta ciyaaraha qaar. Tusaale, haddii aad rabtid in aad kubbadda kolayga (basketball) ciyaarto oo aad kubbadda kolayga ku dharbaaxdo shabaqa (slam dunk), waa in aad ahaataa ruux dheer. Sidoo kale, haddaad rabtid inaad ka mid noqoto kuwa ciyaara qaalma-rogadka (gymnastics) waa in aad ahaato qof gaaban. Ma jiro tababare ku takhasusay sida lafaha loo dheereeyo ama loo gaabiyo.

Kulligeen waan ku wada dhalanay hibadaas iyo awooddaas dadka goonida ah aan dusha ka saarayno ee waxaa lagu kala tagay sidii bannaanka loogu soo saari lahaa shidaalkaas ceeriinka ah ee gudaheenna ceegaaga.

PURPOSEFUL PRACTICE

2008, Malcolm Gladwell (author) wuxuu soo shaacbixiyay (popularized) buugiisa Outliers xeer uu ugu yeeray 10-kun oo saac. Aragtidaan waxay sheegaysaa qofku in uu xirfadda uu rabo yeelan karo haddii uu wado 10 sano oo u dhiganta 10 kun oo saac. Wuxuu tusaale u soo qaatay Bill Gates iyo Beatles, lakiin Ericsson wuxuu yiri 2016, Gladwell wuu qalad fahmay qodobkaas, waayo wuxuu ka tagay muhiimadda macallinku leeyahay iyo tababarka la siiyay oo wuxuu soo bandhigay in ay jiraan 3 nooc oo tababarka loo qaato:

Naive practice; Waa tababar caruurnimo ah ama qibrad la'aan ah oo qofku ku celceliyo, asaga oo ka lahayn wax hadaf ah ama kala kulmayn dhib.

Purposeful practice: Waa tababar hadaf leh (goal), Diirad-saaryo leh (focus), Jawaab-celis leh (feedback) oo kugu qasbaysa in aad ka baxdid seeraha amniga (comfort zone). Haddii aad la timaaddid saddexda shuruud ee hore balse weli aadan ka bixin buulkii aad u baratay, ogow hibadaadu ma noqonayso mid muunad yeelata.

Deliberate practice: Waa tababar kas ama ula-kac loo samaynaayo oo lagu kala saaraayo ardayda (novices) iyo kabiirrada (experts).

Waa tababar ardaygu uu leeyahay hage u gaar ah oo loo sheegayo waddadii lagu gaari lahaa guusha ayada oo la la xisaabtamayo.

Anders wuxuu ku andacoonayaa, waddada casiisnimadu (greatness) ma aha mid sahlan laakiin ardaygu xariif wuu ku noqon karaa wuxuu doonayo hadduu niyaddiisa ka saaro 3-daan quraafaad (myths) ee nagu la qufulay:

Awooddaadu waxay ku xirantahay hidde-sidahaaga.
Haddii aad wax ku celceliso waad ku wanaagsanaan.
Wax kasta waxay ku xiranyihiin dadaalkaaga.

HOMO EXERCENS

Waxaa muran-madoonto ah aadanuhu in ay yihiin kuwa keli ah ee nolosha ay ku jiraan wax ka beddeli kara marka loo eego noolaha kale, taas oo ina ka dhigtay in maalinba magac na loo bixiyo, kaas oo ku saabsan hadba xaaladda aynu ku jirno ama waqtigaynu ku sugannahay.

Magacii ugu horreyay ee caan baxay ayaa noqday kuwii caaqiliinta ahaa (Homo sapiens) ee uu allifay ninkii la oran jiray Carolus Linnaeus (botanist) sanadku markii uu ahaa 1758. Homo erectus: Kuwii soconayay ee asalkooda laga helay Afrika 1.9 milyan sanad ka hor. Homo habilis; Fuundiyaashii, kuwaas oo bilaabay in ay guryo ka dhistaan dhagxaanta. Homo sapiens; Kuwii wax garanayay oo cilmiga lahaa.

Anders Ericsson: Wuxuu leeyahay magacyadaas oo dhan waa kuwo maangal ah oo macne samaynaya laakiin anigu ma ahi mid aamminsan intaba, waayo waqtiga aynu noolnahay maanta la ma jaanqaadi karaan. Waa sax in aynu nahay kuwo caqli leh, cilmi leh, wax garanaaya, oo waalidiinteen ka aqoon badan, adduunkuna uu maraayo waqtigii culuumta (information era) laysugu faanayay, balse waxaa i la habboon in na loogu yeero kuwii xirfadda lahaa (Homo exercens), sida dhakhtar, macallin, askari, oo naftooda masuul ka ah, hormarinayana hal-abuurka iyo hammiga ay ka leeyihiin nolosha, waana taas midda naga dhigaysa bani-aadam oo xayawaanka naga soocday.

Haddii aadan diyaar u ahayn, naftaada in aad dabka saarto, ogow adiguna waligaa ma bislaan doontid.

17
WHAT IS PRESENCE?

*"A truly confident person does not require arrogance,
Which is nothing more than a smoke screen for insecurity."*

- Amy Cuddy

Xaadirnimadu waa kolkii ay isku muuqaal iyo midab yihiin awoodda aad ku qeexi karto fikirkaaga, dareenkaaga, iyo ficilkaaga, adiga oo aan ka werwer qabin haba yaraatee sida ay dadku kuu arkaan. Is-diyaarintu waa mid iska cad in ay muhiim u tahay mowduucaaga, laakiin waxaa ka muhiimsan in aad isku diyaariso maskax ahaan iyo jir ahaan oo aad ka soo tagto waxii aad dhihi lahayd oo aad u timaaddo sidii aad u dhihi lahayd. Sidaas waxaa tiri Amy Cuddy (psychologist).

Xaadirnimo waxay ka soo billabataa (stems) aamminaadda iyo kalsoonida aad ku qabto naftaada, qiyamkaaga (values) iyo awooddaada (abilities), haddii aad la hadlayso 5 qof ama hor taagantahay 5000 qof. Waraysi shaqo lagaa qaadayo, maamulahaaga aad ka la hadlayso in mushaarka laguu badiyo, fikrad ganacsi oo aad ka gadayso maal-gashadayaal, nafteenna xaqeeda raadinayno ama ummad kale u doodayno.

The elements of Presence: calaamadda xaadirnimadu waa kalsoonida (confidence), heerka xasilloonida (comfort lvel), iyo raqbada xammaasadeed (passionate enthusiam). Sifooyinkaan waa kuwo lagu saadaalin karo qofka qofnimadiisa, kartidiisa, howlkarnimadiisa, iyo hal-abuurnimadiisa.

Dadku inta badan waxa ay isku qaldaan kalsoonida iyo kibirka (cockiness). Kalsoonida dhabta ah waxay ka dhalataa jacayl, waxayna qofka ku riddaa waddadii dheerayd ee korriinshaha, halka midda beenta ahi, albaabbada u furto raqbo xaraarug leh (desperate passion), niyad-jab iyo caalwaayinimo.

SELF AFFIRMATION THEORY

Dhiganayaasha lagu magacaabo buugaagta is-caawinta (self-help-books) waxay inta badan xayaysiiyaan awoodda ay leedahay isku tebinta ereyada togan (positive affirmations). Naftaada haddii aad ammaan ku la dul-kufto ama waxaan kaa muuqan isu tiiriso sow buuxin maysid booskii "Nin is-faanshay waa ri' is-nuugtay?" Aniga, adiga iyo cid kasta oo nool qarniga 21-aad oo isticmaasha warbaahinta bulshada (social-media) ama wax aqrin karta, waxaan hubaa in ay dhagihiisu maqleen malaayiin jeer jumladdaan ah "Si togan isula hadal", laakiin ma cilmi (science) ka dambeeya ayaa jira aragtidaan?

Waxaa jirta fikrad hirgashay oo uu iska leeyahay Claude Steela (psycholgist) oo la yiraahdo; Aragtida isla-dhacsanaanta (self-affirmation theory) oo uu hindisay 1998. Wuxuuna u qabyniyay saddex qaybood://

Isla-dhacsanaan (Self-affirmation).
Is-aqoonsi (Self-identity), iyo
Hal-ahaansho (self-integrity)/

Waxaa sidoo kale aamminsan fikraddaan Louise Hay (author), laakiin Amy Cuddy; waxay 2012-kii tiri; Isla-dhacsanaantu ma aha mid ka dhalata hor-istaagidda muraayadaha, adiga oo ku celcelinaaya erayo naftaadu jamanayso, sida "Waan isku filanahay", "waxaan ahay caaqil iyo ruux dadka oo dhammi jecelyihiin" ee waa ku sugnaanshaha qofka aad tahay adigu, marka ay wax qaldamaan oo culays iyo ciriiri ku soo fuulaan ama aad dareentid.

Isla-dhacsanaantu waa waxa aad dhab ahaan ama gun ahaan adigu iska aamminsantahay, markii laga soo tago waalidkaa, qaraabadaada iyo saaxiibbadaa waxay kuu sheegi jireen.

Su'aal: Adigu maxaad iska aamminsantahay? Mise waxa aad ku jirtaa kuwa muraayadaha isku fiiriya oo isla sheekeysta?

WHATS POWER POSING?

2012-kii fikraddaan ah awoodda is-buufinta (power-posing) waxay noqotay mid cirka isku shareertay oo goobaha shaqada, fagaare ka hadalka, masraxyada, macallimiinta iyo askartuba ay caashaqeen, ayaga oo go' aansaday watigooda daqiiqado ka mid ah in ay maalin kasta naftooda ku carbiyaan, si ay sare ugu qaadaan dareenkooda awoodeed (feelings of power).

Qudbaddii ay ka jeedisay Amy Cuddy bar-kulanka loo yaqaan TED-talk ayay fikraddaan ku baahisay. Fagaare ka hadalkaasna wuxuu noqday kii 2-aad ee ugu daawashada badnaa taariikhda adduunka.

Farriintaani waxay ahayd mid fudud, waana sababta keentay 46-milyan oo qof in ay fiirsato. Codsigeedu wuxuu ahaa in luuqda jirkeennu (body-language) ay xukunto fikirkeenna iyo dareenkeenna, qaab-dhaqdhaqaaqa jirkeennuna uu yahay mid saamayn (impact) weyn ku leh maskaxdeenna.

Aragtidaan waxay salka ku haysaa oo ay caddayn uga dhigaysaa in qofku haddii uu isbuufiyo (expand) uu dareenkiisa awoodeed siyaadayo, dheecaannada qalqalka keenana (stress hormone) uu yaraanayo, halka qofku haddii uu is-shuuqiyo (shrink) ay awooddiisa dareemeed hoos u dhacayso qalqalkiisuna badanayo.

Amy Cuddy waxay leedahay, markaad dadka hor taagantahay waa in lagaa helo 5-taan arrimood:

Garbahaaga iyo xabadkaagu in ay isla simanyihiin
Indhahaagu in ay dadka kor yaalliin
In aad dhaqdhaqaaqayso
Hadalka boobsiinayn ama jiijiidayn
Dadka shucuurtooda la socotaa.

Kalsoonidu waa rumaysnaanta, in aadan cidna ka fiicnayn, qof kaa wanaagsanna jirin koonka.

18
WHAT IS AGENCY?

"Agency is the ability to act as an effective agent for yourself, reflecting, making creative choices, and costructing a meaningful life."

- Paul Napper

Waa wakaaladda xoogga ee qofku leeyahay, taas oo ka shaqaysa maskaxda, jirka iyo dareemayaashu in ay si isku dheellitiran u shaqeeyaan. Waa wakaalad u doodda naftu markay wax dooranayso ama gaarayso qaraarrada waaweyn ee nolosheeda loogu arriminayo. Laakiin maxay tahay sababta qof kasta oo ina ka mid ahi ay maanta macduun (critical) ugu tahay in uu helo wakaaladdaas?

Waqtiga maanta aynu noolnahay waa mid barakadii laga qaaday; waa mid meel uu u socdo aan la aqoon. Sanadkii wuxuu noqday bil, bishii waxay noqotay toddobaad, toddobaadkii wuxuu noqday maalin, maalintii waxay noqotay saacado, sidaas oo ay tahayna badankeennu ma ahin kuwo la socda waqtigaas meesha uu ku baxo!

Malaayiin ayaa la daaladhacaya (overwhelmed) qaab nololeedkaan casriga ah oo ay hoggaaminayso farriimahaan iska soo daba dhacaya ee teknoolajiyaddu sidato. Xayaysiintaan qasabka ah ee aadan ka baxsan karin iyo noloshaan mala-awaalka iyo tartanka ku dhisan oo ay kuu qurxiyeen khubaro ku takhasustay in ay waqtigaaga ka ganacsadaan.

Taas waxaa ka sii daran, 5-tii qof ee Maraykan ah mid ayaa qaba xanuunnada dhimirka ku dhaca (mental disorders), micnaheeduna waa 40-milyan oo muwaadiniinta Maraykankan ahi waa kuwo khaakhaayiraaddu ku badantahay. Haddaba sidee looga baaqsan karaa arrintaan mase jirtaa wakaalad gudaha ah (inner agent) oo cudurradaas kaa caawin karta?

BEHAVIORAL PRINCIPLES

Akhbaarta fiican ee laga helayo dhaqaatiirta cilmi-nafsiga ayaa waxay sheegaysaa in aynu yeelan karno wakaaladdaas gudaheenna ka shaqaysa haddaan raacno saddexdaan xeer akhlaaqeed (behavioral principles):

Control stimuli: Qoorta u dheeree dhabqiyayaasha nolosha iyo akhbaaraadka xumaanta daba-huwanta ah sita, si aad waqti ugu hesho waxyaalaha noloshaada muhiimka u ah. Raadso warbixinta ku saabsan waxa aad danaynayso keli ah. Waqtiga aad warbaahinta ku bixiso ha kuu xisaabsanaado. Telefoonkaaga qadka ka xir markii aad howl muhiim ah guda galaysid. Isku day in aad ku shaqayso qalin iyo waraaq haddii aad awooddo. Habeen kasta inta aadan jiifan naftaada ku la xisaabtan waxay qabsatay adduun iyo aakhiro.

Associate selectively: Dooro kuwa aad saaxiib ka dhiganayso, waayo qofku wuxuu ka mid noqdaa 5-ta qof ee uu waqtiga la qaato. Raadso kuwa jecel horu-markaaga, dareenkaaga iyo rejadaadana kor u qaada, ayaga oo aan wax dan ah kugu wadan. Ka dheerow kuwa niyadda xun ee cuqdad-nafsiga qaba oo ay caadadu u tahay tartanka, is-barbardhigga iyo isku dhererinta. Jaal ka dhigo kuwa aad isku hiwaayadda tihiin iyo kuwa soo taabtay halka aad u tafaxaydantahay nolosha. Move your body: Joogtee in aad jimicsato ugu yaraan 3-maalmood isbuucii, waayo jir caafimaad qaba ayaa yeesha maskax caafimaad qabta. Dhagayso oo la soco xubnaha jirkaagu farriimaha ay kuu soo gudbinayaan iyo waxa aad ku quudinayso. Ogow jimicsigu in uu yahay mid yareeya walwalka iyo walbahaarka korna uu u qaada tayada qaab-dhismeedka jirka.

COGNITIVE PRINCIPLES

Sidoo kale, waxaan wakaaladda gudaha ku xoojin karnaa markii aan xeerarka garashada (cognitive principles) shaqo galinno, annaga oo adeegsanayna afartaan qaaciddo.

Position yourself as a learner: Xaqiiqso in aadan ahayn midka keli ah ee wax kasta og, si aad u heshid macluumaad iyo fikrado cusub. Aqbal in aad nolosha u tahay arday, laakiin waligaa ha yeelin in nolosha laguu yeeriyo. Noqo mid xammili kara kala-duwanaanshaha aragtida bani-aadamka iyo qaab-fikirkooda. Naftaada ku tababar in aad waxa aad fahmi wayso su'aalo ka keento, adiga oo aan ka baqanaynin in aad u muuqato mid damiin ah.

Manage your emotions and beliefs: Xakamee dareenkaaga iyo waxa aad aamminsantahay, waayo mar kasta ma noqonayso sida aad wax u malaysay iyo waxa aad iska dhaadhicisay. Haddii si gurracan wax kuu la muuqdaan ama naftaada dulqaadku ku yaraado, xaq baad u leedahay in aad ka hadasho, intii aad xisaab qaldan isku dhufsan lahayd hadhowna ka shallaayi lahayd.

Check your intuition: Iska hubi dubaakhaaga hoose waxa uu kuu sheegayo inta aadan tallaabo qaadin. Baro markay shucuurtaadu kacdo in aad u soo bandhigto caqligaaga. Isku day in aad meelo badan wax ka eegto markii aad xal raadinayso.

Deliberate action: Ka fiirso inta aadan falin. Ku xisaabtan go' aammadaada caqiibooyinka ka dhalan kara iyo awoodahaaga Rabbaaniga ah. Kala saar xaqiiqda ku hor taalla iyo ciilka iyo carada aad dareemaysid.

Ma jirto murugo kaweyn, markii aadan sheegan karin, waxa uurkaaga ku jira.

19
WHY BE HAPPY?

*"Happiness is not out there for us to find.
The reason that its not out there is that its inside us."*

- Sonja Ljubomirsky

Kulligeen waxaynu rabnaa in aynu ahaanno kuwo faraxsan, in kasta oo aynaan si qayaxan u carrabbaabin oo aynu jumlado maldahan ku tibaaxno markii na la weydiiyo waxayaalaha ina farxad geliya, sida shaqo xirfad leh (professional job), buuxinta ruuxaaniyadda (spritual fulfillment), dareenka xiriirka (sense of connection), hadafka nolosha (purpose in life), jacayl iyo galmo (love and sex), cuud iyo caannimo (money and fame) oo aynu aamminsannahay haddaynu haleelno in aan ahaanayno kuwo faraxsan, balse waa maxay farxad? Quraafaadka farxadda, iyo sababta aynu u raadinno?

Sonja Ljumomirsky (psychologist) waxay su'aalahaas uga jawaabtay: Farxaddu waa rayn-rayn nololeed (joyful life), qanacsanaan (contentment), iyo fayo-qabid togan (positive well-being).

Happiness Myths: Quraafaadka farxadda waxa ka mid ah:
Farxadda waxaa laga helaa bannaanka.
Xaalkeenna dibaddu markuu is baddelo
Waad ku dhalatay, ama waligaa ma helaysid.

Sababta aynu u raadinnana, waa tan ugu horraysee, farxaddu waxay sare u qaaddaa ama xoojisaa kalsoonideenna (self-confidence) iyo sida aan isu aragno (self-steem).

Midda labaad, farxaddu waxay naga dhigtaa kuwo aamminsan in aynu nahay bani'aadam karaamaysan (worthy) oo u qalma xushmad iyo tixgalin. Tan ugu dambaysa oo ugu muhiimsanna, farxadda waxaa ka macaasha reerkeenna, asxaabteenna, bulshadeenna iyo caalamkaas weyn.

HAPPINESS IS IN OUR HANDS

Haddaynu khulaasaynno isha farxaddu (fountain of happiness) ay ka soo burqato waa; sida aynu u fikirno, u dhaqanno, iyo hadafka aynu nolosha ka leennahay. Farxadina ma timaaddo ficil la'aan.

Baaritaan lagu ogaaday mataano hal ugxan ka beermay (identical twins) ayaa sheegay 50% in uu hidda-sidaheennu (DNA) go' aamiyo farxaddeena, taas oo ay saynisyahannadu ugu yeeraan bar-bilowga farxadda (happiness set point). 40% waa doorashadeenna (our choices), 10% waa nasiibka nolosha (life sircumstances).

Macnaha, hidda-sidaheennu wuu ka koobanyahay 46 unug (chromosomes); 23 dhanka hooyada ah iyo 23 dhanka aabbaha ah. Waxaa laga wadaa, farxaddii ay ku sugnaayeen labadii ku dhashay waqtigaad caloosha galaysay 50% farxaddaada guud ayay ka qaadanaysaa. 40% waxaa ka qayb-qaadanaya adduunyo-araggaaga (your perception) sidaad u fikirto, dareenkaaga iyo ficillada ka dhasha oo ah kuwo aad adigu dooran kartid. 10% ka soo harayna waa nasiibka noloshaada, sida meeshaad ku dhalatay: Afrika, Aasiya, iyo Yurub. Waqtigaad dhalatay: xaalku siduu ahaa; barwaaqo mise colaad iyo qax. Waalidkaa waxay ahaayeen; faqiir, taajir, ganacsato, siyaasiyiin, indheer-garad mise aqoonyahanno.

Waxaynu ku ogaannaynaa baaritaankaan in furaha farxaddeennu uu ku jirto gacmaheenna, waayo hidda-sidaheena waxba ka ma beddali karno, goobta iyo goorta aynu dhalanayna sidoo kale waxba ka ma beddeli karno, laakiin waxaan wax ka beddeli karnaa ficillada keena fir-fircoonida farxadda.

HAPPINESS ACTIVITIES

Sidaan horay u soo sheegnay, farxadi ma timaaddo ficil la'aan. Sonya waxay leedahay, waxaa jira 12 ficil oo saynis ahaan lagu xaqiijiyay in ay keenaan ama kor u qaadaan farxadda nolosheenna. Waxaan boggaan ku wadaagi doonnaa 3 ka mid ah waxqabadyadaas.

Gratitude and positive thinking: Waxaa jira waddooyin badan oo aad ku la imaan kartid xamdi-naqa iyo fikir tognaanshaha. Ku xamdi-naq in aad caafimaad ku soo toostay adiga oo Muslim ah, xabbadi kaa dul dhacaynin, xabsi ku jirin, reerkaagii iyo ilmahaagii ku dhex jira, qutulyoonkii maalintaas la cuni lahaana suququl kaaga jirin. Ka fikir xaalad xun oo ku soo martay noloshaada oo Alle kaa samata-bixiyay. Tiri inta nimco aad haysatid oo aanay lacagi goyn karin.

Cultivate optimism: Daraasado badan ayaa lagu sheegay in dadka filashada wanaagsan in ay yihiin kuwo ay ku yaryihiin cudarrada dhimirka. Waxaa taas sii dheer, ka eegidda nolosha dhanka wanaagsan waxay qofka ku abuurtaa fir-fircooni, dhiirri-gelin iyo xammaasad.

Avoiding overthinking and social comparison: Fikirka badani wuxuu maskaxda ka dhuuqaa ama uu ku yareeyaa tamarta iyo hawada, haddii si is-dabajoog ah qofku u la falgalo fikirado iyo dareemayaal taban, kuwaas oo abuura qulub iyo cabsi (stress and anxiety), way adagtahay in aan ka baxsanno isku jaan-goynta asaaggeen marka ay joogto nolosha guud, gaar ahaan farxadda oo gun-dhig u ah nolosha aadanaha. Sidaas oo ay tahay, dadka farxadda gacantooda ku samaystay ka ma walwalaan farxadda ummadda kale, mana aha kuwo is-barbar dhiga.

Farxadduba baraariyo, waxay tahay jannoo kale, qof ku jecel adoo jecel.

20
WHAT IS CREATIVITY?

"A joyful life is an individual creation that can not be copied from a recipe."

- Mihaly Csikszentmihalyi

Waxaa laga yaabaa in aad in badan maqashay waxay ugu yeeraan hal-abuur (creativity), ka dib markii uu soo ifbaxay internetka oo ay adduunyadu isku furantay. Balse waa maxay hal-abuur? Waana ku ma hal-abuurku?

Mihaly Csikszentmihalyi (psychologist) wuxu ku qeexay; Hal-abuurnimadu waa ficil, fikrad, badeeco (product) ama adeeg (service) cusub oo la curiyo ama majaal (domain) horay u jiray oo naqshad cusub laga dhigay. Majaalku wuxuu noqon karaa saynis ama farshaxan (science/art). Hal-abuurkuna waa qofkii fikirkiisa ama ficilkiisu wax baddalaan. Haddii fikirkaaga iyo ficilkaagu aanay wax baddeli karin balse aad tahay mid fikrado badan, ma sheegan kartid hal-abuurnimo ee waxaa tahay qof caqli badan (brilliant).

James Kaufman (psychologist), sidoo kale, wuxuu leeyahay, waxaa jirta 4-heer oo ay marto hal-abuurnimadu (the four C model of creativity).

The mini-c level: Heerkaan waxaa laga dhaxlaa waxbarashada ama isku day aad wax tijaabisay. Hal-abuurnimadaan ma aha mid la aqoonsado balse adiga ayay macne kuu samaysaa. Tusaale; masawirkii ugu horreeyay ee aad ku sawirtay fasalkaagii kowaad.

The little-c level: Isku dayggii ayaa waxaa ka soo noqday falcelin oo waalidkaa iyo walaalahaa ayaa jeclaaday masawirkii aad guriga keentay.

The Pro-c level: Heerkani waa heer qofku hal-abuurnimadiisu xirfad noqon karto balse asaga ay u tahay uun hiwaayad.

The Big-C level: Heerkani waa heer qofka hal-abuurnimadiisa la aqoonsado, lacagna uu ka sameeyo, marka uu dhintana taariikhda lagu xuso.

CREATIVE PERSONALITY

Qofku markuu cagta saaro waddada hal-abuurnimada wuxuu noqdaa jaad-gooni oo wuxuu la soo baxaa dhaqammo iyo dabeecado aan horay loogu aqoonin, kuwaas oo ka dhasha ficilladiisa iyo kuwo male ah oo ay dadku dusha ka saaraan. Waxaa ka mid ah kuwaan:

Weirdness: Waxaa caado u ah kuwa camal-laawayaasha ah, markay arkaan qof u ban-baxay shay oo diiradsaaryadiisa oo dhan halkaas iskugu geeyay, in ay dhahaan qofkaan waa silloonyahay (weird), kibirlow (arrogant), anaani (selfish), bilaa-naxariisa (ruthless), waayo wuu na inkiraa oo xataa magacyadeenna ma xasuusto. Qofkaasna waxaa laga yaabaa in uu yahay midka dadka isugu dhul-dhigga badan (humble) balse uu yahay ruux raacdaysanaya riyadiisa oo aan maalaa-yacni waqti u haynin.

Complexity: Haddii la oran lahaa ha la sheego hal dabci oo ay hal-abuurayaashu kaga duwanyihiin dadka intiisa kale, waxay noqon lahayd bad-buxuurnimada (complexity). Macnaha waa dad aan la fahmi karin dhaqankooda. Waa kuwo caqli badan, haddana doqommo u eg. Waa kuwo naftooda ka adag, haddana ciyaartu ku badan tahay. Waa kuwo howl-karro ah, haddana caajislowyaal ah.

Rhythms: Dadka hal-abuuryaasha ah waa kuwo leh qaafiyad (rhythm), dhanka waqtiga, hurdada, cuntada, dharka, iyo shaqadooda. Waa kuwo u hoggaansan jaan-goyntaas xataa haddii waayuhu yihiin mid ku soo horjeeda qaafiyaddaas. Tusaale; ma aha kuwo xarragooda oo iyaga dhan waxay leeyihiin dhowr joog oo isku nuuca. Sababtuna ka ma ahan bakhiilnimo ee waxay dhabiilayaan waqtigii uga bixi lahaa kala doorashada. Ragga ku caan baxay waxaa ka mid ah Steve Jobs, Mark Zuckerberg iyo Jack Ma.

FLOW EXPERIENCE

Qulqulka hal-abuurnimadu waa mid lagu qeexay wax-qabadka qofka, ayadoo aan loo eegaynin diin, dhaqan, da', lab iyo dheddig, taajir ama faqiir, laguna gaari karo 9-kaan walxood (the 9 elements of flow), sidaxuu sheegay Mihaly. Bal aynu mid mid u dul istaagno waxay kala yihiin, annaga oo soo kookoobayna:

There are clear goals every step of the way: Wuu ka baaraan-dagaa tallaabo kasta oo uu qaadayo hal-abuurku.

There is immediate feedback to ones action: Ficilka hal-abuurka waxaa ka yimaada jawaab-celin degdeg ah.

There is a balance between challenge and skills: Isu dheeli-tirid ayaa jirta u dhaxaysa taxaddiga iyo xirfadda.

Action and awareness are merged: Ficilka iyo fikirku waa kuwo is-waafaqsan. Distractions are excluded from consciousness: Dhabqiyaashu waa kuwo ka maran miyirkiisa.

There is no worry of failure: Hal-abuurku ma aha mid ay walaac galiso guul-darradu.

Self-consciousness disappears: Iska warqabku booska waa ka baxaa markii uu qofku raaco qulqulka hal-abuurnimada.

The sense of time becomes distorted: Dareenka waqtigu wuxuu noqdaa mid siibta oo hal-abuurku dareemin. The activity becomes autotelic: Howshu waxay noqotaa mid aan laga fikirin oo dabiici u dhacda, waana heerka ugu sarreeya ee hal-abuurnimada.

Hal-abuurnimdu waa mid shaqsiya, mana ahan wax la soo minguurin karo ama meel laga dheegan karo.

21
THE COURAGE QUOTIENT

"I believe that living out loud and not letting fear hold you back is the key to the fullest, most rewarding life possible."

- Robert Biswas

Badankeen markaynu maqalno geesinimo waxaa noo sawirma askari furinta hore ku jira, miino-baare iyo dab-damiye guri holcaaya sii galaya, balse waa maxay geesinimo? Qaaciddada lagu helana maxay tahay?

Geesinimadu ama dhiirranaantu waa awoodda qofku uu ku wajihi karo xaalad khatar ah ama xanuun keeni karta. Waxay noqon kartaa jimsiyan (physical) ama anshixiyan (moral). Geesinimada jir ahaaneed waa markii aan u bareerno dagaal, halka tan anshaxa ah ay tahay kala saaridda xumaha iyo samaha. Dhiirranaantuna sideeda waa mid u dhaxaysa fulaynimada (cowardice) iyo qar-iska-tuurnimada (recklessness)

Aristotle wuxuu leeyahay; Dhiirranaantu waa dhagax-dhigga kowaad ee aadanuhu ku dhisan karo waxaynu ugu yeerno nolol. Waa furaha aad ku furan karto albaab walba oo noloshu isku daydo in ay kaa xirato. Waa halka laga fuulo waddada dheer ee geedi-socodka nolosha. Dhiirranaantu waa sifada kowaad ee hooyo iyo aabbe u ah sifooyinka kale ee qofka insaankaa lagu aammini karo. Micno ahaan ereyga dhiirranaan waa wadne, taas oo loo la jeedo; Sida wadnuhu dhiigga ugu sayriyo xubnaha jirka intiisa kale oo aysan la'aantiis u shaqayn karin, ayay sifooyinka kale ee aadanuhu yeelan karo, barkumataal u noqonayaan haddii dhiirranaan jirin.

Robert Biswas (psychologist) wuxuu ku macneeyay dhiirranaantu waa;

Willingness to take action: Doonis ficil la socdo.
Ability to control fear: Awood lagu xakameeyo baqaha.
Su'aal: Adigu maxaad u taqaan dhiirranaan?

COURAGE'S TWO FLAVORS

Si ay noogu fududaato dhiirranaantu in aysan ahayn wax lagu dhasho oo uurka hooyo laga la soo baxo ama doorasho iyo eexasho cid gooni ah xaq u yeelatay, aynu bal daalacanno daraasaddii Cynthia Pury (psychologist) iyo xerteedii waxay ka yiraahdeen. Pury oo ku takhasustay cilmi-nafsiga qaybtiisa cudurrada cabsida (anxiety disorders) oo aad ugu kuur-gashay mowduucaan ayaa waxay leedahay; dhiirranaantu waxay u qaybsantaa laba nooc oo kala ah:

General courage: Waa dhiirranaanta guud oo inta badan maskaxdeena ku soo dhacda ama aynu sawiranno. Waa mid halisteeda wadata oo qaar badan oo inaga mid ahi sheekooyinka ku soo arooray markay maqlaan ay keeni karto in ay kastuumooyinka iskaga kaadshaan, fulaynimo darteed, sida waalid aan dabaal aqoonnin oo afka isaga tuuray wabi cartamaya, markii uu muluq ka dafay, askari baxsad ah oo ku soo noqday saaxiibkiis oo xabbadi ku dhagtay. Nafti-hure ku hagoogtay bambadii lagu soo tuuray xerada ciidanka ee uu gaarka ka hayay.

Personal courage: Tani waa dhiirranaanta gaar ahaaneed oo ka muhiimsan midda guud. Waa mid laga rabo qofka in uu la yimaado sidii uu iskaga jabin lahaa silsiladaha ay ku seetaysay cabsidu, sida qofka oo ka baqa diyaaradaha, oo aan raaci karin in la suuxiyo mooyee. Fagaare ka hadalka oo noqday mid dad badan ay ku dhibbanyihiin, maal-qabeenka Warren Buffett-na uu ku sheegay in uu yahay raasumaalka kowaad ama hantida maguurtada ah ee qofi yeelan karo qarniga 21-aad.

Qof aan kari karin in uu seexdo qol keligiis, xataa asagoo ku baraarugsan in guriga la la hurdo. Su'aal: Labadaan midkee ku dhiirrantahay adigu?

CHOOSE COURAGEOUS ROLES

Haddii aynu rabno in aan kaalin fiican ka galno doorka dhiirranaanta amaba aynu buuxinno booskaas, waxaa waajib noqonaysaa in aynu la nimaanno ficillo geesinimo ah, markii ay adduunyadu hoos iska meerto oo ay rabto halaq iyo abeeso in ay huga noogu laabto.

Dhulgariirkii ka dhacay magaalada Wenchuan ee waddanka Shiinah a 2008, ayaa wiil 9-jir ah oo lagu magacaabo Lin Hao wuxuu badbaadiyay laba arday oo ka mid ahaa fasalkiisa. Sheekadiisa waxaa lagu baahiyay dhammaan warbaahinada adduunka ugu caansan. Wuxuu ka soo muuqday furitaankii ciyaaraha tartanka fudud ee bakiin. Caruurnimadiisii wuxuu ahaa mid jecel lajirka awoowgiis iyo ayeeydiis. Qof kasta oo arka wiilkaas wuxuu ahaa mid la tacajabayay caqligiisa, kartidiisa, iyo hufnaantiisa.

Waalidkiis waxay ahaayeen kuwo faqiir ah oo xataa u awoodin wiilkooda lacagta xaqul-jimcaha ee carruurta ficiisu helaan, balse fariidnimadiisa wuxuu ka soo saarin jiray magaalada jooggiisa, caagadaha, dhalooyinka, iyo koombooyinka la tuuray, kuwaas uu ka iibsan jiray warshad xaafaddiisa ku taallay. 2007 wuxuu bilaabay iskuul, halkaas oo isla markiiba loo doortay kaabbe-galaaska fasalka. Wuxuu ahaa mid macalimiinta iyo ardayduba ku xisaabtamaan.

Markii la weydiiyay sababta uu saaxibbadiis u badbaadiyay oo uu naftiisa u la baxsan waayay, jawaabtiisii waxay ahayd, anigu sow ma ahayn horjoogihii fasalka? Walow Lin uu ahaa 9-jir, haddana wuxuu garwaaqsanaa mas'uuliyadda uu xambaarsanaa.

Runtu waa fallaar lagu dhaashay mariid, dhiirranaantuna waa qaansadii lagu ridi lahaa.

22
POST TRAUMATIC STRESS DISORDER

"What does not kill us makes us stronger."

- Nietzsche

Waa cudur dhimir ahaaneed (mental disorder) oo ku yimaada maskaxda iyo dhaqanka qofka oo ka dhasha riiq horay u soo martay, sida addoonsi, dagaal, shil, kufsi, canaad-carruurnimo, iyo halisyo kale uu ka la kulmay nolosha. Waxaa inta badan uu ku dhacaa dadka ku nool dhulka colaadda ah, wuxuuna caan ku yahay dumarka. Calaamadaha lagu garto waxaa ka mid ah fikirka qofka oo fadhinin, dareenka oo dararsan, qarow iyo calwasaad.

Qof kasta oo nolosha soo maray dhacdooyin argagax leh, ma aha in ay qasab noqonayso in uu ku dhacayo xanuunkaan dhimirka ee la yiraahdo (PTSD). Dadka falka jismiyan u dareemay ayaa ugu dhow in uu cudurkaan ku soo kaco, halka kuwa maskixiyan u arkay fal xanuun badan ay naadir tahay in uu ku soo laba-kacleeyo mustaqbalka.

Xanuunkaan dhimirka waa laga hor tagi karaa, haddii qofka lala tacaalo markii uu falku ku hacay ama uu la kulmay, balse mar haddii qofku u baahdo in ay dhaqaatiirta dhimirku u sheekeeyaan (psychotherapist) ama uu u baahdo in uu qaato daawooyin (antidepressants) xaalkiisa hore in uu ku soo noqdo waqti ayay qaadataa ama waxaa dhici karta in uu la noolaado qalqalkaas.

In yar ayaa awooddda in ay la kulmaan dhaqaatiirta oo aan wax qawaaf ah ka qabin, halka inta badan ay doorbidaan in aysan is-arkin qofna balse daawadooda jumlaystaan.

Dhaqaatiirta cudurrada dhimirku (psychiatrists) waxay sheegeen qofkii isku darasada sheekaynta iyo daawada in uu ka rejo badan qofka hal meel caafimaadkiisa ka raadiya. Adigu kuwee taageersantahay 2-daan koox?

POST TRAUMATIC GROWTH

Waa korriinsho dhimir ahaaneed (mental growth) oo qeexaysa isbeddelka ku yimaada qofka dhaqankiisa iyo noloshiisa markii ay masiibo ku habsato. Waxaana aragtidaan ibo-furay sagaashameeyadii Richard Tedeschi iyo saaxiibkiis Lawrence Calhoun oo ah dhaqaatiir ku taqashustay culuumta cilmi-nafsiga (psychologists). Waxayna yiraahdeen, korriinsha qofka waxaa laga dheehan karaa 5-taan majaal:

Appreciation of life: Nolosha uu ku xamdi-naqo.
Relationship with others: Siduu dadka u la dhaqmo.
New possibilities in life: Fursado cusub uu abuurto.
Personal strength: Adkaysiga qofnimo iyo,
Spritual change: Is-beddel ruuxaaniyeed.

Tedeschi wuxuu leeyahay, 5-taas dhinac ee uu qofku is-beddelka ka samayn karo waxaa fure u ah 2 dabci oo ka mid ah 5-ta shaqiyad ee waaweyn (the big five personality) oo kala ah: Maanfurnaan (Openness) iyo Bashaashnimo (Extraversion).

Sidoo kale, Stephen Joseph (psychologist) wuxuu leeyahay, Insaanku waa laba qaybood. Kuwo aashuunka markii uu ka jabo (the shattered vase) isku daya in ay isku kab-kabaan wali asaga oo biyo sii daynaya iyo kuwo aamminsan aashuun jabay in aan la isku celin karine mid cusub soo gata.

Waa sidaas oo kale aadanuhu markii ay mushkiladi maashaysho; qayb waxay isku mashquuliyaan oo ay naftu uga baxdaa sababtii ayaga oo sii daba-jooga, halka qaybta kale raadiyaan xalkii ay uga bixi lahaayeen mixnaddaas iyo murugadaas, iyaga oo aan isku mashquulin sababta. Waa su'aal da' weyne, adigu kuwee ku jirtaa labadaan qolo?

HARVESTING HOPE

Si aan nolosha horumar la taaban karo uga samayno oo isbeddel deg-deg ah u la nimaano, waa in aynu beerannaa miraha rejada, kuwaas oo aan si fudud u guran karno kagana mayran karno wixii na soo maray. Dhaqaatiirta hadalka wax ku daweeya (psychotherapists) kulli waxay isku raaceen si kasta oo loo la tacaalo bukaannada qaba curdurrada dhimirka (mental disorders), in aysan waxba kala soconaynin mar haddii qofku lumiyo rejada.

Sidoo kale, cilmibaarayaasha cilmi-nafsigu waxay dhaheen carruurta rejadoodu sarrayso oo ku jira xilliga koritaanka (adolescents) iyo kuwa qaan-gaarka ahba (adults), iskuulka iyo shaqadaba waxay ku noqdaan xariifiin, facoodna way ka caafimaad badan yihiin, xairfadda dhib-xallintana (problem-solving skills) ma aha mid lagu la tartamo. Haddaba, waa maxay rejo? Sideese qofku ku abuuran karaa miraheeda? Sida aanu raashinku dhadhan u lahayn goosaar la'aan ayay nolosha aadanuhuna ififaale u yeelan karin rejo la'aan. Aragtida Rejadu (Hope Theory) waxay ku rumowdaa 3-daan qaaciddo, siduu qabo Charles Synder (Psychologist):

Goal thinking: Qorshe qayaxan oo uu qofku la yimaado, sida jaamacadda heerka 1-aad ayaan dhammayn; shaqo fiican ayaan raadsan; kuus ayaan ururin ka dibna ganacsi ayaan furan.

Agency thinking: Waa awoodda fikir xammaasadeed ee uu qofku ku qabo naftiisa iyo wixii uu qorshaystay in uu ka guulgaari karo.

Pathway thinking: Waa awoodda fikir sahaneed ee uu qofku uga baaraan-dego wixii uu qorshaystay waddadii uu u mari lahaa, haddii ay carqaladi timaadana sidii uu u xallin lahaa iyo in uu u jeedi karo dhammaadka geedi-socodkiisa.

Waxaan ku dilin waxay kaa dhigaan waaxid xooggan.

23
WHAT IS CHARACTER?

"After all, the need to maintain an inflated self-image can be a psychological burden."

- Kathryn Britton

Kulligeen waxaynu nahay isku mid dhanka abuurka, waayo waxaa na la wada siiyay ruux(soul), jir (body) iyo maan (mind). Sidaas oo ay tahayna waynu ku kala duwannahay xagga fikirka, dareenka iyo ficilka. Se inta aynnaan ka jawaabin su'aasha ah waa maxay dabeecad (character)? aynu sidoo kale isweydiinno waa maxay shaqsiyad (personality) oo aynu inta badan isku qaladno ama aynu kala saari karin?

Definition of personality: Shaqsiyaddu waa isku darka hab-fikirka, dareenka iyo ficilka. Waa sida aad u dhaqanto xaalad isku mid ah goor iyo goob kala duwan.

Represent: Qofka aynu rabno in aan noqonno.
Traits: Shaqsiyan iyo jismiyan.   Expression: Muuqaalka sare.
What is it? Waa aqoonsi.   Change: Isbeddeli kara.
Nature: Maaddi ama macnawi.   Validation of society: Loo ma baahna.

Definition of character: Dabeecaddu waa kala saaridda hab-fikirka (mental) iyo hab-anshaxa (moral). Waa sifada kali ah ee go'aamisa falcelinteenna (reaction), dhacdo (event) iyo xaalad (situation) kala duwan.

Represent: Qofka aynu nahay.   Nature: Hadaf ama yool.
Traits: Maskixiyan iyo Anshaxiyan.   Expression: Maanka hoose.
What is it? Waa la baran karaa.   Change: Isku mid ah.
Validation of society: Waa loo baahanyahay.

Conclusion: Shaqsiyaddu waa daahirka sare, halka dabeecaddu tahay dunta hoose.

WHATS CHARACTER STRENGTH?

Christopher Peterson iyo Martin Seligman waxay leeyihiin, waxaa jirta 24-sifo oo lagu xoojin karo dabciga aadanaha. Sifooyinkaasna waxay isugu xijiyeen siday xurfuhu isugu xigaan, waxaana ku soo qaadanaynaa afarta sifo ee ugu horraysa oo aan runtii is-leedahay waa 4-ta tiir ee ay ku dul dhisanyihiin 19-ka kale ee sifo.

APPRECIATION: Waa awoodda ama sifada ku qanacsanaanta jiritaanka qofka aad tahay asal ahaan iyo waxa aad haysato. Waa adduunyo-aragaagu sida uu yahay, mid guud ahaaneed iyo mid gaar ahaaneedba. Waxaa lagu gaaraa xamdi-naqa saddexdaan dariiqo.:

GIVE: Wax bixintu ma aha in aad haysato wax kugu filan ama dadka aad wax siinayso ay ku filnaadaan ee muhiimaddu waa garashada oo ah inta la is ku dhaafay.

MINDFULNESS: La faq fikirkaaga iyo ficilkaaga, waliba adiga oo dhagaysanaya lubbigaaga hoose (gut) wuxuu kuu sheegayo.

SELF-LOVE: Is-daryeelku waa sifada keli ah ee aad isku badbaadin kartid, marka mowjadaha baddu rabaan in ay kugu daraan wabiga.

BRAVERY: Waa awoodda keensanaysa ku-dhaca qofku in uu sameeyo wixii looga baahnaa, goor walba, goob kasta iyo xaalad walba oo uu ku jiro, xataa isaga oo dareemaya cabsi ama qalqal.

CRATIVITY: Waa abuurista caadooyin kuu hirgala oo naftaada u horseeda horumar, ka dibna aad u soo bandhigtid hal-abuurkaagaas aadanaha iyo adduunka.

FAIRNESS: Waa sifada dhex-dhexaadnimada. Waa awoodda qofku uu iskaga ilaaliyo in uu noqdo xag-jire oo uu miisaanka dhinac kaga istaago. Waa fikradda ah qofku in uu u noolaado si *Kasdareennimo* ah.

HOW TO GROW YOUR CHARACTER?

Waxaa laga yaabaa wax badan inaad isweydiisay sideen ku wanaajiyaa dabeecaddayda, balse Ryan Niemiec (psychologist) waa khabiir ku xeel dheer mowduucaane, wuxuu leeyahay; Saddexdaan waddo ayaa lagu korin karaa dabeecadda aadanaha:

AWARENESS; Waddada kowaad waa ogaanshaha, laakiin su'aasha isweydiinta mudan waa siduu qofku isku ogaan karaa? Waa in aad ka waraysataa dabcigaaga dad aad ku kalsoontahay ama aad gasho imtixaanaad kuu sheegi kara dabcigaaga nooca uu yahay sida; www.viacharacter.org

EXPLORATION; Dabcigaaga u kuurgal sida uu yahay. Macnha dhankee u baahan in aad sare u qaaddo? Yaase habboon horta waxa aad ku fiicantahay in aad sii wanaajiso iyo waxa aad ku xuntahay in aad wanaajiso?

TAKING ACTION; Ficil ku dar natiijadii iyo xogtii aad ka uruurisay naftaada, kuwii samahaaga jeclaa iyo imtixaanaadkii aad gashay.

David Horsager (author) wuxuu leeyahay; waxaa jirta 3 waddoo kale oo lagu dhisi karo dabeecadda aadanaha: Be Humble; Is-dhuldhigiddu waa xikmadda oo dhammi meesha ay ku soo askunto, waana furaha keli ah ee fura albaab kasta oo dabeecaddu yeelan karto.

Live out your Laws; Markii aad ku nooshahay qaynuunnadaada waxa aad noqon qof warkiisu cadyahay dabeecaddiisana si fudud loo fahmi karo.

Be intentional; Sharafta iyo cisiga Alle ayaa bixiya, balse nolosheennu waxay ku xirantahay hadba sidaan ugu fiir-fiirsanno ficillada dabeecadaheenna ka dhalanaya.

Shaqsiyaddu waa waxa aad samayso marka cid walba ku daawanayso, halka dabeecaddu tahay waxa aad samayso marka qof kuu jeeda uusan jirin.

24
WHAT IS AN ICONOCLAST?

"It is not possible to foster iconoclast thinking, When fear is pervasive."

- Gregory Berns

Gregory bernes (Neuroscientist) wuxuu leeyahay; Haddii aan isku dayo in aan sharraxo macnaha Iconoclast, waa dadka sameeyay ama ka miro dhaliyay dadku waxay dhaheen macquul ma aha in la sameeyo ama laga guul-gaaro, sida Jonas Salk, Pablo Picasso, Walt Disney, Bill Gates, Steve Jobs, iyo Mark Zuckerberg. Dadkaasna waxay ummadda kaga duwanyihiin saddex arrimood oo kala ah adduunyo-aragga (Perception), geesinimada (Courage) iyo dad la-dhaqanka (Emotional intelligence). Bal aynu mid mid u falanqaynno sifooyinkaan si aynnu u fahanno.

PERCEPTION; Waa adduunya-aragga qofka oo ay jaan-gooyaan dareemaha (Sensory), nidaamka (organization) iyo tarjumaadda (interpretation). Waxayna maraan saddexdaan heer (stages) oo kala duwan.

THE THREE STAGES OF PERCEPTION

Sensory stimulation; Waa 5-ta dareen-side: Aragga, maqalka, taabashada, dhadhanka iyo urta. Dareen-sidayaashaasna siday u la fal-galaan adduunyo-araggeenaa, hadba waxay ku xiranyihiin baahideenna (needs), danaheenna (interests) iyo filashadeenna (expectations).

Organization; Waa nidaam aynu ku lifaaqdo dareensidayaasheenna si aynu berri u soo xasuusanno. Tusaale; Markaynu soo adeeganno dabcan waxaynu sidannaa adeeg oo mid kasta qaanad gooni ah ka leeyahay jikada ama finijiyeerka? Nidaamkaas weeye waxa xusuusta noo fududeeya.

Interpretation; Markii dareen-sidayaasheenna iyo nimaadkeennu ay noqdaan wax la xasuusan karo (recognizable), waynu turjunnaa waxaynuna u bixinnaa magac (label). Waa heerka loo yaqaanno wadaraynta (stereotype) oo ah fikrad laga qabo qof ama shay. Tusaale; qof kasta oo madow in uu yahay doqon.

COURAGE

Brene Brown (author) waxay leedahay; asalka ereyga geesi waa Cor oo af Latin noqonaya wadne (heart). Geesi waxaa ahaa waagii hore qofkii hadli kara caqligiisa iyo qalbigiisa oo is-waafaqsan, macnaha fikirkiisa, dareenkiisa iyo ficilkiisa oo isu dheellitiran. Balse waayahaan dambe geesinimadu waxay ku soo aruurtay uun qofku inta uu u bareeri karo qatarta. Geesinimada noocaan ah waa muhiin oo noloshaa ku dhisan qar iska tuurnimada, laakiin waxaa ka maqan dhadhankii ahaa qofku in uu sheegi karo qofka uu yahay, sida uu u fikiro, wuxuu dareemaayo, wuxuu soo maray xumaan iyo samaan nolosha. Waa taas midda aan anigu u aqaanno dhiirranaanta dhabta ah.

Dr. Kate Siner (psychologist), sidoo kale, waxay leedahay; Geesinimadu waa sifo qof kasta oo bani-aadan ah jecelyahay in uu yeesho. Waa dhaqan qofka u soo jiida qiimo iyo qaayo. Waa sifo lagu sheegay kitaabbada, taariikhda ku qoran, filimaantana wax badan lagu jilay. Dhiirranaantu ma aha mid ku xiran keli ah awoodda muuqaalka (physical) oo inta badan markaan geesinimo maqalno maskaxdeenna ku soo dhacda. Taas waxaa caddayn u ah in Malcom X, Martin Luther King iyo Nelson Mandela aanay ahayn kuwo iska qolfo waaweyn.

Waxaana jirta 3 waddo oo lagu muujin karo geesinimada.
Feeling fear yet choosing to act; Adigii oo dareemaya baqdin iyo qalqal, walina sii bareera.
Following your heart; Qalbigaaga oo aad gacanta qabsato.
Persevering in the face of adversity; Cagaha oo aad dhulka ku sii hayso markii xaaladuhu dhabqaan.

EMOTIONAL INTELLIGENCE

Daniel Goleman (psychologist) wuxuu ka mid yahay aqoonyahannada aamminsan qalbiga saliim ah in uu ka wanaagsanyahay maan-furnaanta. Wuxuuna leeyahay, si aynu ugu guulaysanno nolosha, waxaa qasab noqonaysa in aan horumarinno xirfadda cadiifadda caqliga (Emotioanl Intelligence) ama dad la dhaqanka. Xirfaddaasna wuxuu u qaybiyay 4-qaybood oo kala ah:

Self-Awareness; Iska-warqabku waa awoodda aad ku akhrin karto dareenkaaga kuna ogaan kartid saamaynta ay ku yeelan karaan dhaqankaaga iyo fal-celintaada. Iska-warqabku wuxuu kale oo uu ka qayb qaataa ogaanshaha awooddaada (strengths) iyo nusqaantaada (weakness) iyo heerka ay gaarsiisan tahay kalsoonida aad u qabto nafta yar ee kugu jirta. Waa sidii aad u baran lahayd uun cadiifaddaada (emotions).

Self-Management; Naf-maamuliddu waa soo bandhigid qofeed, oo ay daacadnimo garasho iyo garaad ku dheehan tahay. Waa xakamaynta dareenka qaybta qallafsan. Xakamayntu ma aha cabburin ama dafiride waa fahanka walwalka, walbahaarka, cabsida iyo caradu meesha ay ka imaanayaan iyo waxa keenaya.

Social-Awareness; Ka-warqabka bulsheed wax kale ma ahane waa sidii aad u dhaqanto markii aad ku dhex jirto dadka iyo cilaaqaadkiinnu sida uu yahay markii xaaladuhu cakirmaan. Waa sidii aad u gashan lahayd kabaha dadka kale ee kaa waaweyn, xataa haddii ay dhiiqo kugu firdhinayaan.

Relationship-Management; Xiriir-maamuliddu waa sida uu qofku u wanaajin lahaa isku xirka naftiisa iyo ummadda kale oo ay wadashaqayntu ka dhaxayso. Waa awoodda lagu dhiso sidii ay dadku kuugu kalsoonaan lahaayeen una oggolaan lahaayeen in aad u noqotid hoggaamiye muuqda ama mid ruuxiya.

Dadka la ma jaanqaadi kartid, ilaa inta aad iska baranaysid.

CHAPTER 3
HABITS

25
WHAT IS TINY HABITS?

*"If you want to create long-term change,
It's best to start small."*

- BJ Fogg

Caadada yari waa isbeddel yar, taas oo beddesha waxkasta. Kulligeen waxaynu rabnaa in aynu cunno cunto caafimaad leh, jimicsanno, sariirta waqti hore toosno, balse maxay tahay sababta aynu isbeddel muuqda uga samayn la'nahay caadooyinkaas wanaagsan aynu tilmaannay. BJ Fogg (Behavior scientist) wuxuu leeyahay, dhibtu waa saddex-laabkan (threefold):

We judge ourselves far too harshly when we fail. Tusaale soo qabo; Waxa aad rabtaa in aad xulusta iska jarto oo aad six-pack yeelato, ka dib waxa aad raacday saaxibbadaa galabkii jimcaha, waxayna kaa soo dharjiyeen macmacaan, intay ku geeyeen maqaayadda la yiraahdo "Naaxi Naftaada." Markii aynu jabinno xeerkii aynu dhigannay waa calool-xumaannaa, waxaynuna ku noqonnaa caadooyinkii hore aynu u lahayn. Aadanuhu isku ma beddelo qoomammo iyo shallaay.

We mistake aspiration for behaviors; Dabeecaddu waa wax aad hadda samayn karto ama meel cayiman waqti kale. Tusaale; teleefankaaga waxa aad ka xiri kartaa codka iyo qadka int aadan sariirta tagin, si aad u heshid hurdo wanaagsan oo kugu filan, halka hiyi-kacu aanu maqcuul ahayn in aad gaarto goor iyo goobtaad rabto.

We set big goals and relay on motivation; Sida aan wada ogsoonnahay, dhiirrigelintu waa dareen wanaagsan oo qofka xammaasad geliya bilowga, balse dhibku wuxuu yahay ma aha wax la is ku hallayn karo. Leeb la'aan (without a trigger), ama awooddii aad ku samayn lahayd caadadaas haddaysan jirin, xammaasad keligeed oo qallalan meel dheer ku gaarsiin mayso. Su'aal; Haddaba sideen ku karnaa caado cusub, annaga oo aan ku tashan dhiirrigelin (motivation)?

THE ELEMENTS OF BEHAVIOR

Waad beddeli kartaa noloshaada haddii aad baddasho caadooyinkaaga, taas waad ogtahay ayaan u malaynayaa, laakiin waxa aadan ogayn ayaan jeclahay sidii aad u beddeli lahayd. Haddaba, waa tan qaaciddadii aad ku abuuran lahayd caado kasta oo aad rabto in aad yeelato. Keli ah isku day in aad fahanto xeerkaan soo socda iyo sida uu u shaqeeyo.

BEHAVIOR=Motivation+Ability+Prompt (MAP)

Motivation; Waa falcuriyaha kugu xanbaara in aad wax qabato, xanuun ama raaxo (pain or pleasure) midkii ay doonto ha ahaatee. Tusaale; in aad iska laallaadiso ganjeel way fududdahay markii ay qatari timaaddo, waayo lafahaaga ayaad la baxsanaysaa oo wax kasta oo dhaca waxaa ka qaalisan nafta. Sababtaas ayaana keentay inaad yeelato fal-curiye sarreeya.

Ability; Hadba inta awoodda caadada qabashadeedu fududdahay way ka sahlantahay in la abuuro. Tusaale; Amazon waxay macaamiisheeda u ballanqaadday in ay ku bixin doonaan lacagta laba qaab; Waji-aqoonsi (facial recognition) ama fara-daabac (fingerprints). Ballanqaadkaan wuu ka dhib yaryahay inaad kaar-bangi wax ku bixiso ama lacag caddaan ah boorsadaada ka soo saarto oo aad maqalhayaha u dhiibto. Ogow fududayntaas waxaa ku hoos duugan xog-urursi, balse taasi waa sheeko kale.

Prompt; Leeb la'aan macquul ma aha in ay caado abuuranto, sidaysan suurto-gal u ahayn xabbadu in ay qaraxdo baaruud la'aan. Keeb la yuurur qofku in uu ahaadana waxay noqotay arrin adag waayahaan, waayo dunida maanta waxaa hareereeyay dhabqiyaal iska caabbintoodu noqotay laf dhuun gashay oo ay ugu horreeyaan farriimaha teleefannadeennu xambaarsanyihiin ee sidii mahiigaankii noogu hoora sekenkii la tiriyaba. Su'aal; adigu sidee caadooyinka u abuuratá?

ANOTOMY OF HABITS

Haddaad rabtid inaad wax xariif ku noqoto, waxay kaaga baahantahay tababar (practice), haddii aad u baahatid in aad wax joogtaysana waxay kaaga baahan tahay ku celecelis (repetition). Sidaas darteed haddii aad rabtid in aad noqoto ciyaaryahanka sanadka ama arday xariif ku ah xisaabta, waxaa muhiim ah in aad fahanto qaab-dhismeedka caadadu ka koobantahay (Anatomy of habits) oo BJ Fogg u soo gaabiyay ABC. Haddaba maxay u taaganyihiin xarfahaan, maxayse yihiin micnahoodu?

A stands for Anchor; Waxaan u baahannahay baroosin (anchor) markii aan rabno in aynu bilowno caado cusub. Haddaynu mar kasta sugno dhiirrigelin waxaa adkaanaysaa in aynu sii wadno caadadaas, waayo maalmaha qaar caajis ayaan dareemi karnaa, maskaxdana ka ma dhaadhicin karno (convince) waxaan dareemaynno. Sidaas daraadeed maskaxda waxaa u fudud in ay hesho jadwal (routine). Tusaale; Markii aan guriga tago waxaan cunayaa qadada (anchor), ka dib waxaan ka shaqayn layliska.

B stands for Behavior; Dhaqanku waa caadada aad rabto inaad yeelato. Ujeeddadaadu ha ahaato in ay caadadaadu noqoto mid aadan ku fashilmaynin. Tusaale; inaad samayso 30 push-ups maalmaha qaar sow ka ma fiicna in aad samayso 3 push-ups maalin kasta?

C stands for Celebration; Ilmaha keli ah ma aha in aynu abaal-marinno markii ay wax wanaagsan sameeyaan. Nafteennu macaa way u baahantahay in aynu abaal-marino oo ay dabbaaldegto (celebrate). Dabbaaldeggidda naftu waxay ku dareentaa in ay guulaysatay, maskaxdeennuna waxay sii daysaa dheecaanno (dopamine) farxad geliya oo ay berrito caadadaas samaynteeda ugu bisinbisooto.

Dhiirrigelintu waa waxa ina dhaqaajiya, halka caadadu tahay waxa ina suga.

26
WHATS ATOMIC HABITS?

"Good habits make time your ally.
Bad habits make time your enemy."

- James Clear

James Clear (author) wuxuu leeyahay; Caadada atamku waa caado yar oo qayb ka ah caadooyinka waaweyn sida; Maatarku uu uga mid yahay tiirarka mulukuyuulada (molecules) fiisigiska iyo kimistariga.

Haddii ay kugu adagtahay in aad caado abuurato ama aad aad iska baddasho, ogsoonow dhibka jira in uusan adiga ahayn ee uu yahay nimaadkaaga (system) ama jadwalkaaga (routine). Caadooyinka xun xun ma aha kuwo aad jeceshahay in aad ku celceliso ama aadan rabin in aad wax ka baddasho ee waxaa kaa qaldan qorshaha. Qofku horay u-socod ku ma noqdo hadafka iyo himmada yoolkiisa ee wuxuu ku hana-qaadaa tayada iyo heerka nidaamkiisa sida uu u saxanyahay.

Caadooyinku waxay nolosheenna ka yihiin sida ilimaqabatadaas (atom) ama qurubkaas yar. Mid kastana waa qayb ka mid ah aasaaska, kaas oo gacan ka gaysanaya (contribution) horumarka caadooyinkaaga guud. Marka hore waxay u muuqdaan kuwo aan lahayn faa'iido sidaa u sii buuran (insignificant), laakiin marka dambe waxay noqdaan caadooyin qaro weyn oo la riijin karin, macaash iyo natiijooyin la taaban karana dhaliya. Waa wax yar (small) haddana weyn (mighty), waana miidda iyo macaanida ay xambaarsantahay firkadda ah atamka caadooyinka (Atomic habits). Waa ficil la fududeeyay.

Guushu waa badeecadda (product) caadooyinkaaga maalinlaha ah ee ma aha isbeddel (transformation) hal maalin lagu gaaro. Waxaad ku dadaashaa in aad xoogga saarto nidaamkaagu sida uu yahay inta aad ka fikiri lahayd maxsuulka ka dhalan doona ficilkaaga.

THREE LAYERS OF BEHAVIOR CHANGE

Furaha abuurashada caado qoto dheer yeelata ama waarta waa ku fooganaanta yeelashada shaqsiyad-cusub (new identity). Sida aad u dhaqanto hadda waa kaah-soo-celinta (reflection) shaqsiyaddaada hadda. Waxa aad samaysana waa muraayadda laga dhex arki karo qofka aad aamminsan tahay in aad adigu tahay, si ogaal ah (consciously) ama ogaal la'aan ah (unconsciously). Waxaana jirta saddex heer uu isbeddelku ku yimaado.

The first layer is changing your outcome; Heerkaan wuxuu quseeyaa isbeddelka natiijada, sida in aad is-caatayso, qoraa noqoto ama guursato.

The second layer is changing your process; Heerkaan wuxuu quseeyaa marka aad caado ama nidaam iska beddelaysid oo aad abuuranayso jadwal cusub.

The third layer is changing your identity; Heerkaan waa heerka ugu muhiimsan marka aad caado abuuranayso, waayo waxaa lagaa rabaa in aad beddesho waxa aad rumaysantahay (beliefs), adduunyo-araggaaga (worldview), iyo sida aad isu aragto (self-image).

Natiijadu (outcome) waa waxa aad hesho, howshuna (process) waa waxa aad samayso, shaqsiyadduna (identity) waa waxa aad aamminsantahay. Markaynu ku celcelinno caado ama dhaqan waxaa abuurma hidde ama aqoonsi la xiriira caadadaas ama dhaqankaas. Xaqiiqada noo caddaynaysana waxay tahay ereyga Identity=aqoonsi oo laga rimiyay Essentitas=ahaansho iyo Identidem=lagu celceliyay. Marka macnaha aqoonsigaaga waxa weeye ahaanshaha waxaad ku celcelisay (the repeated beingness). Sidaas darteed, qof nooceeya ayaad rabtaa in aad noqoqoto (who do you want to become)? Mase waxa aad rabtaa in aad ku celceliso nolosha? Qof xis ahaan iyo jir ahaan u caafimaad qaba? Qof hal-abuur leh oo dunida wax ku soo kordhiya? Aabbe ama Hooyo wanaagsan? Mise aamminsantahay in aad tahay caadadaada (habit)?

FOUR LAWS OF BEHAVIOR CHANGE

Isku celcelis, nolosha aad ku nooshahay maanta waa wadarta markii la is ku geeyo caadooyinkaaga, haddii aad tahay mid cayilan ama mid weyda. Haddii aad tahay mid guulaystay ama fashilmay. Ama haddii aad tahay mid faraxsan ama murugaysanba. Ficillada aad ku celceliso iyo qaab-fikirkaagu sida uu yahay waxay u soo saaraan bannaanka qofka aad tahay, waxacaad aamminsantahay iyo shaqsiyaddaadu nooca ay tahay. Haddii intaas aan isla fahannay, qofkii raba noloshiisa in uu wax ka beddelo ma jiraan tallaabooyin uu qaadi karo?

Haa, waxaa jirta 4 qaanuun oo saldhig u ah dhisidda caado kasta oo naga caawin karta in aan fahanno, waa maxay caado? Sidee u shaqaysaa? Sideena loo horumarin karaa?

The 1st law (Cue); Make it bovious: Caadada ka dhig wax cad oo muuqda. Tusaale, haddii aad rabtid in aad Quraan akhris bilowdid, waxa aad goobta aad guriga kaga tukatid ama shaqada dhigataa Kitaab.

The 2nd law (Craving); Make it attractive: Caadada ka dhigo wax soo jiidasho leh oo waxa aad ku lifaaqdaa wax aad jeceshahay, sida markii aan jimicsado waxaan geli doonaa qolka kulaylka (sauna).

The 3rd law (Response); Make it easy: Ka fikir qaabka ugu fudud ee caadadaas uga dhigi kartid mid fudud. Xisaabi oo cabbir inta tamar iyo waqti kaaga baxaysa.

The 4th law (Reward); Make it satisfying: Abaal-marin deg-deg ah naftaada guddoonsii, waayo nolosha wax kasta oo uu aadanuhu qabto, wuxuu ku doonayaa abaalmarin.

Caadooyinka wanaagsani waa gaashaan-buur, halka kuwa xumi yihiin cadow.

27
WE ARE OUR HABITS

*"It's not what we do once in a while that shapes our lives.
It's what we do consistently."*

- Tony Robbins

Waad qiyaasi kartaa ayaan jeclahay siday u fududyihiin, markii aad qabanaysid ficillo aadan u baahnayn inaad ka fikirto (autopilot)? Markii aan subuxii qubaysanayno, cadaysanayno ama tintaba shallaysanayno. Sababtuse maxay tahay ay sidaas ku dhacday? Waayo waxyaalihii nolosha lama-huraanka u ahaa ayaa ka mid noqday caadooyinkeena.

Xaqiiqdo waxay tahay, in badan oo ka mid ah shaqo-maalmeedkeena (daily activities) waxaa xukuma caadooyinkeenna. Markii la fiiriyo baaritaankii lagu sameeyay jaamacadda Duke, waxay leeyihiin 45% ficillada aynu samaynno waa kuwo ku xiran caadadeenna.

Sidoo kale, jaamacadda UCLA waxay baaritaan ku ogaatay in aynu dib ugu laabanno caadooyinkeennii hore, markaynu dareemayno cadaadis (stress). Tani way dhici kartaa xataa haddii caadadu tahay mid fiican ama mid xun. Maxayse tahay sababtu? Hagaag. Cadaadisku sidiisaba inta badan waa awood yari ka dhalatay, go' aan la'aan iyo fulinta ballamaha aan la dhigay nafteenna.

Si kasta oo ay ahaataba caadadu waa neerfaha dhexe ee maskaxda (neural pathways in the brain). Neerfayaashaas waa sii ballaartaan mar kasta oo laga shaqaysiiyo, haddii aan la isticmaalinna waa sii dhuubtaan. Sidaas daraaddeed, haddii aad rabto in aad ka mid noqoto ururka shanta aroornimo (5 am CLUB), 6-da isbuuc ee hore way kugu adkaanaysaa inaad toosto waqtigaas, waayo neerfayaashii ayaa wali daciif ah. Laakiin muddadaas ka dib maskaxdu waxay xoojinaysaa in aad sariirta ka soo booddo, halka ay shiiqinayso caadadii ahayd is-duudduubka iyo hurdo-macaansiga.

HABIT FORMING SYSTEM

Ka warran haddii lagu dhihi lahaa la soco dhaqdhaqaaq kasta uu jirkaagu samaynayo? Sow mashaqo ma ahaateen markii aad ka adeeganayso suuqa? Ama lagu dhihi lahaa tiri inta jeer ay ishaadu libiqsato maalintii?

In kastoo shaqada ay qabato maskaxdeenna qaybta la yiraahdo Basal ganglia ay caddahay oo ay tahay matoorka xukunka, haddana waxaa jira caddaymo badan oo sheegaya in ay ku shuqul leedahay dhaqdhaqaaqa ficillada lagu celceliyay oo u baahnayn in ay maskaxdu ka fikirto markii ay qabanayso. Bal 2-dan tusaale aan ka bixinno.

Favourite flavor; Waxaad soo gashay dukaan weyn oo sameeya jallaatada oo ay yaalliin noocyo badan oo ku damac gelinaya, inta badan waxaan doorannaa sow ma aha dhadhamada uu carrabkeennu yaqaanno sida; Vaniilyaha (vanilla), istarowberiga (strawberry) buluubeeriga (blueberry) ama karameelka (caramel).

Turning on devises; Ufiirso, markii aan shidno aaladaheenna had iyo jeeraale waxaynnu ku hor marnaa qaybaha baraha bulshada kuwaan ugu isticmaal badannahay, annaga oo maqane-jooge ah. Sababtu maxay tahay ayaad is-weydiinaysaa sidaan qiyaasayo? Dabcan, caado kasta oo ku celcelinno, maskaxdeenna qaybta dhaqdhaqaaqa xukunta waxay ku reebtaa diiwaan (record). Diiwaankaasna wuxuu noqdaa mid aynu dhaqso u soo xusuusanno qoraallada ku xusan, mar kasta oo aynu malafkaas (file) kala furno.

Maskaxda qaybteedaan lagu magacaabo Basal ganglia way ka awood badantahay maskaxda qaybta baraarugsan ee la yiraahdo Prefrontal cortex oo shaqadeedu tahay gaaridda go'aammada maangalka ah. Farqiga u dhaxeeyana wuxuu yahay, qaybta hore ee soo-jeedda waa mid horay u daasha, halka qaybta maamusha dhaqdhaqaaqa iyo caadooyinka ahayn mid daasha.

WINNING vs LOSING

Ma waxaad jeclaan lahayd nolosha in aad noqoto, qof mar kasta guulaysta (winner) mise mid goorwalba fashilma (loser)? Tani ma aha su'aal silloon. Tusaale; Haddii aad rabtid in aad iska riddo 100pounds, laakiin ay kaa dhacdo 25pounds, ma waxaad u dabbad-degi lahayd guusha aad gaartay iyo dadaalkii aad bixisay, mise waxaad dareemi lahayd in aad fashilantay, maadaama aadan gaarin yoolkii aad dhigatay? Haddaba waxaa muhiim ah, qofku in uu xoogga saaro sidii uu noloshiisa ugu samayn lahaa nidaam (system), nidaamkaas oo dareensiiya in uu yahay mid guulaysanaya, halkii uu ku mashquuli lahaa in uu dhigto hadafyo (goals) inta badani macquul noqon in la gaaro.

Scott Adams (visual artist) wuxuu leeyahay; Yoolasha waxaa dhigta waxmatarayaasha (goals are for losers)! Sababtana wuxuu ku sheegay dadka dhigta hadafyada waxay ku suganyihiin xaalad had iyo jeer ay ka walaacsanyihiin in uu waqtiga iyo waayuhu ku simi waayo halka ay soo haabo is-leeyihiin, taasina qofka waxay u keentaa in uu tamar yareeyo, aakhirkana maskixiyan u jabo, halka dadka nidaamka iyo jadwalka ku socda ay guulaystaan mar kasta ay isticmaalaan nidaamkoodii, waayo waxay aamminsanyihiin oo ay xaqiiqdu tahay marnaba in aan nidaam lagu hungoobin.

Haddaba, haddii aad rabto in aad iska jarto calooshaan sidii garkii kuugu baxday waa yool, laakiin in aad raashin saxan cunto waa nidaam. In aad murqo waaweyn yeelato waa hadaf, laakiin in aad bir-laqe noqoto waa nidaam. In aad taajir noqoto waa yool, laakiin in aad hal-abuure noqoto waa nidaam.

Waxaad maalin kasta samayso waa nidaam. Waxaad sugayso mustaqbalkana waa hadaf.

28
THE HABIT LOOP

"The difference between who you are and who you want to be is what you do."

- Cahrles Duhigg

Baaritaan lagu sameeyay 1990-meeyadii Massachusetts Institute of Technology (MIT) oo la rabay in lagu ogaado siday maskaxda u qaabayso caadadu ayaa waxaa lagu sameeyay doolli. Dooliga ayaa waxaa loo dhigay cad farmaajo ah qarka ugu shisheeya saxaarad luuq-luuqyo badan oo loo sameeyay sidii xarafka T-da (T-shaped maze).

Walow doolliga uu ku jiro xawayaanaadka uriska wax ku raadiya, markii ugu horraysay waxaa la ogaaday in ay waqti ku qaadatay, maskaxduna aad u shaqaysay. Balse markii xigtay uu toos u aaday, meeshii jabka farmaajadu taallay, iyada oo maskaxdu isticmaalin tamar badan. Howlgalkaan waa la yiraahdaa habka xog-ururint baahsan (chunking). Sida qaalibka ahna caadadu waxay martaa saddex marin (loop).

Marinka kowaad waa Cue; Baaq kaaga imaanaya dibadda, sida saacad aad buuxsatay oo dhawaaqday ama buugga ballamaha oo aad kala furtay. Tani waxay maskaxda xusuusinaysaa waxay qaban lahayd waqtigaas la joogo iyo qorshihii u yaallay.

Marinka xiga waa Routine; Waddadii aad qaadi lahayd iyo sidaad u fulin lahayd wuxuu qorshuhu ahaa, iyada oo aanay maskaxdu ka fikirin tamar badanna isticmaalin, sida cadayga iyo qubayska kii aad ku hor mari laheyd.

Marinka ugu dambeeya waa Reward; Iyada oo naftu u baahantahay in la abaal mariyo, haddana taas waxaa ka muhiimsan maskaxdu waxay diiwaangelisaa guusha ay gaartay waxaana abuurma kalsooni. Kalsoonidaas oo qofka ku xambaarta in uu ku dhaqaaqo qorshe kale.

HABITS CREATE CRAVING

Bal xaaladdaan qiimee: 10-kii sano ee la soo dhaafay, galab kasta markii aad shaqada soo dhammayso waxaad soo mari jirtay biibbito shaqada ku dheggan oo aad ka cuni jirtay macmacaan, si aad nafta u illowsiiso shaqadii ay soo qabatay. Nasiib xumo, saaxiibbadaa waxay kuu sheegeen in aad sii ballaaranaysid, macnaha sii cayilaysid. Waxaad go' aansatay in aad iska joojisid caadadaas xun ee kuu keentay in ay dharku kaa yaraadaan. Laakiin ka warran sidee dareemaysaa galabka xiga ee aad soo hormartid biibatadii kuu ahayd arbaca-rukunta? Hubaal waad ku leexan ama waxaad gurigaagii aadi adiga oo jawigaagu aanu saxnayn oo caga jiidaya. Sideedaba, naftu way ku adagtahay in si sahlan looga jaro waxay baratay, waayo waxaad baratay waa baaskaa!

Wolfram Schultz (Neuroscientist) baaritaan uu ku sameeyay daanyeer magaciisa la yiraahdo Macaque Julio, ujeedkiisuna uu ahaa in uu ku ogaado siday caadooyinku u keensan kara rabitaanka (desire) iyo wareerka (frustration) ugu abuuraan maskaxda, ayaa daanyeerkii hor-fariisiyay shaashad. Mar kasta ay soo muuqdaan masawirro midab leh waxaa la baray in uu furo tubbo uu ka cabbaayo cabbitaan uu jeclaa (Blackberry juice). Markii hore Julio way ku adkayd in uu la socdo muuqaallada, balse markii uu dhadhamiyay cabbitaankii uu jeclaa waxaa qasab ku noqotay in uu ihtimaam saa'id ah siiyo dhalada (TV) waxa ka socda.

Tani waa midda keensanaysa qofku in uu u sacabbo-tunto maandooriyaasha, ciyaaridda qamaarka, iyo caadooyinka kale ee la qabatimo. Haddii uu qofku waayo ama samayn waayo caadooyinkaasna wuxuu dareemaa noloshiisa in ay ku furmayaan buuq iyo jaha-wareer.

DONT RESIST THE CRAVING

Qof kasta oo isku dayaaya in uu iska joojiyo sigaarka cabbiddiisa wuxuu kuu sheegayaa markii xaraaradda sigaarku qabato in ay adagtahay in la is maaweeliyo ama la dafiro dareenkaas. Sababtaan ayaa keentay in la soo saaro xeer dahabi ah (golden rule) oo loo bixiyay Dareenkaaga ha inkirine, se marin-habaabi (dont ignore the craving but redirect it). Haddaba, waa maxay marin-habaabintaas? Qofkuna maysku hallayn karaa?

Baaritaanno badan ayaa lagu xaqiijiyay, in aysan macquul ahayn in xaraarradda la xakameeyo, balse intii xabbad sigaar ah lagu dhufan lahaa waxaa habboon ayaa la leeyahay in booskaas la geliyo wax kale, sida adiga oo bilaaba xanjo ruugow, alaab dhaqow ama buug akhriyow, intii ay kaa tagayso xaraaraddaas ku haysa. Mar kasta oo aad sidaas samaysana waxaa hoos u sii dhacaysa xooga xaraaraddu xambaarsantahay.

Dabayaaqadii 2000 ayaa koox cilmi-baarayaal ah oo la yiraahdo Californias Alcohol Research Group waxay sheegeen in marin-habaabintaas keli ah aysan shaqaynaynin, waayo qofku markii uu culays soo fuulo wuxuu kaga dhuuntaa caadadii hore uu lahaan jiray oo ka dhigi jirtay mid fax-fax ah. Tusaale; Qof ka soo kabanayay khamri cabbidda haddii loo sheego hooyadiis in laga helay cudurka kansarka ama curadkiisii dhinto, waxaa la sheegay in uu toos u abbaarayo goobaha khamriga lagu cabbo ee ugu dhow waqti xaadirkaas.

Caado ka dhigo in aad samafale noqoto, ama ugu yaraan mid aan waxyeello u gaysan ummadda.

29
QUICK RESULT REWARDS

"Every choice has an impact on the compound effect of your life."

- Darren Hardy

Badideennu waxaynu inta badan nolosha ka raadinnaa natiijooyin dhaxal-gal ah oo ded-deg ah, wax kasta aynu gacanta u qaadno. Sheeko ahaan haddii aan kuugu sheego, waxaa jira geed magiciisa la yiraahdo Baambuu (Bamboo tree) oo ka baxa carriga Aasiyada fog. Geedkaan iniintiisa waxaa qasab ah in la waraabiyo muddo shan sano ah, maalin kasta, si uu u soo baxo. Balse markii caleentiisu madaxa soo taagto, dhererkiisu wuxuu noqdaa 25 feet muddo 5-isbuuc ah. Haddaba, su'aasha la is weydiiyo ayaa noqotay, iniintu ma waxay baxday 5-tii sano mise 5-tii isbuuc?

Adduunyadaan ku dhisan hadda (now) waxaynu cunnaa cunto diyaarsan (fastfood) waayo cunto karis waqti u ma haynno. Waxaynu samaysannaa qorshe cunto cunid nidaamsan oo deg deg ah (Quick-fix-diet plan) oo aan ku doonayno in aan suunka dhiida ka xiranno ama dhexdu taako na noqoto, sannad gudihiis. Waxaan qasannaa budo ina bararisa (protein-powder) ama waxaan isku dhufannaa cirbado, si aynu dibi yar ama dameer-farow ugu ekaanno.

Way fiicnaan lahayd, haddii aynu ka gadan karno dukaammada ayaga oo baakadaysan waxaynnu nolosha uga baahannahay, sida caafimaadka, caqliga, cilmiga, cuudka iyo caannimada. Balse aan ku weydiiyoe, xarigu ma hal maalin ayuu ku gooyaa karkaarka ceelka? Waa maxay guushaan aad halka maalin raadinayso? Waxaynu u baahannahay wuxuu Darren Hardy (Author) ugu yeeray saamaynta ururtay (compound effect). Waa xeer ku dhisan ku celcelinta caadooyin yar yar oo saamayn weyn ku yeesha mustaqbalka.

THE BIG MO POWER

Waxaynu ognahay tallaabada kowaad ee caado lagu abuurto ama lagu joojiyo in ay tahay go' aan qaadasho sax ah, ka dibna aad caadadaas joogtayso. Laakiin sidee caadadaas loo joogtayn karaa? Sirtu wax kale ma aha ee waa waxa loogu yeero awoodda dhaqdhaqaaqa weyn (the big momentum), waana quwadda keli ah ee qofka gaarsiin karta guul.

Tusaale aan u soo qaadanno Micheal Phelps (swimmer). Macallinkiisu wuxuu fasixi jiray keli ah maalinta uu leeyahay fasalka jaaska (dance) muddo 12 sano oo xiriir ah. Balse joogtayntaas waxay dhaxalsiiyay in uu jabiyo diiwaankii (record) u yaallay Mark Spitz oo uu qaado billaddii 8-aad, sanadkii 2008-da magaalada Bakiin.

Waa in aad ahaataa mid waaqici ah oo isku dayaynin in uu wax kasta samayn karo ama wax kasta uu ka sameeyo wax yar ka dibna uu faraha ka qaado waxaas. Intii aad aadi lahayd jimicsiga 2 saac maalin kasta, waxaa kaaga fiican in aad jimicsato 1 saac isbuucii saddex maalmood. Markii aad dhisayso caadada dhaqdhaqaaqa (momentum), waqtiga dhererkiisa iyo maalmaha badnaantoodu muhiim ma aha ee waxaa muhiim ah joogtaynta.

Midda kale, tirtir oo jooji xaaladaha sababi kara in ay kaa leexiyaan hadafyadaada nolosha oo ay ugu horrayso warbaahinta bulshada (social media), taas oo dhimi karta hantida ugu qaalisan aadanaha oo ah waqtiga iyo tamarta. Intii aad facebook ama Youtube isku celcelis aad 3 saac maalintii ku dhumin lahayd, ka warran haddii aad akhrinsan lahayd buug ama asaga oo cod ah dhagaysan lahayd?

Ugu dambayn, ka digtoonow dadka aad waqtiga la qaadanayso iyo bay'adaada waxa ka dhacaya. Mar marka qaar, haddii laga fursan waayo, waa in aad beddeshaa labadaba, si aad riyooyinkaaga u rumayso.

THE CHEATING PRINCIPLE

Markii aad horusocod bilowdo, waxaa qasab noqota in uu taxaddi kaa horyimaado. Su'aashu waxay tahay; miyaad riixitaanka joojin mise waad ka dhex bixi darbiga? Bal aynu is-xusuusinno xeerkii qiyaanada (cheating principle) ee komaando, Arnold Schwarzenegger (body builder), markii uu joogo goobta jimicsiga. Wuxuu leeyhay; marka aad gaartid tirada (reps) qaadiska biraha intii aad awodday oo aad rabtid in aad wax ku darto, balse tabartii aysan jirin, waxa aad samaysaa dhabar-dhabar u jiifo, si murqaha kale ee jirka culayska uga yeraayaan murqahaan daalay. Qiyaanadaani waxay ku kuu sahlaysaa in aad tiradii xisaabta aad wax ku kordhiso, murqiihii aad dhisaysayna kuleylka gaarsiiso. Sidoo kale, feeryahankii weynaa, Muhammed Ali, ayaa asaga oo ku jira goobta jirdhiska oo ka jimicsanaya caloosha (Sit-up) waxaa soo dul istaagay weriye. Wuxuu weydiiyay, meeqa weeye tiradu? Jawaabtii Ali waxay noqotay, anigu wax ma tiriyo, illaa aan xanuun ka dareemo murqaha caloosha, waayo waa tiradaas tan mudan in la tiriyo kaana dhigaysa guulayste (champion). Bal sawiro; Waxaad go' aansatay in aad iska riddo 10kg oo baruur ah, muddo 6-bilood ah. Marka aad jimicsigii wadday bil, ayaa waxaa kugu bilowday cadaadis kaaga yimid guriga ama shaqada. Intii uu xalku noqon lahaa in aad joojiso qorshahii aad degsatay, waxaa qumman in aad xal u raadiso sidii aad isaga yarayn lahayd culayskaan ku soo food saaray. Ogow, haddii aad rabtid in aad naftaadii duqda ahayd (old-self) iyo dadkaba ka horumartid, waxaad u baahantahay in aad taxaddiyaadka turuska ku qaaddo.

Ma awoodin in aad maamushid ama aad hormarisid wax aan halbeeg lahayn.

30
SELF-CONTROL OVER SELF-STEEM

"Forget about self-steem. Work on self-control."

- Roy Baumeister

Intee jeer ayaa lagu sheegay ama maqashay furaha guusha ilmaheennu waxay ku xirantahay hadba inta aan dhisno isku qanacsanaanta ay ku qabaan naftooda? Balse beentaas aynu ka buuxsannay labada daan ma tahay mid aynu calalin karo ama duudduub ku liqi karno? Walow waaliddiinta reer galbeedku (western) yihiin kuwii curiyay fikirkaan, haddana beentaas iyo borobogaandadaas ilmaha lagu korinayo ma noqon hab ay ku aflaxeen iyaga iyo ilmahoodii. Sababtoo ah ma jiraan wax caddayn iyo cilmi ah oo taageeraya aragtidaas ay dunida u soo bandhigeen, balse waxaa la hayaa baaritaanno badan oo ku soo horjeeda beentaas fakatay. Waxaa ka mid ah labadaan xaqiiqo ee hoose: Ardaydii helay xarafka c imtixaankii teeramka ee jaamacadaha ayaa waxaa lagu bilaabay in isbuuc kasta loo diro farriimo xambaarsan faan iyo faataadhugle. Iska daa in ay fariidiin noqdaane, imtixaankii finaalka waxay keeneen dhibco ka hoose imtixaankii hore. Sidoo kale ardayda caqliga (IQ) waxbarashadoodu hoosayso way ka shaqo iyo karti badanyihiin kuwo waxbarashada ku fiicnaa. Sababtu maxay tahay? Ruth Chao (psychologist) wuxuu leeyahay, Ilmaha lagu koriyay isku-qanacsanaanta (self-steem) waxay ku abuurtaa qab iyo isla-weynani ah in ay dadka kale wax dheeryihiin, halka kuwo lagu koriyay naf-ka adkaanta (self-control) ay aamminsanyihiin wax kasta in ay ku xiranyihiin juhdi iyo dadaal. Halkaan waxa nooga soo baxday edbintu in ay ka wanaagsantahay badraaminta.

PHYSIOLOGY OVER WILLPOWER

Waxaad u malaynaysaa ama ay ku la tahay sow ma ahan in dadka doonista xooggan (strong willpower) leh in ay baruurta iska jari karaan ama miisaanka iska dhimi karaan, markii loo eego kuwa aan doonista lahayn? Haddaba xisaab qaldan ayaan iskdhufsatay.

Doonis xooggan oo keli ah ma aha mid qofka u horseedda guulo in uu ka gaaro markii sheekadu joogto jirka (body). Taasna waxaa lagu caddeeyay baaritaan lagu sameeyay tartan loo qabtay dad buurbuuran oo qaar doonistoodu sarreyso qaarna ay hooseeyo. Kuwii rabitaankoodu hooseeyay ayaa ka dhuubnaaday kuwii rabitaankoodu sarreeyay. Ma waxay kula tahay adiga Oprah Winfrey in ay doonis xooggan lahayn? Dabcan way leedahay oo heerka ay maanta joogto ma gaari lahayn. Waa yahaye maxaa ka dhigay kushkush (chubby)? Sow ma ahayn in ay isneello ahaato? Haa, laakiin waxaa jira wax ka awood badan doonista, waxaasna wax kale ma ahane waa baxaalliga iyo abuurta jirkeena uu Alle u sameeyay.

2011, Todd Heatheron (psychologist), wuxuu leeyahay, Jirka bani-aadamku waa mid u samaysan in uu cuntada aynu cunayno qaar kaydsato, si uu isku biisho waqti ay jirto abaarta (femine). Xaqiiqduse waxay tahay, ama hiddaheennu (DNA) sabab ha u ahaado ama raashinka aynu cunaynaynee, dadka dhiiggoodo hooseeyo (hypoglycemia) way ku adagtahay in ay xakameeyaan dareemmada taban (negative emotions) iyo foogganaanta (concentration). Dhiig-yaraantuna waxay ku badantahay dadka dambiilayaasha ah (criminals) iyo dadka soo maray taariikh ku dhisan rabsho iyo muquunin (history of violence).

RELIGION DEVELOPS SELF-CONTROL

Sow arrin la yaab leh ma ahan haddii lagu dhaho in aad yeelato doonis xooggan waxaad u baahantahay doonis xooggan? Falsafayahannadii hore (ancient philosophers) iyo cilmi-nafsiyahaniintaan cusubba (modern psychologists) waxay isku raaceen dadka diinta leh in ay ka doonis xoog badanyihiin dadka diin-laawayaasha ah (etheists). Maxaa keenay farqiqa?

Qofka diinta leh wuxuu aamminsanyahay in ay jirto awood sare, xeerar, iyo xudduudo aan lagu samayn karin xero-taraar. Halka diinlaawuhu yahay lugtaa furan ama rumaysanyahay isku-filnaansho nafsad ahaaneed iyo xornimo mudlaq ah oo cidna loo daba fariisanayn.

Tusaale; qofka diinta leh waa qof ku dhaqmaya waxyiga oo ka reebtoon waxyaalahii laga xarrimay, walow naf iyo shaydaan ku xiriiraan, sida shirkiga, sinada, qamriga, qamaarka, dilka, iyo sixirka. Halka diinlaawuhu yahay mid raaca shahwadiisa oo wuxuu u aabo yeelaayo aysan jirin.

Waxaa laga yaabaa in aad is-weydiinayso diinlaawayaashu miyaysan lahayn sharci iyo qaynuuno u dagsan oo ay raacaan. Dabcan haa, oo waxaa jira dastuur ay isku maamulaan oo ay ku heshiiyeen. Su'aashuse waxay tahay, ayaa ku la qumman qof ay dabrayaan xukun Alle iyo qof ka baqaya ciqaab aadane? Halkaas weeye meesha ay ku kala harayaan qofka doonistiisu ay ku xirantahay awood ka baxsan isaga (higher power) iyo qofka isku hallaynaya awoodda naftiisa (self power).

Doonista xooggani waa neefta iyo wadne-garaaca nolosha aadanaha.

31
WILLPOWER CONSISTS OF THREE FORCES

"We are driven to chase pleasure, but often at the cost of our well-being."

- Kelly McGonigal

Nolosheenna waxaa ka buuxa waxyaalo badan oo inoo damac geliya siyaabo kala duwan. Waxaa laga yaabaa in ay kuu dhiibto ama ay ku soo hor dhigto gacalisadaadu bac jibis iyo shukulaato ah habeenka Jimcaha (Jimceology), markii aad Netflix-ka daawanaysaan, adiga oo bilaabay cunto qaadasho nidaamsan (diet). Sidoo kale, waxaa macquul ah saaxiibkaa in uu kuu dhiibo xabbad sigaar ah marka aad ka timaaddaan banooniga, adiga oo go'aansaday in aad joojiso sigaarka. Xaaladahani waa carqaladaha awoodda rabitaan (willpower challenges). Carqalad xambaarsan rabitaan degdeg ah balse ku soo horjeeda hadafkaaga. Haddaba, sideen uga baxsan karnaa dabinnadaan? Waxaan uga baxsan karnaa quwadaha awoodda rabitaan oo ka kooban saddexdaan qaybood ee soo socda:

I wont=Ma rabo. Quwadda la sheego waa awoodda aad ku dhihi karto "Maya", xataa haddii waxaasi jirkaaga oo dhammi u niikinayo. Quwaddani waa midda saldhigga u ah aragtida iraadada. Waa quwadda ugu weyn ee la is kaga caabbin karo damaca (temptation).

I will=Waan samayn. Waa awoodda aad ku samayn karto in aad joojiso waxa aadan jeclayn ama aadan rabin hadda, adiga oo fiirinaaya mustqabalkaaga dambe.

Quwaddani waxay kaa caawinaysaa in aad kaga gudubtid xaaladaha aan ku farxad-gelinaynin (unpleasant) balse muhiimka ah si aad u gaartid yoolkaaga.

I want=Waan rabaa. Waa tabarta iyo itaalka ku xasuusinaysa xaqiiqda waxay yihiin wax aad rabto. Quwaddani waxay booska ka saari kartaa ma rabo iyo waan samayn doonaa, haddii aad rabitaanka ficil ku lifaaqdo. Su'aal; adigu sidee iskaga caabbisaa damaca?

WILLPOWER IS AN INSTINCT

Waad maqashay ayaan jeclahay, haddii aad tahay qof suugaanta jecel, meeriskii uu lahaa Sayidku "Adiguba caqlaad leedahee, carar maxaa dhaama?" Dareenkaas ah (fight or flight) waa mid nagu soo darriya markii ay naftu la kulanto ama ay gasho, xaalad cabsi iyo argaggax leh. Dabcan waa awood daahsoon oo uu jirku isticmaalo keli ah waqtiyada ay jiraan arrimo degdeg ah, sida baabuurtu gargaarka degdegga ahiba ay u adeegsadaan codka dheer markii ay howlgal ku jiraan. Midda aynu badideennu ogsoonayn ayaa ah in awoodda rabitaanku uu ku xirantahay dareenka (willpower instinct).

Suzanne Segerstrom (psychologist) waxay jaamacadda Kentucky ka sheegtay, in welwelka iyo rejadu (stress & hope) labaduba saamayn weyn ku yeeshaan jirka. Waliba saamayntaas oo kala ah mid taban (stress) oo welwelka ah iyo mid togan (hope) oo rejada ah. Waxay soo saartay xeer la yiraahdo joogso oo qorshee (Pause & Plan).

Haddaba aragtidaan waa ka duwantahay aragtidaan kor ku xusnay ee ahayd dagaal ama duul. Macnaha, markuu dhib dhaco naftu waxay qaadanaysaa labadaas xal midkood. Balse waxay leedahay Segerstrom, falcelinta doonistaada (willpower response) weeye midda gaaraysa qaraarka ka ma dambaysta ah. Haddaba, markii aad dareento culays iyo ciriiri, is-deji oo fikir, adiga oo dhinacyo kala duwan wax ka eegaya. Taasna waxa aad ku gaari kartaa salaadaha iyo qilweynta oo aad laasinto.

Su'aal; maxaad aamminsantahay adigu? Ma caqligaa dira dareenka mise qalbiga?

WILLPOWER IS CONTAGIOUS

Weligaa nolosha mays weydiisay sababta keenaysa in aad si kala duwan u dhaqanto (behave) ama aad u fikirto (think) markii aad bulshada ku dhex jirto? Xaqiiqadu waxay tahay, hadba qolada aynu la joogno ayaa door weyn ka ciyaarta hab-fikirkeenna, dareenkeenna iyo ficilkeenna. Waa meesha ay Soomaalidu ka dhahdo deriskaaba diintiis kuu yeel, ama saaxiibkaa i tus aan waxa aad tahay kuu sheegee.

Tusaale; haddii aad ku xirantahay asxaab aan ficilkooda cawaaqib xumada ka dhalan karta ka fikirayn, hubaal adna waxa aad noqon ayaga oo kale ugu dambayn, xataa haddii aad maalmaha hore is-celcelisid. Waliba dhaqammadaas waxay kuu saamayn karaan hadba sidii aad u kala jeceshahay ama aad ugu dhowdahay saaxiibbadaada. Nasiib wanaag, saaxiibbadeen waxaan kaga dayan karnaa wanaagga iyo dhowrsanaanta.

Waxaa lagu sameeyay tartan culays-dhimis (weight-loss) jaamacadda Pittsburgh. Tartamayaashii qaar waxaa lagu wergeliyay in uu kala soo qaybgalo qof qoyska ama asxaabta (family & friends) ka mid ah, qaarna waxba loo ma sheegin. Natiijadii waxay noqotay mid la la dhacay (impressive) 10 billod ka dib, waayo 66% ayaa miisaankoodii is-dhimay kuwii ay la jimicsanaayay qof qoyska ama asxaabta ah, halka 24% keli ah uu iska dhimayay miisaankii kuwii keligood ahaa. Baaritaanka waxaa lagu caddeeyay in awoodda doonistu tahay mid la is qaadsiin karo, samaan iyo xumaan midkii ay tahayba.

Haddii aad doonayso in aad horumarasid noloshaada, ha noqoto doonistaadu mid ka xoog badan xaalka aad ku sugantahay.

32
THE SLIGHT EDGE

*"Don't be pushed by your problems.
Be led by your dreams."*

- Jeff Olson

Markii loo fiiriyo wargayska adduunka (world report), 80% dadku way ku fashilmaan bisha labaad ee sanadkaba qorshihii sanadlaha ay qorteen (new years resolutions). Markii aynu hirgalin wayno hammigii aan lahaynna waxaynu ku fikirnaa laba arrin mid uun: in aynnu is-hagrannay ama doonistaan waxaas u haynnay ay hummaag ahayd. Sidii aad doontid adiguba u fasiree, xaqiiqda guushu waxay tahay doonis xooggan oo lagu daray ficil lagu celceliyay waqti dheer iyo adkaysi. Tani waa wuxuu Jeff Olson (author) u yaqaanno faa'iidada ugu yar (slight edge).

Markii aynu fiirinno dadka guulaha waaweyn ka gaaray nolosha, waxaa isla markiiba maankeenna ku soo degdega in ay ahaayeen kuwo xariifiin ah ama lahaa hibo gooni ah, laakiin runtu waxay tahay in ay sidaas ka geddisantahay. Waxay lahaayeen uun falsafad nololeed (A life philosophy), taas oo beddesha hab-fikirka, dareenka iyo ficilka qofka.

Abraham Lincoln wuxuu ahaa madaxweynayaashii Maraykanka kuwii ugu saamaynta badnaa, intay talada hayeen. Laakiin ma ogtahay inta jeer uu ku fashilmay doorashadii madaxweynanimada? Siddeed jeer ka warran! Guuldarradu ma ahayn wax niyad-jab ku abuura ee wuxuu u arki jiray in ay guubaabo u tahay.

Sidoo kale, aasaasihii shirkadda IBM, Thomas Watson, wuxuu qaaciddada guusha u yaqaannay laba-jibbaaridda fashilka (double rate your failure). Badankeenna waa nagu adagtahay in aynu fahanno fikraddaan, waayo ma aamminsanin guuldarradu in ay keento guul.

Su'aal; adigu ma leedahay falsafad nololeed?

CONTINUOUS LIFELONG LEARNING

In aad go'aammo wanaagsan qaadato way kugu hagi kartaa waddada guusha, laakiin taasi ma aha mid kugu hayn karta halkaas. Waxaa lagaaga baahanyahay in aad la timaaddo falsafadda ardaynimada, balse waligaa aadan noqon raace (follower). Haddii aad akhrisid 10 baal maalin kasta buugaagta Cilmi-nafsiga (psychology books) ama buugaagta falsafadda (philosophy books) ama buugaagta daaweynta xiriirka (relationship therapy books), waxaad akhrisay 300 baal bishii, taas oo la macno ah in aad bishii hal buug ugu yaraan akhrin karto. Sanadkii waa 12book. Waana sababta keentay in uu aammino Macallin Ziigo qofku in aanu sheegan karin akhriye (reader), haddii uu akhriyo wax ka yar 12 buug sanadkii!

In kastoo akhrisku uu yahay wax wanaagsan, haddana cilmigaad uruurinayso waxaad ku qabato weeye waxtarkiisu ee ma aha inta aad xafidsantahay. Macnaha, markii ad noqoto mid xog-ogaal (theory) ah waa inaad dabbakdaa (practice), ka dibna aad ku noqotaa macallin (master). Waana midduu sheegay Confucius (philosopher); Cilmi aan camal lahayn waa nacasnimo, camal aan cilmi lahaynna waa khatar. Waxaad kale oo aad wax ka baran kartaa (mentoring), shaqsiyaadkii maray waddada aad hadda hayso, haddii ay suurto-gal tahay. Haddii aysan macquul ahaynna daawo (observe) oo cajil (copy).

In aad joogtaysid qaadashada go'aammada wanaagsan, waxaad u baahantahay in aad tababarto (train) maskaxdaan baraarugsanayn (unconscious brain). Sidee taas u samayn karnaa? Waxaan maskaxda baraarugsan (conscious brain) ku jago-baraynaa in ay la qabsato caadadaan doonaynno in aynu abuuranno, ilaa ay caadadaasi noqoto fal is-wada (automatic).

Su'aal: Waxbarashada miyaa laga weynaada?

7 HABITS OF SUCCESS

Kulligeen waxaan la daalaa-dhacnaa (struggle), sidii aan isaga jari lahayn caadooyinkeenna xun xun. Waddada ugu fudud ee ay taas ku dhici kartana waa in aan booskii caadada xumayd ku beddelnaa caado fiican. Caadooyinka wanaagsan waa dhadhan lama-huraan u ah (vital ingredient) gaarista goolasheenna. Balse in la dhisto (establish) caado sow ka ma horreyso ficil? Macne ma samaynayso inta aan cilmi, xirfad, iyo khibrad aynu leennahay, illaa aynu wax ku qabanno, siduu sheegay Ralph Waldo Emerson (essayist).

Sidaas daraaddeed, waxaa jirta 7 caado oo nagu sugaysa in aan haynno waddada guusha, kuwaas oo kala ah: Isa-soo-xaadirin (showing up), Joogtayn (consistency), Aragti-togan (postive-outlook,. Mintidnimo (commitment), Doonis-xooggan (burning-desire), Naf-hurid (Paying the price) iyo Hal-ahaansho (integrity).

In aynu u soo xaadirno si joogta ah waxay aragti fiican naga siisaa mustaqbalku sida uu u ekaan doono. Sidoo kale, waxaynu u baahannahay mintidnimo iyo dulqaad, sida uu beerooluhuba ugu samro xilliga gurashada miraha.

Caadooyinka wanaagsan oo kale waxaa ka mid ah in aan leennahay doonis-xooggan oo aan ahayn mid haddii waxaan rabno weyno aan niyad-jabno, haddii waxaan doonaynay helnana aan meel iska kambaruursanno, balse doonistaasi ay ahaato mid qoto-dheer.

Ugu dambayn, waa in aan xoojinnaa caadada hal-ahaanshaha oo nafta yar weydiinnaa horta markii lagu daawanaayo iyo markii cid kuu jeeddaa aysan jirin isku qof miyaad tahay, mise waa laba-boglaysaa?

Fashil ma tihid, illaa inta aad ka bilaabaysid in aad ummadda faraha ku fiiqfiiqdo.

33
THE MARSHMALLOW TEST

*"Ho we are and what we become reflects
the interplay of both genetic and environmental."*

- Walter Mischel

Waligaa cunug yar ma siisay nacnac, ka dibna ma ku tiri hadda ma cuni kartid? Haddii aadan wali sidaas samaynin wax mushkilad ah ma lahan. Waxaa arrintaan baaritaan lagu magacaabay Marshmallow Test carruur ku sameeyay Walter Mischel (psychologist), 1960. Ujeedka laga lahaana wuxuu ahaa in la ogaado dabciga aadanaha (human behavior). Waxaa la is ku keenay carruur dhigata fasalka 4-aad, ka dibna waxaa lagu yiri qof kasta ha ka dhex doorto baaquligaan nacnaca uu jecelyahay. Dabadeed, qofkii raba hadda wuu cuni karaa 1 xabbo, qofkii suga 30 daqiiqana wuxuu heli doonaa 2 xabbo. Carruurtii fasalkii ayaa loo faaruqiyay inta la soo hor-dhigay baaquligii nacnaca ahaa, iyada oo laga daawanayay muraayad bannaanka ah siday wax yeelaan. Sida caadada ahayd, caruurtii waxay u kala baxeen saddex qaybood; kuwo isla markiiba dafay nacnacii, kuwo xoogaa sugay balse adkaysan waayay, iyo kuwo ku adkaystay in ay sugaan 30-kii daqiiqo, si ay u helaan 2 xabbo oo nacnac ah.

Carruurtii ku guulaysatay imtixaankii nacnaca waxay noqdeen kuwo imtixaankoodii dugsiga-dhexe (S.A.T), caafimaadkoodii (BMI) iyo waxbarashadoodii jaamacadahaba uu aad u sarreeyay. Waaliddiintii ilmahaas dhalay waxay intaas u dareen in ay carruurtoodu noqdeen kuwo aragti-fog leh, awoodna u leh in ay xakameeyaan damaca (temptation) iyo cadaadiska (stress) nolosha. Sababtu maxay tahay?

Walter wuxuu leeyahay; in kastoo sal-fudaydku (impulsivity) yahay, wax aadanaha ku abuuran, haddana waa la baran karaa nafta-xakamayska (self-control).

BRAIN REGULATES SELF-CONTROL

Yaa go' aaminaya in aan habeenka Sabtiga ah beledka galno oo madaxa soo furanno iyo in kale? Ama bac jibis ah isa soo hor-dhigno markaan daawanayno Netflix?

Naf-xakamaynteennu (self-control) waxay ku xirantahay laba nidaam oo uu ku shaqeeyo jirkeennua; mid wuxuu isla markiiba la fal-galaa waxyaalaha ka dhaca agagaarkeenna (environment), midna wuxuu xakameeyaa dhaqankeenna (behavior). Dareenkeennana waxaa laga xukumaa laamaha maskaxda (limbic system) waxayna u qaybsamaan laba qaybood oo la kala yiraahdo qaybta kulul (hot system) iyo qaybta qabow (cool system).

THE HOT SYSTEM: Nidaamka kulul waa dareenka ina ku xambaaraya in aan ku dhaqaaqno markii aan aragno waxa ina damac geliya. Waa nidaamkii ku kallifay ilmuhu in ay nacnaca dafaan markii baaquliga la soo hor-dhigay.

THE COOL SYSTEM: Nidaamka qabow waa qayb ku taalla maskaxda qaybteeda hore (prefrontal cortex) waxayna qaabbilsantahay naf-xakamaynta. Waa qaybta gaarta go'aammada iyo qorshaha waxa dhici doona mustaqbalka. Waana qaybta shaqaysa mar kasta oo aynu aragno wax ina damac geliya. Waa nimaadka ka shaqeeyay in ay ilmuhu adkaystaan 30 daqiiqo, markii baaquliga nacnacaa la soo hor-dhigay.

In kastoo nimaadka kululi uu yahay mid aan ku dhalanno, nimaadka qaboobi wuxuu yahay mid la socda koritaankeenna. Tanina waa midda keenaysa in ay carruur badani ku adkaato in ay iska caabbiyaan soo-jiidashada degdegga ah (immediate gratification) illaa inta ay ka qaan-gaarayaan. Caruurta da'doodu ka yartahay 4 sano, macquul ma aha in ay isticmaalaan nidaamka qabow.

ENVIRONMENT SHAPES SELF-CONTROL

Waxaynnu ogaannay in is-xakamayntu ay hagaan labada qaybood ee laamaha maskaxdu u shaqeeyaan (limbic system). Waxaa sidoo kale laga yaabaa inaad is-weydiinayso hidde-siduhu (genes) ama bay'addu (environment) ma ka mid yihiin kuwo ka qayb qaata naf-xakamaynta? Bal aynu aragno wixii noo soo baxa.

Cilmi-baarayaal ku takhasusay in ay doolliyaasha ku tababaraan qaanadaha (Maze) ayaa waxay soo qabteen laba doolli oo uu mid xariif (smart) ku yahay qaanadaha midna damiin (dull) ku yahay. Waxay kii xariifka ahaa ku dhex dareen kuwo damiiniin ah, halka kii damiinka ahaa ay ku dhex dareen qaar xariifiin ah. Waxaa la yaab noqotay kii xariifka ahaa wuxuu noqday damiin, kii damiinka ahaana wuxuu noqday xariif! Sababtu maxay tahay ayay ku la tahay? In kastoo hidde-siduhu qayb ka qaato garaadkeena (intelligence), haddana bay'addu waxay door weyn ka ciyaartaa sida aynu u isticmaali lahayn garaadka iyo garashada.

Sidoo kale, qaabka ay waaliddiintu u koriyaan caruurta way ka caawin kartaa siday u yeelan lahaayeen is-xakamayn. Ilmihii waqtiga korriinshahoodu fiicnaa xiriirka ka dhaxeeyay iyaga iyo waalidkood waa ka naf-xakamayn wanaagsanaada mustaqalka kuwa aan helin xiriir suuban. Siday noqotaba ha ahaatee, xaqiiqdu waxay tahay naf-xakamaynta ayaa ka qaalib noqota ama ka saamayn badan, hidda-sidaha iyo bay'adda.

Haddii aadan xukumi karin dareenkaaga, ma xukumi kartid fikirkaaga iyo ficilkaaga.

34
DRUGS AND STIMULANTS

"A daily routine and rituals is absolutely necessary to bring a radical change in body and mind."

- Kathy Staheli

Maxaa ugu badnaa ayaad is-leedahay oo ay isticmaali jireen farshaxannadii (artists) adduunka soo maray kuwoodii ugu waaweynaa? Heroine, Cocaine iyo Xashiis (Hash)? Haddaba, aan kuu sheego aniga oo aan ku wareerin, wuxuu ahaa bunka (coffee)!

Raggii uu dhiiggoodu ku shaqayn jiray waxaa ka mid ahaa Ludwig van Beethoven (composer) oo subaxii markii uu soo kaco, asaga oo 60 mir (coffee beans) oo gacanta lagu tiriyay ku ridan makiinada kafeega geli jirin suuliga. Sidoo kale, waxaa ku sixranaa ninkii la oran jiray Søren Kierkegaard (theologian) oo cabi jiray 50 koob oo kafee ah maalintii, asaga oo aamminsan sababta keenta in uu ku guulaysto doodaha ku saabsan afkaaraha diinta iyo dhaqanka in ay tahay cabbidda kafeega.

Sidaas oo ay tahay, rag badan ma rumaysnayn kafeega keli ah in uu yahay waxa fikradaha Faysalaysan kor u qaada ama koriya balse ay jiraan mukhaadaraad kale oo ka saamayn badan ku yeelan karta maduxu in uu furmo.

W.H. Auden (poet) wuxuu si xooggan ugu tiirsanaa kiniiniga la yiraahdo amphetamin, si uu hurdada uga kacso subixii, habeenkiina wuxuu isticmaali jiray kiniiniga hurdada (sedatives), si uu hurdo u lado. Sidoo kale, Jean-Paul Sartre (philosopher) wuxuu aamminsanaa shaqadu in ay ka muhiimsantahay caafimaadka. Wuxuuna aad u isticmaali jiray khamriga iyo sigaarka.

Su'aal; adigu maxaad isticmaashaa markii aad rabto in aad shaqo adag qabato? Shaah, kafee mise wax kale?

CONNECTING WITH THE BODY

Waxaa jira jimicsiyo caalami ah (universal), kuwo dhaqameed (cultural) iyo kuwo gaar u ahaa (personal) jakatoorayaashii adduunka ('The worlds greatest) markii ay hawa-geddis u baahdaan (fresh air).

Kierkegaard waxaa caado u ahayd in uu galab kasta lugeeyo duleedka magaalo madaxda dalka Denmark. Inta uu ku jiro majabaxsigaas ayaa waxaa ku soo dhici jiray fikradihiisa kuwa ugu cuddoon. Markaas ayuu ku soo carari jiray gurigiisa, ka dibna ku qori jiray xusuus-qorkiisa (notebook). Sidoo kale, Joan Miro (painter) wuxuu samayn jiray buujimo (boxing) iyo xarig-ka-bood (jumping-rope), isaga oo aamminsan in ay saxayaan jawigiisa (mood), korna ay u qaadaan nashaadkiisa, walwalka iyo walbahaarkana booska ka saarayaan.

Benjamin Franklin (polymath), markii uu aroortii soo kaco wuxuu ugu yaraan 30-daqiiqo ama 1 saac dhex wareegi jiray qolkiisa, asaga oo qaawan oo wax qoraya ama wax akhrinaya. Halka Woody Allen (director) uu qubays doonan jiray mar kasta oo qalinka iyo qoraalku is-qaban waayaan.

Thomas Wolf (Author) markii uu wax qorayo wuxuu taaban jiray xubintiisa taranka. Ujeeddada uu ka lahaana ma ahayn in uu kacsi dareemo, balse wuxuu dareemi jiray ragannimo (manhood), taas oo u keeni jirtay in uu helo fikrado faxan. Sidoo kale, John Cheever (Author) wuxuu qabay firkad ah farshaxanlayaashu in ay galmo sameeyo isbuucii 3 mar, waayo galmadu waxay keentaa xasillooni (tranquility) waxayna xoojisaa diirad-saaryada (concentration).

Mufakiriin badan oo reer-galbeed ah ayaa u haysta in qaawanidu (nudity) iyo galmadu (sexuality) ay ka mid yihiin hal-abuurnimada (creativity)!

THERE IS NO WRONG OR RIGHT WAY

Ma jirto waddo saxan iyo waddo qaldan marka ay joogto hal-abuurnimada ee waxaa jirta hab qof kasta jaad-gooni ku yahay oo uu hal-abuurkiisa ku soo saaro.

Benjamin Britten (composer) wuxuu ahaa mid jecel cidlada ama in uu keligiis ahaado markuu wax laxamaynayo. Taas waxaa ku soo hor jeedday Gertrude Stein (novelist) oo jeclayd in ay 30 daqiiqo wax qorto maalintii ayada oo sac fiirsanaysa. Waqtiga ay gelin jireen hal-abuurka keli ah ma ahayn waxa kala duway hal-abuurayaasha ee waxaa ka mid ahaa fara-fudeydka.

Tusaale: Dmitri Shostakovich (composer) wuxuu ahaa mid daqiiqado kooban ay ku qaadato in uu hees dhan luuqdeeda ku suureeyo maankiisa, inta uusan u dhaqaaqinna in uu laxameeyo. Waxaa caksi ku ahaa W.B. Yeats (poet)), isaga oo qiranaya in uusan ka mid ahayn ragga boobsiiska badan oo uusan waligiis qorin gabayadiisa 5 ilaa 6 meeris ka badan maalintii.

Kingsley Aims (novelist) qoraalka markii uu isku fur-furo ayuu joojin jiray, si maalinta ku xigta uusan ugu dhibaatoon oo uu halkiisii ka sii miiso. Sidoo kale, Morton Feldman (composer) jumladaha dib ayuu u qori jiray oo ku celcelin jiray, ilaa ay maskaxdiisu soo dhifato sadar cusub oo cuddoon.

Dadkaan aynu tiranayno ma lahayn awood iyo caqli gaar ah oo ay ina dheeraayeen, balse waxay lahaayeen caadooyin (habits) iyo dhaqammo (rituals) ay joogteeyeen oo sababtay in magacyadooda la sheeg-sheego.

Hal-abuurnimadu waa qaabka aad u la wadaagtid ruuxdaada adduunweynaha.

CHAPTER 4
NUTRITION

35
THE FOOD SYSTEM

"For every 10% of your diet that comes from Processed food, your risk of death goes up 14%."

- Mark Hyman

Mar marka qaar waxa aad is-leedahay waxaa soo dhow adduunyo-gaddoonkii, waayo warbaahintii waxay tabinaysaa war-bixin xun (bad nesws); dagaal, macluul, fatahaad, iyo dhul-gariir. Dadkii waxaa laynaya cudurka kansarka. Shinnidii waa sii dabar-go'aysaa. Haddaba, sababtu waa maxay? Mark Hyman (physician) wuxuu leeyahay, sababtu wax kale ma ahane waa nidaamka cuntada aynu cunno (food system). Bal aynu saddex ka tilmaamno dhibaatooyinka cunto-xumidu badday aadanaha iyo koonka.

1- Our health: 40-kii sano ee ugu dambaysay caadada cunta cunisteennu waxay isu baddashay si aan maangal ahayn. Waxaynu inta badan cunnaa raashin baakadaysan (ultra-processed) iyo cuntooyinka sonorku ku badantahay (sugary foods), taasina waxay sababtay in ay nagu bataan wadne-xanuunka, dhiig-karka iyo kansarka. Cudurradani sanadkii waxay dilaan in ka badan 50 milyan oo qof.

2- Inequality: Carruurta lagu koriyay cuntadaan la baceeyay iyo cabbitaannadaan sonkortu ka buuxdo waxay u keentay nafaqo-xumo (malnutrition). Waxay hoos u dhigtay korriinshaha caqligooda. Waxay ku ridday han-yari. Waxay dhaxalsiisay faqri, guri-la'aan iyo in ay galaan dambiyo. Caddaalad-xumada adduunka ka jirta middeeda ugu weyn waxa sababaysa waa cunto-xumida.

3- Developing world: Bal u fiirso shirkadaha waaweyn (big food labels) siday u barakicinayaan beeralayda dunida saddexaad, iyaga oo ku dhiirri-galinaya in ay beerahooda u beddelaan beeraha casriga ah (green houses), si ay adduun-weynaha u la jaan-qaadaan.

THE COST OF BAD FOOD

Maxaynu u cunnaa cuntooyinka qashinka ah (junk food) innaga oo og caafimaad darradooda, mise qiyaasi kartaa qarashka ku baxa daaweynta cudurada ay keenaan?

2018, saynisyahannada Maraykanku waxay daabaceen 2 maqaal oo ay ku kala magacaabeen Qarashka ku baxa xanuunnada daba-dheeraada (The cost of chronic diseases) iyo dhibaatooyinka cayilka (Obesity crisis). Warbixinta ay ku qoreen waxay ku sheegeen in ay ku baxdo lacag gaaraysa hal tiriiliyon (1 trillion). Waxay intaas ku dareen in 30-ka sano ee soo socota haddii aan xaaladda cunto-xumida Maraykanka wax laga qaban qarashku gaari doono 95 tiriiliyon. Cudurradaas daba-dheeraadana waxaa ka mid ah dhiig-karka, sonkorta, kansarka iyo cudurrada dhimirka ku dhaca (mental illness).

Midda kale oo naxdin leh waxa weeye ayay dhaheen saynisyahannadu, xogta iyo xaqiiqda ku keydsan wakaaladda caafimaadka ayaa sheegaysa in 60% dadka Maraykanka ahi xanuunnadaas mid ka mid ah uu qabo, 40% ka mid ahna 2 ama ka badan in uu la il-daranyahay. Ogow oo caddadkaani waa waddanka Maraykanka keli ah. Ka warran caalamka kale? Qiyaaso adigu sida dunida saddexaad looga jecelyahay cuntada qashinka ah. Muxuuse Bankiga Adduunku (world bank) wax uga qaban la'yahay ayaad is-leedahay mashaqadaan?

Bangigaas lacagta taalla waxay goyn kartaa waxbarasho iyo caafimaad bilaash ah, tamarta la cusboonaysiiyo (renewable energy), beero aan bacrimis ahayn iyo nabad, markaasna waxaa badbaadi lahaa koonka iyo inta dul saaran.

Su'aal: Maxaa sababay ayaad is-leedahay in ay nagu badatay waallida-dhaqanta, haddii aan Soomaali nahay? Cunto-xumida? Colaadda? Mise carada Alle?

MAIN STREET PROJECT

Markii dad badani ku baraarugeen cimilo-isbeddelka, nabaadguurka dhulka iyo cuntooyinkii dabiiciga ahaa oo laga sii maarmayo, ayay beeraley khaas ah is-xilqaameen. Beerahaas waxaa ka mid ah beerta magaceeda la yiraahdo Main street project. Waxaa iska leh nin u dhashay waddanka Guatemala oo la yiraahdo Reginaldo Haslett-Marroquin. Beertaani maxay beeraha kale ee addunka ka jira kaga duwantahay ama dheertahay? Waa beer lagu abuuray geed-lows (hazelnut tree) oo lagu xannaaneeyo malaayiin digaag ah. Fikraddani waa mid laga canjilay (mimic) qaabka ay digaag duureedku (jungle-fowl) u noolyihiin. Waa nidaam abuuray faa'iidooyin badan oo waliba dheeri la socdo.

Midda kowaad: geeduhu waxay digaaga ka diffaacayaan gorgorka iyo gallayrka (hawks & buzzards). Caleemaha geeduhuna waa kuwo digaaggu ka harsadaan cadceedda.

Tan labaad: beerooluhu isku shuqlin maayo halka uu raashin uga keeni lahaa digaaggee wuxuu geed-lowska geesihiisa ku abuuray haruur (grains) kala duwan oo digaaggu cuni karo.

Tan saddexaad: digaaggu wuxuu kale oo uu cunaa cayayaanka (natural pest control), beertuna u ma baahna bacrimiye (fertilize) oo waxaa ku filan xaarka doorada. Faa'iidooyinka dheerigaa waxaa ka mid ah lowska, doorada iyo ukuntuba waa beec.

Reginaldo (agronomist) wuxuu leeyahay; beeroolayaashu waa in ay noqdaan kuwo isku filan (sustainable) gebi ahaan una shaqeeyaan qaab isleh (ecosystem). Ganacsiguna waa in uu noqdaa mid u adeegaya deegaanka iyo dadka, intii lacag keli ah laga fikiri lahaa.

Haddii aad si fiican wax u cunto, si fiican ayaad u noolaan.

36
MODERATE AMERICAN DIET

"Only 1% of obesity is caused by genetics. The rest is caused by diet."

- Tyler Graham

Warbixin lagu daabacay joornaalka la yiraahdo joornaalka Ingiriiska ee dhaqaatiirta dhimirka (the British journal of psychiatry) ayaa waxaa lagu sheegay in cuntooyinka maduufikada ah (processed foods) ay 60% kor u qaadaan qatarta xanuunka qulubka (depression), halka cunista cuntada dabiiciga ah (whole food) ay 40% hoos u dhigi karto xanuunkaas. Ma ogtahay sababta maskaxda culayskeedu uu yahay 2% culayska guud ee jirka, haddana ay u isticmaasho 20% oo awoodda tamarka jirka (fuel)? Waayo maskaxdu waa xarunta ugu weyn ee amarrada jirka laga bixiyo. Maxaan u baahannahay marka in aan ka feejignaanno?

Cuntadaan casrigaa ee Maraykanka (moderate American diet) oo uu Tyler Graham (wellness expert) u soo gaabiyay waalli (mad). Haa xaqiiqdii waa ay tahay waalli cas, waayo waxay nuxurkii ka qaadeen cuntooyinka dhadhankoodii, dheeftoodii iyo barakadii uu lahaa raashinka oo dhan. Kow; waxay ka buuxiyeen cuntadii sonkor aan dabiici ahayn iyo kaarboohaydarayd (carbohydrate), illaa qamadigii iyo baastadii. Labo; dhammaan kaaloriskii (calories) waxay ka buuxiyeen xeyr (fats) laga sameeyay maduufiko (artificial) oo keeni karta xanuunnada ku dhaca dhimirka.

Saddex; tan ugu daran, xoolihii in ay ku durayaan cirbado degdeg u korinaya oo miisaankooda kor u qaadaya, kuwaas oo keenay xanuunno badan oo ay ka mid yihiin qulubka (depression), cabsida (anxiety), iyo fudaydka (hyper activity).

Su'aal: Haddaba adigu cunto sidee ah ayaad cuntaa? Macbil mise dabiici?

FOOD FOR THOUGHT

Baaritaanno laga sameeyay waddamo badan ayaa waxay isku raaceen waxaynu caloosheenna gelinno in ay cudur noo keeni karaan caafimaadna noo keeni karaan oo ay ugu horreeyaan hab-fikirkeenna in uu ku xiranyahay waxaynu quudanno. Sidoo kale, hab-dareenkeennu in uu ku lug-leeyahay waxaynu cunno. Sidaa si la mid ah, tamarteennu in ay ku xirantahay hadba waxaynu cunno. Farxadda uu aadanuhu raacdeeyo waxay u baahantahay jir dhisan oo awood leh, maskax caafimaad qabta iyo dareen deggan oo lama-huraan u noqonaya sidii farxaddaas lagu heli lahaa.

Markii ay kugu jirto tamar (energy) kugu filan, howla-caqliyeedku (cognitive tasks) wey kuu fududaanayaan. Caalwaagu (frustration) wuxuu noqonayaa mid aad u adkaysan karto, cabsiduna (anxiety) ma noqonayso mid kaa qaalib-noqota. Maskaxda oo lagu quudiyo raashin nafaqo leh (nutrition diet) waxay aas-aas u tahay farxadda-maskaxeed (brain happiness) ee aad doonayso. Waana tan qaaciddada ugu fudud ee aad ku heli karto:

1. Clear thinking and focused attention: Fikir fiiqan iyo diirad-saaryo dabran. Tani waxay kuu sahlaysaa awood aad wax ku qorshayn karto, waxaad bilowdana ku dhammayn karto.
2. Steady and content moods: Deggenaansho iyo qanacsanaan kaa caawin karta isku-dhexyaaca la xiriira dardaar-werinta ay sidaan dareemayaashu.
3. Freedom of needless worry: Xorriyad aad ku dhaqaajinayso shaagaggaaga adiga oo aan sheellaraha xoog u qaban.
4. Energy to engage: Tamar aan ku raacdeynno waxa aan soo sheegnay oo dhan.

Su'aal: Sow la ma dhihin aadanuha asagaa ugu caqli badan noolaha; maxaynnu uga fikiri la'nahay waxaynu cuanayno?

VOTING WITH EVERY BITE

Ka warran haddii lagu dhaho farxaddaada iyo caafimaadkaaga labaduba waxay ka bilowdaan qaaddada iyo fargeetada aad gacanta ku hayso salkooda; ama haddii aan si kale u dhahno, shantaada faradood. Ma u codeyn lahayd in aad doorato wax kasta oo aad afka la aadayso mise waxaa jira labadaas wax kaaga muhiimsan nolosha?

Dhaqaatiirta cilmi-nafsiga (psychologists) iyo dhaqaatiirta nafaqada (nutrition) ayaa waxay caddeeyeen haddii aad cunno raashin-wacan (good food) in ay saxmayaan jawiga caqligeenna (mental) iyo dareenkeenna (emotional). Waxaa kale oo noo fududaanaya in aan xakameyno xanaaqeenna, fariisinno fooganaanteenna, korinno kasheenna. Sidaas daraadeed, halkee laga bilaabayaa in aynu farxad helno? Nafsiyan (psychological) mise nafaqo ahaan (nutrition)?

Quburada ku takhasustay maaddooyinka cilmi-nafsiga togan (expertise in the field of positive psychology) waxay ku soo celceliyaan hab-fikirka qofka iyo adduunyo-araggiisa oo la beddelo ayaa udub-dhexaad u ah farxadda aadanaha, halka dhaqaatiirta nafaqadu ku doodayaan inta aan aragti iyo fikir la beddelin waa in la beddelaa hab-dhaqanka cuntada (eating behavior), waayo raashinku wuxuu ka qaybqaataa hab-fikirkeenna iyo hab-dareenkeenna.

Haddaba, adigu gacantaada hays ku dilin. Maanta laga bilaabo, waa in aad mid u codaynaysaa, caafimaadkaaga ama cudurkaaga, mar kasta oo aad qaaddada iyo fargeetada kor u qaaddo. Waxaad kale oo xasuusataa in aad sidoo kale go'aan ka gaarayso farxaddaada (happiness) iyo dhexdaada (waistline).

Farxaddu waa cunto wacan iyo asxaab wanaagsan.

37
THE FOOD IMPACT

"The food you eat either makes you more healthy or less healthy. Those are your options."

- Dallas Hartwig.

Cuntada aynu cunno waxay saamayn weyn ku yeelataa xaaladdeena maskaxeed (mental satate) iyo caafimaadka difaaca jirkeenna (immune system). Sow ma adan arkin cuntooyinka qaar in ay calooshu kugu xanuunto ama ku jaha-wareeriso? Tani waa sababta aysan u shaqaynayn waxaynu ugu yeernno cunto nidaamsan (diet) illaa ay kuwa cuntooyinka sameeya beddelaan nidaamka cunatada (food system). Haddii aad isku aragtid adiga oo iska jari la'a cuntooyinkaan qashinka ah (junkfood), ma aha in aadan lahayn awood-doonis (willpower) ee cuntooyinka qaar ayaa maskaxdeenna dhalanrogay.

Insaanku waxa uu jecelyahay saddexdaan dhadhan: macaan (sweet), dhanaan (salty) iyo dufan (fatty). Macaanka waxaan ka helnaa awood (energy). Dufanku wuxuu sameeyaa tamarta cuntadu dhaliso (calories). Cusbadu jirka ayay qoysaa (hydrate). Maadaama ay ogaadeen bani-aadamku in saddexdaan dhadhan carrabkoodu jecelyahay, kuwa cuntada soo saara (food producers) waxay isticmaaleen dhadhannadaan oo maduufiko ah, si uu raashinkoodu suuq u yeesho.

Dallas Hartwig (nutritionist) wuxuu leeyahay, waa in aynu ku doorannaa cuntada ama raashinka aynu cunayno in ay manfac u leedahay afartaan majaal:
1. Psychological response; fal-celinta maskaxda.
2. Hormonal response; fal-celinta dheecaannada.
3. Gut response; fal-celinta xiidmayaasha, iyo
4. Immune response; fal-celinta difaaca jirka.

Su'aal: Ma tahay mid ka warqaba raashinka uu cunayo saamayntiisa iyo manfaca uu u leeyahay?

THE HORMONES WORK

Waxa aynu cunno waxay ku shidi karaan dab (misfire) dheecaannada jirka (hormones). Waxay jaha-wareerin karaan (confuse) maskaxdeenna, waxayna dhaawici karaan (damage) jirkeenna. Dheecaannada jirka waxaa loogu talo galay in ay isku dheellitiraan nidaamka jirku ku shaqaynayo, laakiin cunnooyinka qaar waxay qar ka tuuraan (off balance) nidaamkii ka jiray jirka (body system).

Insuliintu (insulin) waa dheecaanka ugu muhiimsan ee xakameeya heerka sonkorta jirka (sugar levels), xiriir toos ahna la leh raashinka. Dhab ahaan, sonkorta oo kacsan waxay keeni kartaa waxyeellooyin, waxayna sababi kartaa cudurka macaanka (diabetes). Insuliinta waxaa kale oo loogu talo galay in ay ka hor tagto arrintaan, iyada oo jirka u sheegaysa in uu keydiyo sonkor dheeraad ah, sida glycogen, si loo isticmaalo marka uu jirku u baahdo mustaqbalka. Balse haddii aad isticmaashid sonkor badan keydku wuu buuxsamayaa, jirkaaguna wuxuu keydin sonkor ama dufan. Tanina markay dhacdo waxaa khalkhal ku imaanayaa dheecaanka loo yaqaanno lebtin (leptin). Dheecaankaan wuxuu maskaxda u sheegaa in aad joojiso cuntada markaad dheregto. Markii aad isticmaasho sonkor badan, maskaxdaadu ma akhrin karto heerka dheecaankaas (leptin levels). Ka dib waxaa abuurma waxa loo yaqaanno iska-caabbinta lebtin (leptin resistance) iyo dheregta (overeat), waayo ma dareemaysid in aad dheregsantahay markii aad dharagto. Taas waxaa sii dheer, haddii maskaxdaadu aysan la socon karin heerarka lebtinka waxay u qaadanaysaa in aad aad caato tahay (too skinny) waxayna jirkaaga ku riixaysaa in uu soo saaro subag ama xeyr badan.

Mase ogtahay saamaynta ugu weyn ee cuntada aynu cunno ku yeelato xiidmaha (gut), xiidmuhuna yahay xarunta nafaqada cuntada lagu kala qaybiyo 80% ku xiranyahay difaaca jirkeenna (immune system)?

IT STARTS WITH FOOD

Waad horumarin kartaa caafimaadkaaga haddii aad beddesho qaabka aad wax u cunto, telefishinka damiso, saxankaaga waxa dulsaaranna aad diiradda saarto. In aad si sax ah wax u cunto waxay ka bilaabataa in aad jirkaaga dhegaysato. Jirkaagu wuxuu kuu sheegayaa waxaad u baahantahay. Haddii aad dhegaysatid u ma baahnid xataa in aad xisaabiso tamarta cuntadaad cunayso (calories) maalintii. Isku day bal qishkaan soo socda:

Marka ugu horraysa, cuntada waa in aad u cuntaa si deggan (relaxed fashion), adiga oo fadhiya. Talefishinka iyo teleefanka iska demi, tartiibna u calali. Markii aad biyaha cabbaysid ha qurqurin, waayo cuntadii aad liqday si sax ah u ma tagayso xiidmaha. Xaqiiji maalintii in aad wax cunto ugu yaraan saddex mar. Macmacaan ha ka daba geyn. U dhaxaysii 4 saac. Ha cabin kafiin (caffeine). Way kugu adkaan doontaa in aad cuntadaada nidaamiso bilaha ugu horreeya, balse haddii aad si mintidnimo ah ugu adkaysato in aad nidaamka cunataada wax ka beddesho way kuu fududaan aakhirka.

Halkanna bal wax yar ka daalaco xeerka cuntooyinka. Cuntadaad cunayso qaybta ugu badan waa in ay noqtoaa nafaqo (protein), inta kuu soo hartana waa in ay ka koobnaataa qudaar (vegetables). Wax dhib ah ma laha wax yar oo xawaash ah ama cusbo ah. Cun cunto mirooyleyda (fruits), balse waa in aysan ka sara-marin qudaarta. Sidoo kale, raashinka aad cunto waa in laga helaa cuntooyinka dufanka leh (fats), sida saytuunka (olive) iyo afakaadhada (avocado). Markaas ayay xaaladda maskaxdaadu iyo difaaca jirkaaduba noqon doonaan kuwo bed qaba.

Hidda-siduhu wuxuu cabbeeyaa qoriga, deegaankuna wuxuu ridaa rasaasta.

38
THE HISTORY OF SUGAR

"Sugar is responsible for a lot of deaths. Arguably more than crack cocaine."

- Guy Ritchie

Taariikhda sonkorta haddii aan dib u raacno kun sano, waxaa ugu horreeyay oo beertay dad u dhashay jasiiradda lagu magacaabo Ginida Cusub (New Guinea). Waqtigaasna waddada qura ee lagu heli jiray sonkorta waxay ahayd beerashada qasabka (sugarcane), qasabkuna wuxuu ka bixi jiray si dabiici ah dhulka kulaylaha ah (tropics) keli ah. Taasi waxay keentay culays in uu ka yimaado qarashkii xammuulka ee lagu gaarsiin lahaa adduun-weynaha intiisa kale. Sidaas daraaddeed, sonkortu waxay ahayd qaali oo xoogsatada u ma fududeyn in ay iibsadaan. Sonkortu waxay calaamad u ahayd oo ay nololmaalmeedkoodu ka dhex muuqan jirtay dadka taajiriinta ah. Waxay kale oo ay sonkortu ahayd hadyadda ugu qaalisan ee ay heli jireen boqorradu.

Boqol sano ka ma soo wareegan markii sonkortu noqotay raqiis iyo shay laga heli karo guri kasta oo dunida ku yaalla. Taasina waxay ku timid markii la helay geed ka bixi kara meel kasta oo xataa lagu beeri karo deyrka xaafadaha oo magaciisa la yiraahdo qudaar-sonkor (sugar beet). Ka dib xilligii warshadaha, waxaa yimid matoorradii ku shaqaynayay uumiga (steam engine). 1920-kii waxaa la soo saari jiray maalintii in ka badan intii la samayn jiray 10 sano ka hor. Cabbitaanka adduunka ugu caansan ee sonkor laga sameeyay wuxuu noqday Coca-Cola oo uu hindisay nin la oran jiray John Pemberton, sanadku markii uu ahaa 1885. Waxaa xayaysiin u ahayd cabbitaankaan in uu yahay mid madaxa fura (brain tonic).

Su'aal: Miyaad garanaysaa inta qaaddo ee sonkor ah ee ku jirta nus-liitarka dhalada Coca-Cola-da ah?

THE KINDS OF CALORIES

Waxaa jira noocyo badan oo tamarta cuntadu dhaliso ah (calories). Tamarta aan ka helno sonkortuna waa mid caafimaadkeenna u xun. Wax badan waad maqashay ayaan jeclahay jumladdaan oranaysa "tamari waa tamar" (a calorie is a calorie). Tani waxay keentay in warshadaha sonkortu (sugar refinery) ay si toos ah oo aan gabbasho lahayn u la soo shir-tagaan tamarta ku jirta saddex qaaddo oo sonkor ah in ay ka yartahay tamarta laga heli karo xabbad tufaax ah. Balse xayaysiiskani waa mid xaqiiqada wax badan ka fog oo dad badani run u moodaan.

1960-kii ayaa la sameeyay daba-gallo ku salaysan hubsiino, markii la helay qalab casri ah oo lagu cabbiri karo sida ay isu la falgalaan dheecaannada jirkeenna (hormones) iyo qulqulka dhiigga (blood stream). Saynisyahannadu waxay ogaadeen in dheecaannada jirkeenna ay ku adagtahay tamar in ay ka soo qaataan unugyada keydka xeyrta (fat cells). Nasiib-xumo, waxaa jira 1 dheecaan oo ay u sahlantahay in uu ka soo qaato, kaas oo ah dheecaanka xakameeya heerka sonkorta (insulin).

Marka jirkeenna ay soo galaan tamaro badan waxaa kaca dhiiggeenna, ka dib waxaa shaqeeya dheecaanka xakameeya heerka sonkorta. Tamartaas waxaa laga isticmaalaa intii looga baahanyahay, qaarka kale ee soo harana waxaa lagu xareeyaa keydka xeyrta.

Haddaba, maxaa sababa sonkortu in ay kacdo? Dheecaanka xakameeya heerka sonkortu shaqeeyo? Xeyrta ku jirta baqaarka keydku badato? Wax kale ma ahane waa cuniska cuntada ay ku badantahay kulka iyo tamarta (carbohydrates), gaar ahaan sonkorta.

THE ISLAND OF TOKELAU

Tuhunka ugu weyn ee laga qabo sonkortu waxay tahay in ay curiso cudurrada caanka ah ee guud ahaan saameeyay adduun-weynaha, gaar ahaanna waddammada reer-galbeedka, kuwaa oo uu ka mid yahay kansarka. Haddii wali shaki kaaga jirto sonkortu in ay tahay dilaaga daahsoon ee aan laga waayin jikadeena, wax yar ila dheego wixii ku dhacay dadkii deggenaa Jasiiradda Tokelau ee ku teedsan xeebta New Zealand.

2014-tii, bulshadaas yari waxay noqotay dadka ugu badan adduun-weynaha ee qaba cudurka macaanka (diabetes), boqolkiiba 38%. Markii dib loo raacay mushkiladdaas waxa keenayna, waxay noqotay; kolkii reer-xeebeedkii noqdeen beerooleey.

1968-dii, cunnada dadkaasi cuni jireen waxay ahayd mallay, digaag, doofaar, qumbe iyo rooti laga sameeyay miro (breadfruit). Sonkorta ay isticmaali jireen sanadkiina waxay ahayd 8-rodol. Waqtigaas ragga waxaa macaan qabay 3%, halka dumarku qabeen 9%. Laakiin 1982-dii, markii la beertay qudaar-sonkortii (sugarbeet), sanadkii waxay noqotay in ay isticmaalaan 55-rodol. Raggii macaanka qabay waxay noqdeen 11% boqolkiiba, dumarkana mid ka mid ah shantii meel iskugu timaaddaba. Intaas waxaa u sii dheeraa cayil iyo cudurro aan la aqoon oo aanay bulshadoodu horey u qabi jirin, sida kansarka, inta aysan bilaabin sonkor cunista.

Sheekada oo dhammi waxay isugu soo ururaysaa, iska daa ama iska yaree isticmaalka sonkorta iyo raashinka sonkortu ku badantahay (sugary foods), waa haddii aad tahay qof ka talinaya aayatiinka caafimaadkiisa dambe.

Qof kasta sun ayuu walaaqdaa, anigu suntaydu waa sonkorta.

39
WHY WE GET FAT

« The simple answer as to why get fat is that, carbohydrates makes as so, protein and fat do not. »

- Gary Taubes

Jawaabta ugu fudud oo ay leedahay su'aasha ah maxaynnu u cayilnaa ayaa noqonaysa; waa cuntada ay ku badantahay kulka iyo tamarta (carbs). Kaarbiskuna cayil keli ah ma keenee wuxuu waddooyin halaqmareenno ah u jeexaa cudurro badan oo la aqoonsaday imminka iyo qaar kale oo wali lagu raad-joogo qolada ay galaan.

Gary Taubes (journalist) wuxuu leeyahay; sayniska ayaa xaqiijinaya in dheecaannada jirkeennu (hormones), kiimikooyinka (enzymes) iyo qaybaheenna koritaankuba ay shuqul ku leedahay xeyrtu (fats). Haddaba, cunista xeyrta badan ma keento cayilka ee waxaa keena kaarbiska, sida burka (flour), xabuubka (cereal grains) iyo barandhada (potatoes). Waayo kaarbisku wuxuu jah-wareer ku ridaa dheecaanka jirka (hormonal imbalance).

Sidoo kale, 1950-kii Thomas Peter (surgeon) iyo George campbell (physician) waxay baaritaankoodii ku sheegeen in burka iyo sonkorta aan dabiiciga ahayn ee la warshadeeyay ay yihiin isha ay ka soo burqanayaan cudurada ku dhaca dadka ku nool wadammada reer-galbeedka. Taubes wuxuu intaas ku darayaa, xataa dunida 2-aad iyo dunida 3-aad dadkii ku noolaa waxay la cudurro noqdeen kuwii Galbeedka ku nool, waayo waxaa loo suuq-geeyay labadii raashin ee dilaaga ahaa (burka iyo sonkorta).

Miyaadaan ogayn awoowayaashaa (ancestors) iyo Hindida madmadow (indigenous) in ay cuni jireen kaarbiska marar dhif ah? Waligoodna aysan noqon kuwa cayilan ama ay ragaadiyeen cudurrada Galbeedka (western-diseases).

THE WORST DIET TIPS

Dhaqaatiirta nafaqada (nutritionists) intooda badan waxay ka digaan, in aan la cuninin raashin uu ka maqan yahay kaarbiska. Taladooduna (recommendation) waxay ku salaysan tahay oo ay cuskanayaan, saddex malo oo iska caadiya (three basic assumptions) oo kala ah.

1. In aysan macquul ahayn in la is caateeyo ayada oo aan la gubin tamar ka badan intii aad qaadatay.
2. In kaarbisku yahay raashin caafimaadkeenna wax ka baddeli kara.
3. Haddii aan kaarbiska ku baddashid xeyr waad cayilaysaa, cudurrada wadnaxanuunkana halis baad u noqon.

Siday ka noqotayba, dhaqaatiirtu waa ceebeeyeen malooyinkaas (flawed) oo waa macne tireen (disregard), waayo kaarbiska waxaa booskiisa lagu beddeli karaa qudaarta (vegetables), kuwaas oo aan sonkorta la mid ahayn ayna ka buuxaan fitamiinno badan (vitamins) iyo macdan (minerals). Waxaa kale oo la isticmaali karaa oo nafaqo laga heli karaa digaagga iyo ukunta.

Malooyinkaas waxaa indhaha ka ridiya oo caddayn kuugu filan in cayilka iyo sonkorowguba ay qariib ku ahaayeen ummadda inta uusan duufsan dhaqanka reer-galbeedka (western culture) oo ay cuni jireen hilib baruur leh (fatty meats) iyo mallayga. Sidaas darteed, waa in aan booska ka saarnaa (discard) sheekadaan quraafaadkaa ah ee "xayr baa xeyr dhasha ah." Waxaa kale oo xusid mudan cayilkaba in la arkay markii ugu horraysay ee ummadda la baray sonkorta iyo burka.

Su'aal: sow ma ogid raashinka tamartoodii la dhimay (reduced-calorie diet) in ay nafaqo badan ka lumayso?

FACTORS OF FATNESS

Sababaha keena cunsurka (factors) cayilka waxaa go' aamiya (determine) ilo badan oo ay ka mid yihiin taariikhda hidda-sidaha (genetic background), caadooyinka wax cunista (eating habits) iyo heerka jimicsiga guud (general activity level).

Genes bakcground: Marka ugu horraysa, waa hidda-sidaheena waxa go'aamiya goobta (where) uu cayilka galayo iyo goorta (when). Waxaa kale ay go' aamiyaan sida murqaheennu u gubaan tamarta iyo sida loo keydiyo tamarta markii xaalad degdeg ah ay dhacdo. Haddii mid ka mid ah labadaada waalid uu buuranyahay, waxaa suurtagal ah in aad ka cayilnaanaysid qof aan waalidkiis buurnayn. Haddii labadaada waalid ay buuranyihiinna waxaa hubaal ah in aad adiguna ku biiraysid balballaarka.

Eating habits: Furaaysha hab-cunista raashinku waxay ku xiranyihiin caadooyinka iyo dhaqanka ay dadku leeyihiin. Reerka caadadooda iyo dhaqankoodu yahay raashin uu ku badanyahay dufanka iyo tamartu, sida baastada la foorneeyay (lasagne), malawax, canjeero iyo kimista, isku cayil ma noqonayaan reerka cuna mallaayga, digaagga, qudaar la uumiyay (steamed vegatables) iyo waambaha (quinoa).

General activity: Jimicsugu wuxuu udubdhexaad u yahay caafimaadka guud ee aadanaha, maskax ahaan iyo jismi ahaanba. Jimicsigu wuxuu dhisaa murqaha wuxuuna kale oo uu gubaa xeyrta ku keydsan jirka. Markii laga reebo hidda-sidaha, jimicsugu wuxuu door weyn ka ciyaaraa caafimaadka iyo muuqaalka qofku sida uu u ekaanayo.

Naftaydu waxay ku daashay dagaalka ka dhex aloosan cunto-jacaylka iyo cayil-nacaybka.

40
THE TRUTH ABOUT FAT

"Suger and refined carbs are true causes of obesity and heart diseases not fats as we have been told"

- Mark Hyman

Waa maxay shayga keli ah ee ugu wanaagsan oo aad ku hormarin karto caafimaadkaaga (health), miisaankaaga (weight) iyo cimrigaagaba (longevity)? Cun dufan badan! Haa waa sax. Cun dufan badan si aad miisaanka isaga riddid, uga hor-tagtid cudurrada wadna-xanuunka, sonkorowga, kansarka iyo xusuus-guurka (dementia). Laakiin sidee taas run ku noqonaysaa? Miyaysan noo sheegin ururrada caafimaadka hoggaamiyaa (leading medical associations), xirfadlayda nafaqada (naturitional professionals) iyo dowladduba in la is ka yareeyo xeyrta, sababta oo ah waxay dhalisaa xeyr, wadne-xanuunka iyo cudurro badan oo halis ah.

Mark Hyman (physician) wuxuu leeyahay; markii laga yimaado diin (religion) iyo siyaasad (politics), kaalinta saddexaad ee adduunku isku haysto oo doodda iyo muranka badani ka taaganyahay waa nafaqada (nutrition). Waxaynu ahayn kuwo si mukhlisnimo (faithfully) ah u qaatay wacdigaas iyo waanadaas 50-kii sano ee la soo dhaafay haddaynu nahay Maraykan, haddana bulshadeennii waa taas ka sii cayilaysaa oo ka sii jirro badnaanaysaa maalinba maalinta ka dambaysa.

Fikraddaas aan u laqnay si duuduub ah, annaga oo aan iska calalin ama u gadannay si jumlo ah, cilmi ahaan waa been (scientifically untrue). Xaqiiqdu waxay tahay, saynisku wuxuu sheegaayaa fikraddu in ay tahay caksiga (opposite). Markii loo kuur-galay xog-ururinta la sameeyay, waxaa caddaatay oo xoog badisay ama run noqotay fikradda ah cun xeyr badan oo aan la macbilayn (unmodified), si caafimaadkaagu u noqdo mid taam ah.

GOOD FATS vs BAD FATS

Raashinka aynu cunno waxaa loo qaybiyay 6-qaybood (six components) oo kala ah kaarbis (carbohydrate), nafaqo (protein), xeyr (fat), fitamiin (vitamin), cusbo (salt), iyo biyo (water). Mid kasta wuxuu muhiim u yahay siduu jirkeennu ugu shaqayn lahaa si qumman. Xeyrtu waa midda ugu muhiimsan, waayo waxay ka ciyaartaa qaybo muhiima (critical roles). Waxay keentaa tamar badan, tamartaas oo caawisa sida ay u shaqayn lahaayeen unugyadu (cells); dheecaanka xakameeya heerka sonkorta (insulin) sida uu u shaqayn lahaa; sida raashinka looga soo nuugi lahaa (absorb) fitimiinka. Waxay kale oo ay naga difaacdaa dhaawacyada. Haddaba su'aashu waxay tahay, ma xeyr oo dhan ayaa fiican mise qaar ka mid ah? Meeqa nooc oo xeyr ah ayaase jirta?

Dariush Mazaffarian (cardiologist) baaritaan uu ku sameeyay jaamacadda Tuffs wuxuu leeyahay ka dheeree jirkaaga raashinka la baakadeeyay (packaged foods), cuntada qashinka ah (junk-food), iyo xataa saliidda curiyaha dheeriga ah lagu daray (hydrogenated oil). Dufankuna sidiisaba wuxuu u kala baxaa dufan doorsan (satured fats) iyo mid aan doorsanayn (unsatured fats).

BAD FATS: Dufanka doorsan ee xun waxaa ka mid ah saliid gallayda (corn oil), saliid ubaxa (canola oil), iyo saliid gabbaldayaha (sunflower).

GOOD FATS: Dufanka aan doorsanayn ee fiican waxaa ka mid ah saliid saytuun (olive oil), saliid qumbe (coconut oil), saliid afakaadho iyo lows (avacado and nuts).

Su'aal: Labadaa dufan kee isticmaashaa adigu?

PALEO DIET vs VEGAN DIET

Waa maxay raashinkii hore (paleo diet), maxayse ku kala duwan yihiin qudaarlayda (vegan and vegetarians)? Kee baa fiican cunista labadaan raashin? Ka warran haddaad labadooda isku cunto oo aad noqoto (PEGAN)?

PALEO DIET: Waa raashinkii la cuni jiray 2.5 milyan illaa 10 kun oo sano ka hor. Raashinkaas waxaa ka mid ahaa hilibka, mallayga, digaagga, qudaarta, iyo miraha. Waa raashin lagu heli jiray ugaarsi iyo qaraabasho (hunting and gathering). Waa raashinkii awooweyaasheen iyo ayeeyooyinkeen isticmaali jireen waqtigii dhagaxa (stone age) iyo godka (caveman). Raashinkaan cunistiisu waxay yaraatay markii la soo gaaray xilligii beeralayda la bartay in la beerto xabuubka (grains) iyo raashinka caanaha laga sameeyo (dairy foods).

VEGAN DIET: Waa raashinka aan laga helin xoolaha iyo wixii la halmaala; macnaha waa wixii ka soo hara raashinka xoolaha (animal foods) iyo raashinka caanaha (dairy foods). Dadka Vegan-ka ah qaarkood ma isticmaalaan xataa ukunta, malabka, dharka laga sameeyay maqaarka xoolaha iyo badeecooyinka lagu daro dheecaannada xoolaha, waayo waxay leeyihiin waxay ka yimaadeen xayawaanka. Waxay cunaan qudaar (vegatables), miro (fruits), digir (beans), lows (nuts) iyo iniino (seeds). Cunitaanka raashinka noocaan ah waxaa ka buuxa fitimiino iyo macdan badan oo muhiim ah. Waxaa kale oo ay qani ka yihiin dufan iyo nafaqo (fats and protein). Farqiga u dhaxeeya dadka vegan-ka ah iyo kuwa vegetarian-ka ah waxa waaye: Walow vegetarian-ku ka caagganyihiin hilibka xoolaha oo dhan sida veganka, haddana way cunaan raashinka caanaha laga sameeyo iyo ukunta. Waxay kale oo isticmaalaan malabka.

Ma ogtahay wax kasta in ay ku qurxoonyihiin isneellanimda?

41
THE FAT CHANCE

"Insulin makes you gain weight, while Cortisol tells you where to put it."

- Robert Lustig

Waxaa jirta laba shay oo ka muhiisan raashinka; waa hawada (air) iyo biyaha (water). Hoygu (shelter) wuxuu galayaa booska afaraad. Waxaa booska saddexaad cariirsaday raashinka oo ku jira lagamamaarmaanka nolosha aadanaha (human needs). Balse nasiibxumo, maanta raashinkii waxaa laga dhigay badeeco (commodity), waliba loo qaabeeyay (formulated) in ay ahaadaan walxo la qabatimo (addictive substance).

Robert Lustig (endocrinogist) wuxuu leeyahay; midba midka kale ayuu ku eedaynayaa waxa inoo keenay cayilka (obesity). Warshadaha cuntada (food industry) waxay leeyihiin waa jimicsi la'aanta iyo talafishinkaan la horfadhiyo. Warshadaha baahiyayaasha (TV industry) waxay leeyihiin waa cuntada qashinka ah (junk food). Dadka Atkins-ka ah (atkin diet) waxay leeyihiin Dhibtu waa cuntada ay ku badantahay tamartu (carbohydrates), halka kuwa Ornish-ka ah (ornish diet) ay leeyihiin masiibadu waa dufanka (fats). Waalidku wuxuu leeyahay waa iskuulka. Iskuulku wuxuu leeyahay waa waalidka. Ciyaal-casiirku waxay leeyihiin waa caana-booraha (Nido), halka ciyaal caana-booruhu leeyihiin waa casiirka (Juice).

Lustig wuxuu intaas ku sii darayaa, sow la-yaab ma aha ayuu leeyahay in dunida kowaad mamnuuc (forbidden) ka tahay, ilmaha aan qaan-gaarka ahayn in laga iibiyo sigaarka, balse raashinka aan caafimaadka lahayn laga iibiyo? waayo hambeegarka (humbergers) iyo buskudka (cookies), way ka macaash (profit) badan yihiin tufaaxa (apples) iyo muuska (bananas).

Su'aal: haddaba maxaa keena cayilka? Ma taqaannaa sunta macaan (the sweet poison)?

BIG BUTT vs BIGG BELLY

Jirkeennu wuxuu leeyahay laba nooc oo xeyr ah: xeyrta maqaarka ka hoosaysa (subcucateous fat) oo ah 80% xeyrta guud ee jirkeenna iyo xeyrta xubnaha ku dahaaran (visceral fat) oo ah 20%. Xeyrta maqaarka ka hoosaysa waxay ku xirantahay hiddaha (genetics), jimicsiga jireed (physical activity) iyo badarka (diet). Caadi ahaan, dadka yeesha xeyr badan oo maqaarka ka hoosaysa waxay yeeshaan xeyr badan oo xubnaha ku dahaaranta, taas oo ah mid caqli-gal ah (logic). Haddaba maxaa keena caloosha (visceral fat)? Dhexdeennu cabbirkee laga rabaa in ay noqoto (waist)?

Qof kasta wuu ku dhashaa isaga oo leh xeyrta maqaarka ka hoosaysa. Markii laga soo tago hiddaha, waxaa caloosha keena sababahaan soo socda:
1- In aynu cunno tamar ka badan intaynu gubno.
2- In aynu fadhiga ku shaqayno (sedentary).
3- In uu cufka (mass) murqaheennu yaryahay.
4- In uu jimicsigeennu (activity) yaryahay.
5- Ama aan qabno sonkor (diabetes).

Haddii uu suunkaagu ka weynaado 40 inch (101 cm) oo aad nin tahay, iyo haddaad tahay naag oo 35 inch (88 cm) ka weynyahay, waxay caddeyn u tahay in aad calool leedahay.

Lustig wuxuu leeyahay, miisaanka jirkeenna waxaa laga ogaadaa ama uu saaranyahay 4 qaybood oo jirkeenna ka mid ah. 1 qayb mooyee saddexda kale waxyeello iy foolxumo ma keenaan.
1. Bones; Miisaanka lafaha.
2. Muscle; Miisaanka murqaha.
3. Subcutaneous; Miisaanka badhida (beautiful).
4. Visceral; Miisaanka caloosha (ugly).

Badhidu waa u dhalasho waana qurux, balse calooshu ma aha u dhalasho waana u foolxumo lab iyo dheddigba. Haddaba adiga halkee ayuu u badanyahay miisaanka saaran jirkaagu, caloosha mise badhida?

THE BEST MEDECINE

Markii laga soo tago jimicsiga in lagu xoogaysto (stronger) ama lagu noqdo joobane (fitter), waxaa jira saddex sababood oo kugu qasbaya in aad bilowdo aalamiinto (training), haddii aad tahay mid aan jimicsan.

Supports immune system; wuxuu caawiyaa difaaca jirka markii uu jiro caabuq soo weerara unugyada. Wuxuu fududeeyaa qulqulka dhiiga, wuxuuna wareejiyaa dhiigga cas. Waxaa loo baahanyahay 150 daqiiqo oo bood-bood ah (aerobic) ama ugu yaraan 75 daqiiqo oo miisaan-qaad ah (anaerobic) isbuucii. Wixii intaas ka badanna waa fariidnimo. 30 daqiiqo oo socod-boobsiis ah (brisk walking) wuxuu kordhiyaa wareegga-dhiigga, wuxuu gubaa xeyrta ku jirta jirka qaybihiisa kala duwan, wuxuu kale oo uu adkeeyaa is-goysyada lafaha (joints).

Reduces chronic illness; Mashruucii weynaa oo ay ku magacawday machadka isboortiska Maraykanka (American college of sports) "Jimicsigu waa daawo" ayaa lagu ogaaday in uu yareeyo ama uu ka hortago xanuunnada daba-dheeraada, sida cudurrada murqaha (muskuloskeletal disease), wadna-xanuunka (cardiovascular pain) iyo dhiig-karka (hypertension).

Improves mental health: Baaritaanno badan ayaa lagu caddeeyay jimicsigu in uu sare u qaaddo caafimaadka xiska uuna yareeyo xanuunnada xiska ku dhaca, sida illowshaha (dementia), cabsida (anxiety) iyo qulubka (depression). Wuxuu kale oo uu wanaajiyaa hurdada, wuxuu furaa abiteetka, hammadana wuu hagaajiyaa.

Isku soo duub (in a nutshell) oo caafimaadkaagu wuxuu ku jiraa hadba intaa ad jimicsato. Dhaqdhaqaaq kasta oo aad samaysana wuxuu ka fiicanyahay fadhiidnimada.

Haddii jimicsiga loo liqi lahaa sida kaniiniga, dhaqaatiirtu wax kale u ma qorteen bukaannada.

42
THE BRAIN KILLERS

"We are designed to be smart people our entire lives. The brain is supposed to work well untill our last breath."

- David Perlmutter

Waan ogahay in aadan aamminayn haddii aan ku dhaho cudurka ugu horreeya ee cuuryaamiya maskaxdeenna ama caqligeenna waa xabuubka (grains). Waxaan kale oo aan ogahay in laydin ka dhaadhiciyay xabuubku in uu yahay badar kiisa ugu wanaagsan ee la cuno ama la calaliyo. Waxaa kale ee soo raaca burka iyo sonkorta. Raashinka ka samaysan xabuubku ma aha in ay dilaan garashada iyo garaadka uun e waxaa kale oo ay keenaan cimri degdeg (body aging).

David perlmutter (neurologist) wuxuu leeyahay, warkaygu ma aha ku tiri-ku-teen ee waa baaritaanno lagu xaqiijiyay saynis ahaan iyo tajribo ahaan. Waxaa kale oo ka mid ah xabuubku cudurrada uu keeno xusuus la'aan (dementia), shalalka (alzheimer) iyo qallalka (epilepsy). Xusuusnow aadanuhu meesha uu ka nool yahay ama uu aadanaha ka yahay waa xiska.

Dhaqaatiir ku takhasustay ubucda (gut) oo Canadian ah ayaa waxay sheegeen in caafimaadku uu ku jiro 57% cuntada aynu cunno, halka 12% uu yahay hidde-sid. Tani waxay caddaynaysaa raashinku in uu qayb libaax ka qaato (diet plays the biggest role) caafimaadkeenna guud, gaar ahaan caafimaadkeenna uur-kujirta ama ubucda, waayo xiidmuhu waa marinka raashinka, waana difaaca jirka 70-80.

Ugu dambayn, Perlmutter wuxuu leeyahay, weedha caan-baxday ee oranaysa "Waxaad cunto ayaad noqonaysaa" ma aha mid la dhayalsan karo.

Su'aal: Haddaba ma rabtaa maskax iyo maan caafimaad qaba? Ka dheerow xabuubka.

THE INFLAMMATION SPECTRUM

Dhaqtarkii weynaa ee Giriigga ahaa (the great Greek physician) ama aabbihii dawada casriga (modern medicine), Hippocrates, ayaa wuxuu yiri qarnigii saddexaad "Cudur oo dhan wuxuu ka bilowdaa ubucda (gut)". Sidoo kale, waynu ognahay badankeen cadowgeenna kowaad in ay tahay caloosheenna, balse maxaa keena xasaasiyadda? Halkee ayayse iska soo galaan qulubka (depression) iyo mindhicir-xanuunku?

Perlmutter wuxuu leeyahay, xasaasiyaha (inflammation), hurka, gaaska, hawada, calool-xanuunka, balbalka iyo boogaha la sheego ee ku dhaca xiidmayaasha ama uur-kujirta wax kale ma keenaane waxaa dhaliya cuntooyinka laga sameeyay xabuubka (grains). Teeda kale, ma ogtahay in dheecaanka (hormone) ugu badan ee ku shuqul leh qaybaha dareenka la dhaho Seerotoonin (serotonin)? Cilmiga sayniska markaan joogno, waxaa loogu yeeraa maskaxda-labaad (second-brain). Unugyada neerfaha (nerve cells) ee ku jira mindhicirrada, unugyda difaaca (immune cells), iyo unugyada dareenka (hormone cells), keli ah ka ma qayb-qaataan dhaqdhaqaaqa muruqyada jirka ee waxay kale oo ay gacan-saar la leeyihiin 80-90% dareemayaasha farxadda. Ka warran haddii farxaddaadu ku xirantahay xiidmahaaga?

Dhaawacyada soo gaara jirka qaybihiisa kala duwan waa kuwo si dhaqsi ah loo arki karo ama loo dareemi karo, balse dhaawacyada soo gaara mindhicirradu ma aha kuwo si sahlan u soo shaac-bixi kara. Haddaba, si aad taas uga hor tagno, maxaa na la gudboon?

David wuxuu nagu la talinayaa in aynnu cirib-tirno xabuubka (eliminate gluten) ama iska yarayno cunitaankiisa, waa haddii aynu rabno in aan la dagaallno qulubka iyo mindhicir-xanuunka.

THE BRAIN MAKER

Jeermisyada ku jira xiidmayaasheenna waxay u xil-saaran yihiin shaqooyin badan oo jirkeenna ka dhex dhaca, sida samaynta fitimiinnada (creating vitamins), ka war-qabka difaaca jirka (controlling our immune system), iyo dabcan shaqada maskaxda (brain function). Ma rabtaa in aad saxdo maskaxdaada (brain)? Ka bilow in aad saxdo waxaad ku quudinayso mindhicirkaaga (gut).

Su'aashuse waxay tahay; intee qaab baan ku quudin karaa mindhicirkayga? Maxaanse ku quudin karaa? David wuxuu leeyahay, waxaa jirta 6 qaab oo aad u quudin karto xiidmahaaga iyo xiskaaga, waa haddii aad rabto caafimaad in aad ku noolaato.
1. Choose probiotic food: Cun raashinka la dagaallama jeermiska, sida ciirta macaan (yogurt), ciirta dhanaan (kefir), nooc ka mid ah kabashka (sauerkraut), nooc ka mid ah digirta (tempeh) iyo qajaarka (cucumbers).
2. Choose prebiotic food: Cun cuntada karka leh, sida basasha (Onions), nooc ka mid ah basal-baarta (leeks), nooc u eg basal-baarta (asparagus), toonta (garlic), iyo qudaarta la is ku yiraahdo gaduud-layda (radishes).
3. Choose low-carbs: Cun raashinka kaarboonka yar, sida hilib saafi ah (lean meat), digaagga iyo mallayga.
4. Enjoy tea, coffee and dark chocolates; Ku raaxayso shaaha, kafeega iyo shulkulaatooyinka madow.
5. Drink filtered water: Cab biyo saafi ah.
6. Fast intermittent fasting: Soon maalmaha qaar.

Ma ogtahay filinka ka socda nidaamka dheef-mareenka (digestive system) in uu sidoo kale toos uga shidanyahay shaashadda maskaxda (the brain screen), haddii uu yahay mid cabsi-cabsi ah (horor) ama jacayl ah (romantic)?

Waddada caafimaadka waxaa lagu gaaraa in la helo xiidmo xasaasiyad la'aan ah.

43
EAT CORRECTLY

"Meals with the same calories can produce dramatically different outcomes a few hours later."
- David Ludwig

Dr. David Ludwig (physician) wuxuu na weydiinayaa; ma tahay mid dareema baahi mar kasta? Mise leedahay taageero nololeed? Middii ay jawaabtaadu tahayba, bal talooyinkaan soo socda dhug u yeelo, haddii aad rabto in aad cunto raashin caafimaad leh ama aad miisaan iska riddo.

1. Conquer your craving: La dagaallan cuntooyinka aanu caafimaadkaagu ku jirin, sida sonkorta (sugar), xabuubka (grains), iyo burka (flour). Waxaad badsataa cabbista biyaha. In kastoo biyuhu leeyihiin caafimaad guud, haddana haddii ad cabto raashinka ka hor, waxay dilaan hamuunta (appetite) raashinka aad u qabto, waxay kale oo ay dhimaan miisaanka.
2. Retrain your fat cells: Dib u tababbar unugyada dufanka; macnaha, cun cuntooyinka caafimaadku ku jiro oo u qaybi raashinka 40% dufan (fat), 35% tamar (carbs), 25% nafaqo (protein).
3. Lose weight permanently: Miisaankaaga u dhin si dabiici ah; macnaha, dib u bar cuntooyinkii oo idil jirkaaga adiga oo u qaybinaaya 40% dufan, 40% tamar, 20% nafaqo.

LIFE SUPPORTERS

Sleeping; hurdadu waa caawiyaha kowaad ee nolosha. Ma ogtahay haddii aad hesho 8 saac oo hurdo isku xiran ah in uu tummin miisaan ah kaa dhacaayo, haddii aad jiifato 5 saac ka yarna uu ku koraayo rodol miisaan ah?
1. Stress relief; 25 daqiiqo oo salaad, qilwo ama jimicsi ah.
2. Your why; sababta aad u nooshahay oo aad is-xasuusiso.

Su'aal: Adigu halkee ka heshaa taageero?

SHOP SMARTLY

Hadda waad ogtahay sow ma aha waxa uu yahay raashin caafimaad leh ama sida uu egyahay? Su'aashuse waxay tahay, sidee u joogtayn kartaa in aad raashinkaas uun dukaanka ka soo gadato ama suuqa? Furuhu wax kale ma ahane waa in aad u soo adeegataa si xariiftinimo ah (shop smart), maan-gal ah (logic), oo naf-hanasho (self-mastary) ku dheehantahay. Intaas waxaa ka sii muhiimsan, markii aad soo adeeganayso waa in aad qoratraa waxa aad u baahantahay, si aadan u laacin wax kasta oo ay naftu muhato. Waxaad kale oo aad ogaataa, arrintaan kaa ma caawinayso caafimaad keli ah ee waxay kale oo ay u roontahay jeebkaaga.

Jirkaaga in aad xushmayso waa qaddiyad muqaddas ah, waayo waa qasrigaad (temple) ku dhex nooshahay. Cid masuul ka ah ma jirto oo aan adiga ahayn quruxda gudihiisa iyo bannaankiisaba. Hays ku mashquulin in aad dhexdaada cabbirto, fuusho miisaan maalintii saddex mar ama jirkaagu sida uu u egyahay aad barbar dhigto qeyrkaa ama kuwa aad ka daawato warbaahinta. Tallaabadaasi ma aha mid ku soo saa'idinaysa wax aan ahayn culeys (stress) kaa hor-istaagi kara (impede) horusocodkaaga (progress). Sidaas darteed, waxba ku ma jabna in aad isbuucii ogaato miisaankaaga (weight) iyo dhexdaada (waist) oo aad diiwaan-geliso.

Waxa aad la kulmi doontaa caqabado (challenges) badan oo kaaga imaanaaya caadooyinkaagii hore ee cunto, wayna adagtahay mar kasta in aad ka qaalib-noqoto (master). Hubka iyo dabbaabadaha aad ku la dagaallami karto rabitaankaaga (cravings) isbaarooyinka ay kuu dhignayaan ayaa noqonaysa in aad mar kasta is-weydiiso muhiimadda caafimaadku leeyahay iyo sababta aad u rabtid jir-caafimaad (healthy-body) leh ama qaab-nololeed caafimaad leh (healthy lifestyle).
Su'aal: Sidee u soo adeegataa adigu?

EAT MINDFULLY

Waynu isku raacsannahay nolosha in aan orod lagu gaari karin, waxa aad rabtana la heli karin maalin qura, culayska iyo ciriiriguna dib u dhac in uu nafta u keeno mooyee horumar u keenaynin. Haddaba, markii aad go'aansato in aad raashin saxan cunto (eat correctly), si xariiftinimo ahna u soo adeegato (shop smartly), waxaa ugu dambayn lagaaga baahanyahay in aad si ogaal ah (mindfully) wax u cunto.

Iska war-qabku waa xaalad qofku uu ku suganyahay markii ay is-waafaqaan fikirkiisa, dareenkiisa iyo ficilkiisu. In aad si ogaal ah wax u cuntana waxaa halkaan loo la jeedaa in aad la socon kartid waxa aad cunayso, sida aad u cunayso iyo jirkaagu sida uu u dareemayo. Waddooyin badan oo lagu gaari karo ayaa jira heerkaan.

Marka kowaad, waxa aad isku daydaa had iyo jeer in aadan raashinka ku hor-cunin telefishanka (TV). In aad ku dhex miriqdid shaashadda waxa ka socda waxay kaa qaadi kartaa fooganaanta, waxayna sahli kartaa calooshaada in ay wax badan galaan.

Waxaa la mid ah in aad kombuyuuterka (PC) ku dul-cunto raashin, adiga oo ka fikiraya shaqadaas sidii aad isaga dhammayn lahayd. Taasna waxay lumisaa in aad dareento ama ku raaxaysato dhadhanka raashinka.

Midda saddexaad uguna muhiimsan; walow aysan xumayn in raashinka lagu dul sheekaysto, haddana waligaa hays ku dayin in aad ku dul-dooddo (hard-talk) ama ku dul-muranto (quarrel) raashinka dushiisa. Waa mid e, anshax ahaan u ma wanaagsa, caafimaad ahaanna u ma fiicna oo hamuuntii loo qabay raashinka ayaa kaa xirmaysa.

Calool baahan, jeeb maran iyo qalbi jabay, waa caqabadaha isbeddelka cariya.

44
WHAT IS A BRIGHT LINE EATING?

"Plans based on moderation don't work for people who are high on the susceptibility scale."

- Susan Thompson

Cunto-cunista-cad (bright line eating) waa nidaam ku dhisan caawinta kuwa qabatimay cuntada (food addiction) sidii ay u yeelan laahaayeen caadooyin (habits) iyo dhaqammo (behavior) leh qorshe, diyaarin iyo faakahaysi (enjoyment) ku aaddan raashinka. Ma aha cunto-nidaamis (diet) aad raacayso si aad cayilka isaga riddo (lose weight) ama aad miisaan isugu darto (gain weight), ee waa barnaamij aad baranayso qaynuunno (principles) iyo tabo (stategies) aad isticmaali karto noloshaada inta ka dhiman, si aad ugu noolaato nolol ku dhisan farxad, fudayd iyo fariidnimo.

Ma jiri doonaan wax la dhaho dheeri (supplements), nafaqo la ruxanaayo (protein shake) iyo cunto horay loo diyaariyay (prepackage). Taas baddalkeeda waxa aad cunaysaa cunto dabiici ah oo aan la warshadayn (whole food) oo dookhaada ah (personal preference), jeebkaaga iyo jirkaagana u darnayn.

WHY BRIGHT LINE EATING WORKS?

Susan Thompson (neuroscientist) waxay leedahay, barnaamijyada loogu talo galay is-caataynta waxay inta badan xoogga saaraan waxa la cuni karo (what to eat) iyo waxa aan la cuni karin (what not to eat), taasina waxay qofka ku riixdaa in uu soo iibsado cuntooyin la diyaariyay oo qaaliya (expensive) iyo nafaqooyin budo ah (protein powder) oo waxay yihiin aan la garanayn. Halka bahda cunto-cunista-cad diiradda saaraan sida wax loo cunayo (how to eat). Cunto-cunista-cad waa xeer ka cad dayax naylo-qaad ah (crystal clear) kaas oo aan labo-labo la gelin karin, in aad raacdo (follow) ama aad jebiso (break) mooyee.

WHAT ARE THE FOUR BRIGHT LINES?

Waxaa jirta 4 xarriiq-cad (bright lines) kuwaas oo aasaas u ah cunto-cunista cad, waxayna kala yihiin Sonkorta (sugar), Burka (flour), Meals (raashinka) iyo qiyaasta (portion). Bal mid mid aynu u dul-istaagno.

Bright line 1: No sugar. Xeerka kowaad ayaa noqonaya midka ugu adag oo ah in sonkor oo dhan booska laga saaro, haddii ay noqon lahayd sonkor macbil ah (artificial sweeteners) ama mid dabiici ah (natural sweeteners), waayo waa sababta aynu hunguri badan u cunno (overeat), jirkeennana ay u galaan tamar badan calories) oo been ah, macquulna aysan noqonayn dhex-dhexaadsi (moderation).

Bright line 2: No flour. Waa run burka laga sameeyay xabuubka (whole grain) in uu ka mid noqon karo raashinka caafimaadka leh, laakiin qasdiga ugu weyn ee aan geeska u gelinayno ayaa ah in uu ka mid yahay cuntada sahalka lagu qabatimo.

Bright line 3: Meals. Haddii aad isku dayday hadda ka hor barnaamij iscaatayn ah, waxaa hubaal ah in laguu sheegay in aad maalintii 5 mar wax cunto oo laba ka mid ah ay yihiin macmacaan (healthy snacks), sababtuna tahay in aadan baahoonin, balse markii aan joogno cunto-cunista cad waxaynu cunnaa maalintii 3 mar, wax macmacaan ah la ma yaqaan (no snakcks), waayo waqtiga raashinka aynu cunno waa mid cayiman (regular) oo joogto ah (consistent).

Bright line 4: Portion. Xeerka-cad ee ugu dambeeya waa in raashinka aynu cunayno miisaanno (weigh) ama cabbirno (measure) waayo indho ku cabbir waxba ku ma qiyaasi karno.

WHAT FOODS ARE ALLOWED?

VEGGIES & FRUITS: In kasta oo sonkorta iyo burku aysan noogu jirin liiska, waxaa jira cuntooyin badan oo la aqbali karo (acceptable). Waxaa ka mid ah qudaarta iyo miraha. Ma jiraan wax la dhaho qudaar xun iyo qudaar fiican ama miro xun iyo miro fiican. Waqtigana hays kaga lumin in aad ka fikirto miyaad karisaa, ma yacyacood ayaad ka dhigataa mise ceyriinka ayaad ku ruugtaa, waayo wax farqi ah u ma dhaxeeyaan.

PROTEIN: Halkaan weeye meesha uu faakihaysigu ka bilaabmaayo markii la joogo nafaqada. Haddii aad tahay hilib-cune (meat eaters), qudaar-cune (vegan) ama caleemo-cune (vegetarians), furuhu waa in aad cuntaa nafaqo, saxan kasta oo raashinkaaga ka mid ah. Waxa aad cuni kartaa buskeeti (steak), digaag (chicken), mallay (fish), ukun (egg), farmaajo (cheese) iyo caano (milk). Waxaad kale oo cuni kartaa digir (beans) iyo lows (nuts).

GRAINS: In kasta oo burku ka mid yahay raashinka aynu mamnuucnay, haddana weli waa qeyb muhiim ah oo raashinka ka mid ah. Waxaad cuni kartaa boorashka (oatmeal), bariiska baroonka ah (brown rice), iyo waambaha (quinoa). Waxaad kale oo ku raaxaysan kartaa noocyada kale ee xabuubka (whole grains).

FATS: Dufanku wuxuu ka mid yahay raashinka aynu cunno kan ugu muhiimsan, sida nafaqada. Dufanka aad cuni karto waxaa ka mid ah xumuska (hummus), afakaadhada (avocados), saliid saytuun (olive oil) iyo dufanka-salladka (salad-dressings).

U ma baahnid fargeeto qalin ah, haddii uu raashinku yahay mid dhadhan macaan.

CHAPTER 5
EXERCISE

45
THE COLLECTIVE JOY

"Movement offers us pleasure, identity, belonging and hope."

- Kelly McGonigal

Kelly McGonigal (psychologist) waxay leedahay, faa'iidooyinka dhaqdhaqaaqu (movement) leeyahay waa arrin ka xeel-dheer raadinta caafimaad (health) iyo shaxshaxnimo (hotness), waayo dhaqdhaqaaqu wuxuu abuuraa xiriir (connection), is-aqoonsi (identity) iyo macne (meaning).

Movement foster connection: Qofku markii uu dhaqdhaqaaq sameeyo ku talo-gal ah, jirku wuxuu sii daayaa dheecaannadaan soo socda:
1. Endorphins; waa dheecaannada farriimaha u dira maskaxda oo yareeya xanuunka (pain), kordhiyana farxadda (pleasure).
2. Dopamine; (happy hormones). Waa dheecaannada ku shuqulka leh farxadda (pleasure) iyo abaalmarinta (reward).
3. Oxytocin; (love hormones). Waa dheecaannada jirku sii daayo markii uu qofku dareemo jacayl, sida is-mucaanaqaynta (hugging), is-dhunkashada (kissing) iyo isu-tagga (sex). Dheecaannadaas kulligood waxay Kelly u bixisay dheecaamada farxadda wadajirka (collective joy hormones).

Movement define us: Dhaqdhaqaaqu wuxuu qaabeeyaa qofnimadeenna. Tusaale; haddii aad ku biirto kuwa biraha qaad-qaada, mar kasta oo aad kiilo ku darto birta, maskaxdu waxay kuu sheegaysaa in aad sii xoogaysanayso sow ma ahan? Sidaas ayaa ku tahay qof xoog leh (powerful).

Movement create meaning: Bani-aadamku waa mishiin ku shaqeeya macne (meanig-making-machine). Mar kasta oo aan dhaqdhaqaaq samayno waxaa jira macne ka dambeeya. Mar marka qaar xataa waxaa dhici karta, in aynu nahay kuwo aan ogayn sababta. Ilmo-aadan loo ma abuurin fadhi.

Su'aal: Maxaa laguu abuuray adiga?

THE POWER OF MUSIC

Awoodda muusikadu leedahay waa arrin aan la dafiri karin oo cibaaradeeda leh (magical), awoodda jirkeennana (physical limits) ku dhalisa tabar aan ku jirin (extra ability). Muusigiistayaasha (musiologists) iyo saynisyahannada jimicsiga (exercise scientists) waxay ku qeexeen muusiggu in uu yahay tamar-bixiye (ergogenic).

Costas Karageorghis (sports psycholgist) wuxuu sheegay in heesaha lagu jimicsado (workouts) ay keenaan awood-tamareed. Waxayna u sii kala tamar badanyihiin siday u kala miro (lyrics) iyo laxan fiicanyihiin. Ereyada ay ka mid yihiin soco (go), orod (run) iyo shaqo (work) waa kuwa ugu caalamisan. Heesta ugu jugta culusna waa heesta la yiraahdo Ilaa iyo inta aan is-buurto (till i collapse) ee uu qaaday fannaanka Eminem.

Waxaa la xaqiijiyay 1998, markui uu Haile Gebrselassie jabinaayay diiwaanka adduunka (world record) ee tartanka 2000 mitir ee lagu qabtay Maraykanka, in uu ka dhaadhacsiiyay taageerayaashiisa in ay u shidaan heesta uu jeclaa ee (scatman) markii uu soo gaaro wareegga saddexaad (third round), taas oo uu shidan jiray xataa markii uu aalamiintaynaayo.

Markii ay sameecadaha waaweyn ee tarabuunka dhagihiisu soo gaarsiiyeen laxankii heesta iyo sawaxankii taageerayaasha, wuxuu u tallaabsaday ayaa la yiri sidii haramcadkii (cheetah).

Oliver Sacks (neurologist) ayaa wuxuu sheegay, mid ka mid ah bukaankiisaa oo aan dhaqaaqi karin (paralysis) in ay lugaheedu nuuxnuuxsan jireen markii ay maqasho heestii ay yaraanteeda ku dheeli jirtay ee la oran jiray Irish Jig.

Su'aal: Maxaad adigu ka aamminsantahay muusikada?

THE GREEN EXERCISE

Hadda waxaynu barannay faa'iidooyinka uu jimicsigu u leeyahay jirkeenna (physical) iyo xiskeenna (mental), markii muusig lagu laro ama si wadajir ah aynu u dhaqaaqno. Ma jeclaan lahayd in aad ogaato mise is-leedahay in ay jiraan adduunka wax dhimirkeenna uga fiican dhaqdhaqaaq?

Markii la saaray raajito maskaxda qaybteeda aan shaqayn (default brain), waxaa la ogaaday in aysan isku mid ahayn markii aynu gudaha (indoors) ku jirno iyo markii aynu bannaanka (outdoors) joogno.

INDOORS

Dadka ku nool magaalooyinka waxaa la sheegay in ay 93% waqtigooda ku qaataan gudaha, xataa haddii ay jimicsanaayaan, taas oo maskaxda u keeni karta niyad-xumo (negetivity), baryo-qaad ama dib u calaajin (rumination), is-dhalleeceyn (self-criticism) iyo walwal (worry).

OUTDOORS

Markii aynu bannaanka joogno maskaxdeennu waxay dareentaa deggenaan (calm), cabsi-yari (less anxiety), maankuna wuxuu dhex mushaaxaa waxay dhaqaatiirta cilmi-nafsigu ugu yeeraan soo-jiidashadii jilicsanayd (soft fascination).

Baaritaankii lagu sameeyay jaamacadda Westminster ayaa lagu xaqiijiyay tabarrucayaashii ka qayb-galay jiimka cagaaran (Green Gym) in dheecaankooda (Cortisol awakening response) uu kor u kacay 20%, taas oo ka caawisa qofku in uu noqdo faxfax markii uu subixii hurdada ka soo kaco, walwal iyo walbahaarna dareemin.

Sida uu jirku ugu ballaarto jimicsiga, ayuu xiskuna ugu ballaartaa xasilloonida.

46
NO SWEAT

"Changing your personal meaning of exercise from a chore into a gift, will transform your relationship with movement."

- Michelle Segar

Waxaynu bilownaa aadista goobaha lagu jimicsado si aynu isaga ridno cayilka (weight loss) ama u helno caafimaad wanaagsan (better health). Laba isbuuc ka dib, maalmihii la jimicsanaayay waxay ku soo ururaan laba maalmood. Bil ka bacdina waynu joojinnaaba!

Michelle Segar (kinesiology) waxay baaritaan ku samaysay su'aasha ah maxaynu u jimicsannaa? Waxayna dadku 75% yiraahdeen in ay u jimcsadaan sidii ay baruurta u shiili lahaayeen ama uga talin lahaayeen caafimaadkooda dambe, halka 25% yiraahdeen waxaannu u jimicsannaa in aannu dareenno farxad, fudayd iyo firfircooni. Bal qiyaas, labadaan kooxood yaa ujeedkoodu adagyahay oo macne u jimicsanaya? Dabcan, duulka ka fikiraaya baruurta iyo baraarahooda, sax? Balse waxay Segar baaritaankeeda ku caddaynaysaa 33% in ay ka natiijo yaryihiin muuqaal ahaan iyo waqtiga ay ku bixinayaan jimicsiga kuwa aan u jimicsan in ay la dagaallamaan cayilka iyo in ay caafimaadkooda ilaaliyaan. Sababtuna waxay tahay bani-aadamku in ay had iyo jeer ka doorbidaan qanacsanaanta degdegta ah (immidiate gratification) qanacsanaanta dambe (delayed gratification).

Xalku muxuu yahay haddaba? Qofku in uu noqdo joobane ama dhex-yar waa in aynu marka hore beddelnaa maskaxdeenna (change our minds) inta aynnaan beddelin jirkeenna (change our bodies), si aynu u helno dhiirrigelin joogto ah (daily motivation). Arrintaasna waxay u baahantahay in aan bilowno safar cusub. Safar kasna wuxuu u baahanyahay qariidad sax ah (right m.a.p.s).

Su'aal: Adigu ma jimicsataa, maxaadse u jimicsataa?

MEANING

Ujeeddada aad ka laheyd markii aad iska soo qoraysay goobaha jimicsiga, raashinka aad cunanayso nuuciisa iyo hurdaduba waxay laf-dhabar u yihiin wacnaantaada (wellness). Tallaabo kasta uu qofku qaado ama ficil kasta uu qofku sameeyo waxay u sameeyaan macne gooni ah noloshiisa. Haddii aad rabtid in aad beddesho xiriirka aad la leedahay jimicsiga, cuntada iyo hurdadaba, busteejada koobaad ee aad ka dhaqaaqayso waa in ay noqotaa macnaha (meaning) ay kuu leeyihiin.

Beddelka macnaha uu kuu leeyahay jimicsigu (exercise) waxay kaa caawinaysaa in aad yeelato milkiyad (ownership) oo aad dareento naf-xakamayn (self-control) ku aaddan go'aammadaada jir-jimicsiyeed (physical activity). Ereyga jimicsi markii aad maqasho maxaa maskaxdaada ku soo dhaca? Fikir taban mise mid togan? Maxaadse u aragtaa jimicsiga? Shaqo (a chore) mise hadyad (a gift)?

AWARENESS

Sidee dareentaa markaad jimicsato? Haddii aadan dareemin furfurnaan iyo fudayd, waxay caddaynaysaa in aad jimicsiga u aragtid shaqo. Waa dabeecad uu leeyahay aadanahu in ay ka dheeraadaan (avoid) wixii dareensiinaaya xumaan, koollo-birna ku noqdaan (stick with) waxay ku dareemaayaan fiicnaan, xataa haddii ay yihiin wax naftooda u daran. Iska-warqabkaagu wuxuu kaa saacidayaa in aad ogaatid dhinacaad jirtid. Ogowna fikirka aad ka qabto jimicsiga iyo dareenka uu ku gelinayo ayay ku xiran yahay maxsuulka aad doonayso.

Waan hubaa in aad taqaannid mashinka laga la soo baxo lacagta (ATM) adduunka meeshii aad ka joogtidba, laakiin shaki ayaa iiga jira in aad maqashay waxay Michelle ku magacawday Jaanisyada dhaqdhaqaaqa (OTM). Jimicsugu ma aha keli ah biro la qaad-qaado iyo budo la qasto ee waa dhaqdhaqaaq kasta uu jirkaagu sameeyo. Ku xisaabtan taas.

PERMISSION

Naftaada in aad siisid oggolaansho (permission) ama ruqsad ay mudnaanta ku siiso sidii ay iskaga taxaddari lahayd (self-care) waa furaha qofku ku joogtayn karo jimicsiga. Si aad naftaada uga taxaddartidna waxa aad u baahantahay tamar (energy) aad ku suurto-galisid wixii naftaada u muhiimsan. Markii aad waqti galiso arrintaas waxaa kuu fududaanaya jimicsiga, jimicsigu wuxuu abuurayaa dareemayaal togan, dareemayaashuna waxay sare u qaadaan micnha (meaning), adkaysiga (resilience) iyo wacnaanta (well-being) guud ee nolosha. Iska taxaddariddana waxaa loo qaybiyay afar qaybood:
1. Physical self-care; Taxaddarka jirka, sida raashinka, jimicsiga, hurdada, iyo biyaha.
2. Emotional self-care; Taxaddarka dareemmada, sida naxariisata iyo jacaylka.
3. Psychological self-care; Taxaddarka xiska, sida aduunyo-aragga iyo iska-warqabka.
4. Spiritual self-care; Xamdi-naqa iyo qilwada. Ogow haddii aadan naftaada ka taxaddarin qof kale oo ka taxaddari doona ma jiro.

STRATEGY

Qofku in uu lahaado xeelad ama tab uu ku howl-galo waxay u baahantahay aragti-fogaansho lagu saadaalaanin karo ama lagu oddorosi karo sheekadaan meesha ay ku dhammaan karto (end goal). Haddaba, 5 su'aalood ha kuugu horreeyaan xeeladahaaga dagaal:
1. Jimicsigu muxuu faa'iido u leeyahay noloshayda?
2. Jir noocee ah ayaan rabaa?
3. Maxaa igu caawin kara jirkaas in aan yeesho?
4. Meeqa sano ayay igu qaadan kartaa?
5. Haddii uu taxaddi yimaadana sideen u furdaamin karaa?
Ogow, qorshaa lagu meel maraa!
Hadba inta aad nabadda ku dhididdo ayaad dagaalkana ku dhiig baxdaa.

47
THE MIND-BODY CONNECTION

"In order for man to succeed in life, God provide him with two means; Knowledge and physical activity."

- John Ratey

John Ratey (psychiatrist) wuxuu leeyahay, waxaynu dareennaa faxfax (fresh) markii aynu jimicsanno, laakiin sababtu maxay tahay? Ma waxaa weeye keli ah dheecaannada dareenka farxadda keena in uu jirkeennu sii daayay? Dabcan haa oo taas ma aha mid dood la gelin karo. Sidoo kale, maskaxdeennu waxay si wacan u shaqaysaa (functions) markii aynu jimicsanno. Markii ay maskaxdu si hagaagsan u shaqaysana, si fudud ayaynu wax u barannaa (learn things faster), waxaynu kale oo xakamayn karnaa dareemayaasha (control emotions). Haddii aynu intaas ognahay, maxaynu jimicsiga ugu dari weynay lama-huraanka oo labo-labo u gelinnaa?

The greatest challenge: Haddii aynu shaqo la'aan noqonno iyo haddii aynu jimicsanno, labadaba waxaan dareennaa cadaadis (stress). Sidee macquul ku noqotay? Waayo cadaadiska ayaa wuxuu kala yahay uun cadaadis-jireed (physical stress) iyo cadaadis-maskaxeed (mental stess). Se waxay ku kala duwan yihiin cadaadiska jirku wax buu dhisaa (build), halka cadaadiska maskaxdu wax dumiso (break).

Anxiety is normal: Walwalku (anxiety) waa neerfayaasha oo dareemay cabsi (threat) waana caadi. Haddii qudbad lagugu qoro, asaydan fagaare ka-hadalka isku fiicnayn, dabcan waxaad dareemi qalqal oo waxaad ka cabsan ummaddaas madaxa madow oo ku soo wada eegaysa.

Balse haddii aysan meesha oollin wax laga cabsado oo fikir ahaan u fiigsantahay, taas cabsi caadi ah ma aha ee waxaa jira qawaaf (anxiety disorder).

Su'aal: Ma kala saari kartaa qalqalka iyo qawaafka?

MOVE YOUR MOOD

Muragada ama niyad-jabku (depression) ma aha xaalad loo aanayn karo hal sabab ee waxuu ku imaan karaa wajiyo badan. Niyad-jabku ku ma yimaado soo booddo ee wuxuu qaataa waqti dheer, waxaana carin kara in uu curto afartaan xaaladood midkood, inta la ogyahay:

1-Family history: Ma jirto wax lagu caddayn karo shaybaarka in hidda-sidahaagu xambaarsanyahay niyadjabka, balse haddii qaar ka mid ah reerkiinna soo martay murugo, waxay saadaalintu inta badan taageertaa in aad adiguna maalin ka mid noqon doonto kuwa murugaysan.

2- Illness and health issues: Xanuunnada jirka iyo dhaawacyada dabada-dheeraada waxay saamayn ku yeeshaan caafimaadka dhimirkaaga (mental health), waxayna taasi keeni kartaa in aad daristaan murugo.

3- Medication and drugs: Daawooyinka iyo daroogadu waxay keeni karaan murugo. Haddii aad daawo cusub bilowdo oo aad isku aragto calaamadaha niyad-jabka, dhaqso u la xiriir dhaqtarkii kuu soo qoray daawadaas.

4- Personality traits: Dadka walwalka iyo walaaca badan, hankoodu hooseeyo, dulqaadka yar (dont have a thick skin), waxay intooda badan saaxiibbo noqdaan niyad-jabka.

Exercise reduces depression: Markii aynu jimicsanno jirkeennu wuxuu sii daayaa dheecaanka loo yaqaanno xanuun-baabi'iyaha dabiiciga ah (endorphins). Dheecaankaas wuxuu dejiyaa madaxa, wuxuuna yareeyaa jir-xanuunka. Sida caadiga ah, dadka murugaysan ma aha kuwo dhaqdhaqaaq badan. Waa kuwo dhiirrigelintu ka maqan tahay (unmotivated) wax xiiso ahna (uninterested) u hayn nolosha. Sidaas daraaddeed, makay jimicsadaan waxay dareemaan farxad iyo fiyoobi, maskax ahaan iyo jir ahaan.

Su'aal: Adiga maxaa kuu saxa jawiga?

STONE AGE ACTIVITY

Jirka insaanka waxaa loogu talo galay dhaqdhaqaaq in uu sameeyo, balse su'aashu waxay tahay ilaa intee dhaqdhaqaaqu yahay? Bal aan dib u jalleecno taariikhdii dadkii hore waxqabadkoodii.

10,000 sano ka hor, waqtigii ugaarsiga (hunting age) dadku waxay socon jireen ugu yaraan 10 mayl maalin kasta, waayo noloshu waxay ahayd dhereg ama gaajo (feast or famine). 500 sano ka hor, dadku u ma baahnayn dhaqdhaqaaq ama jimicsi, waayo waxay ahayd waqtigii beeraha (farming age) oo raashinka waxaa laga la soo bixi jiray dhulka. Balse maanta oo baabuurtu is-wadayso, alaabtu is-dhaqayso, dhulkii iyo baabuurtii makiinado dhaqaayaan, sidee ayuu noqonayaa dhaqdhaqaaqeenna markii loo fiiriyo awoowayaasheen iyo abuulankeen?

Cognitive flexibility: Tijaabo la sameeyay 2007 ayaa waxaa lagu ogaaday 30 daqiiqo haddii uu qofku jimicsado in ay qaybtiisa fikirku furfurmayso. Odayaal da'doodu u dhaxayso 50-60 ayaa waxaa lagu yiri waxaad galaysaan imtixaan, waxaadna haysataan 30 daqiiqo oo jaanis ah ee waxaad rabtaan ku samaysta. Qayb ka mid ah telifishinkii ay hor-fadhiyeen ayay iska sii daawadeen, qaybtii kalena orod ayay galeen. Qaybtii soo aalamiintaysay ayaa waxay 25% ka dhibco bateen imtixaankii kuwii filinka fiirsanayay.

Dabacsanida fahanka waa furfurnaanshaha maskaxeed ee yimaada, markii qofku uu jimicsado ama uu wadnihiisu dhaqaaqo 60-70%.

John wuxuu leeyahay, haddii aad rabto in aad imtixaan gasho, qudbad soo jeedisho, ama maskaxda shiisho, waxaa lama-huraan noqonaysa in aad wadnahaaga garaaciisa gaarsiiso 60-70, si fikirkaagu u furfurmo.

Jirku wuxuu maqlaa uun wixii ay maskaxdu u sheegto.

48
COMFORT IS THE ENEMY

"Many of lifes failures are people who did not realize how close they were to success when they gave up."

- Thomas Edison

Seerada amniga oo aad ku jirtaa nolosheenna waxay ka dhigtaa mid la saadaalin karo (predictable) oo lagu caajisayo (boring). Waxay xiriirka u jartaa (disconnect) hadafyada iyo himilooyinka lubbigeenna ka hugmaya. Laakiin, nasiib-wanaag, waad ka bixi kartaa bustaha aad ku hoos jirto, haddii aad tahay mid qatarta u bareeri kara. Qatartaas waxay noqon kartaa ciyaaraha halista ah (extreme sports), sida tartanka dhimashada (death Race) oo uu aasaasay ninka la yiraahdo Joe De Sena.

IMPOSSIBLE vs HARD

October 1995, Goran Kropo (adventurer) wuxuu baaskiil ka fuulay magaala-madaxda Sweden (stockholm) wuxuuna ku tagay Mount Everest Abriil 1996. Wuxuu ka qayb-galay tartankii buur-fuulidda, isaga oo aan isticmaalin aaladda naqaska (oxygen), wuxuuna dib u soo fuulay baaskiilkiisii, kuna soo noqday magaaladiisii. Waxaa laga yaabaa in aad is-weydiinayso run miyaa? Haa waa xaqiiqo sheekadu. Waan ogahay waxay kuu la muuqataa mid aan macquul ahayn (impossible), balse waa macquul, laakiin waa adagtahay (hard). Halkaan waxaan ku barannay farqiga u dhaxeeya macquulnimada iyo adkaanshaha. Waxaan hubaa kun jeer waxaad naftaada ugu sheekaynayso in aysan macquul ahayn ama dhici karin, haddii loo barbar dhigo wuxuu sameeyay Kropp in ay noqonayaan fara-ka-dhuuq. Waan ogahay oo waddada guushu waa mid dheer, mugdi, cabsi, dhaxan, roob, boholo iyo baas badan.

Balse ka warran siday noqon lahayd noloshaada haddii ad tahay qof aan qorin weedha la yiraahdo "macquul ma ahan"?

HONESTY IS HONOR

Waxaa ugu horreeya ee aad isaga qaadi karto heeryada noloshu waa in aad la timaaddo qorshe. Qorshuhu waa qariidad-sheege (GPS) wuxuuna qofka u sheegaa meeshuu joogo (location) iyo meeshuu u socdo (destination), balse adigana waxaa lagaa doonayaa in aad la timaaddo ficil aad meeshaas ku gaarto. Qoro waxyaalaha aad rabto in aad xaqiijiso. Markii aad qoratana, naftaada ka ballan-qaad in aad waxaas samaysid, si daacadnimo ku dheehantahay. Ereyga "daacadnimo" (honesty) waa ballan-oofin ama sharaf, waana udubdhexaadka (core value) qofka doonaya in uu ku noolaado nolosha qaybteeda fiican (best version).

Qof kasta wuu ka mid noqon karaa qorshaha noloshaada. Mid ka mid ah macallimiintii jaamacadda ee De Sena (Spartan) ayaa imtixaan uu ka qaadayay ardayda wuxuu ku soo daray su'aal ahayd; magaceed dhul-xaadhta (junitor) jaamacaddu. Ardaydii waxay u qaateen su'aashaas in uu macallinku ku la kaftamayo, laakiin ma ahayn kaftan (joke). Macallinku wuxuu rabay ardayda in uu baro in ay ogaadaan una mahadnaqaan (appreciate), qof kasta oo horumarka noloshooda iyo qorshahooda qayb ka ah. Taasi waxay cashar nololeed u noqotay Joe oo ilaa iyo maanta aan illaawin islaantii dhulka fiiqi jirtay magaceeda.

Markii jirdhiska la joogo keli ah ma aha in aad ka fikirto qaabkii aad u jimicsan lahayd (workout) ee waxaa sidoo kale muhiim ah in aad qorshe u samaysato, qaabkii aad wax u cuni lahayd (diet). Macnaha, waa in aad cunto caafimaad leh sii diyaarsataa, haddii aad doonaysid in aad ka badbaaddid cuntooyinka boobsiiska ah (junk food).

LESS IS MORE

Wax badan waad maqashay sow ma aha "wax yar ayaa ah wax badan" (less is more), xikmaddani xaqiiqo ma noqonayso markii ay xaajadu joogto caado la rabo in lagu celceliyo (repetitive habit), laakiin nolosha guud ahaan waa sax, barakadu ku ma jirto israafka. Jidka ugu fiican ee lagu gaaro hadafkaagu waa adiga oo ku celceliya ilaa inta aad ka guulaysanayso. Joe waxaa loo diiday kulliyada saddex mar oo isku xigta, sababtuna tahay xasil-darrida xun ee uu qabi jiray yaraantiisii (Attention Deficit Disorder), balse markii afaraad waa la aqbalay.

Maskaxda aadanuhu ma aha mid u qaabaysan cadaadis xooggan in hal mar jug lagu siiyo oo ay xammisho laakiin waa mid mashaqo kasta ka dhex bixi karta, haddii qurub-qurub loogu quudiyo. Tusaale; intii aad ka fikiri lahayd 24 mayl ma ordi karo oo waa dheertahay waxaad ka fikirtaa masaafada baallaha teleefanka ku xiga (next telephone pole) inta uu kuu jiro. Maskaxdu waa sida hunguriga oo kale oo wax aysan xammili karin haddii aad ku xaabisid waa ay dillaacaysaa. Ma ogi haddii aad aamminsantahay caqliyaddii gabdhihii reer Galinsoor ee yiri "caku jug aan kuusha goyn!"

Bulshadu waxay na bartay farxaddu in ay ku xirantahay waxa bannaankeenna yaalla (external factors) iyo in aysan waxba nagu filnayn (never have enough), balse farxadda dhabta ahi waa ku qanacsanaanta waxa aad haysatid, waana sababta uu u yiri mufikirkii weynaa, Epictetus, "waxay farxadi u sugnaatay kan rabitaankiisu yaryahay."

Daacadnimadu waa cutubka ugu horreeya dhiganaha xikmadda.

49
HEALTHY vs FITNESS

"Being helthy and fit isn't a fad or a trend. It is a lifestyle."

- Unknown

Philip Maffetone (practitioner) wuxuu leeyahay; casrigaan aynu ku noolnahay labadaan erey waxay noqdeen kuwo qoorta la is ku suray oo la is ku sidkay sida hal iyo nirig. Badankeennu ma nihin kuwo si saxa u sharrixi kara farqiga u dhaxeeya macne ahaan. HEALTHY waa bedqabka jir ahaaneed, sida murqaha, neerfaha, lafaha, kelyaha, beerka, iyo wadnaha. Xubnahaasuna in ay caafimaad joogta ah helaan ma aha wax dabiici ah ee waa in aynu ahaanno kuwo ka shaqeeya taabbagelintooda. FITNESS waa jir dhisan. Qof kastana si ayuu jirka u dhistaa; qaar baa banooniga bursada, kuwo ayaa orda, halka qaar kale bir-laqe (gymist) yihiin.

Ogowse in aad jir dhisantahay macnaheedu ma aha in aad caafimaad qabto, in aad caafimaad qabtana ma aha inaad jir dhisantahay, laakiin midda la hubo ayaa ah hadba inta aan ku dadaalno ka taxadaridda jirkeenna ayuu caafimaadkeenna ku xirnaanayaa una adkaysan doonaa (withsatand) saamaynta kala duwan ee duqnimadu keento.

Hay'adda caafimaadka adduunka (WHO) ayaa ku macnaysay caafimaadku in uu yahay isku darka jir iyo xis bedqaba, qofkuna ku gaari karo shaxshaxnimo dhammaystiran (complete wellbeing). Waagii hore waxaa la aamminsanaa qofka caafimaadka qaba in uu yahay qofka jirkiisu dhisanyahay (physically fit), laakiin hadda waxaa la rumaysanyahay in qofka caafimaadka qabaa uu yahay kan jir ahaan iyo xis ahaan u dhisan, haddii labadooda la is ku waayana ,xiska dhisan (mental fit) in uu ka muhiimsanyahay jirka dhisan.

Adigu kee baa ku dadaashaa labadaan in aad dhisto?

FITNESS SHOULD BE FUN

In aad sariirta ka soo booddid 06.06 aroornimo gambaleelka saacadda oo aan dhawaaqin, baskana aad qabsatid 06.36, si aad uga gaartid fasalka jimicsiga wadnaha (cardio class) ee bilaabanaya 07.07, ma aha arrin u sahlan in uu sameeyo ruux kasta oo ina ka mid ah, waana taas midda keenaysa in aan jir-dhiska (fitness) u aragno hawl (chore), intii aan u arki lahayn wax xiiso leh (fun).

Leah Lagos (psychologist) waxay leedahay; dadka ku raaxaysta (enjoy) jimicsigu way ka xis faa'iido badanyihiin (mental benefits), wayna ka cadaadis (stress) iyo qulub (depression) yaryihiin, kuwa aan ku raaxaysan jimicsiga. Su'aashu waxay tahay: sideen ugu raaxaysan karnaa jimicsiga?

1- Dont compare yourself to others: is-barbar-dhigga iyo isku dhererintu waa kaabbelaadarka ugu weyn ee dila farxaddeena (thief of joy). Waxaynu dadka isla sinnaa markii aynu joogno shaqada, suuqa iyo xataa goobaha jimicsiga. Qofka keli ah ee la rabo in aad ka fiicnaatid waa qofkii aad adigu ahayd shalay. Inta kale iska illow (forget the rest).

2- Work out with friends: Taylor Gainor (trainer) waxay leedahay; in kasta oo dadka qaarkii jecelyihiin in ay keligood jimicsadaan (solo), haddana waxaa baaritaankii lagu sameeyay Oxford University rowers lagu xaqiijiyay, jimicsigu in uu ka xaraarad badanyahay markii wadar loo samaynayo.

3- Work our your personality: Sababta uu dad badan ugu adagyahay jir-dhisku waa in aysan aqoon moodada shaqsiyaddooda jimicsi (personal exercise style). Ma waxaad jeceshahay in aad subixii mise habeenkii aalamiintayso? Gudaha mise bannaanka? Shaqada ka hor mise ka dib? Su'aalahaan oo aad jawaabahooda hesho waxay ku jeclaysiinayaan jimicsiga.

THERE IS NO MAGIC PILL

Waa arrin argaggax leh (horrified) sida dadku aysan uga fikirin caafimaadkooda oo markii ay duqoobaan oo ay isku dhex yaacaan (dysfunctional), una rabaan kaniiniga mucjisda ah ee cudur kasta daweeya! Iska ilaali caqliyadda makiinadda raashinka kululaysa oo kale ah (microwave mindset). Waligaa ma aragtay ganacsade, hoggaamiye, cayaartoy, mu'allif ka hadlaya ama dadka ku boorrinaaya in ay jirto waddo-gaaban (shortcuts)? Arki maysid, waayo wey ogyihiin in aysan jirin waddadaas.

Habeenkii uu LeBron James (basketball player) u saftay kooxdiisa finaalkii 8-aad ee isku xigay, wuxuu xirnaa koofiyad ay ku qorantahay "Ma jiro kaniini mucjiso ah" (There is no magic pill). Qoraalkaas farriimo badan ayuu dirayay. Waxaa laga yaabaa in uu ka waday 15-kii sano uu xaaraanta ku haystay kubadda kolayga (15 years of dominance). Waxaa laga yaabaa in uu ka waday cimri-dheeridiisa (longevity), ama waxaa laga yaabaa in ay ahayd uun farriin uu rabay dadka maskaxdooda in uu ku mashquuliyo. Wuxuu ka wadayba, farriintaas adduunka wuu ka gaday.

Haddii aad aamminto in uu jiro kaniiniga mucjisada ah, waxaad waqtigaaga iyo dadaalkaaga gelinaysaa sidii aad u heli lahayd waddo toobiye ah oo aan karakayshin lahayn. Balse haddii aad naftaada aamminto oo aad bixiso qiimaha waxa aad doonayso joogaan, haddii ay yihiin wax lagu daadsanyahay (popular) ama wax adduunka ku cusub oo aad adigu allifayso, natiijadu waxay noqon doontaa mid la mahdiyo.

Caafimaadku waa marada keli ah ay jeclaan lahaayeen in ay xirtaan kuwa xanuunsan.

50
MOVE YOUR DNA

"Our body was designed to live in gravity as a perpetual motion machine."

- Joan Vernikos

Rabcan buuqa ku furan baraadkeenna (consciousness), cuntada aynu cunayno, qaabka aynu u fariisanno ama u shaqaynno, kulli waxaa shuqul ku leh hiddo-sidaheenna (DNA). Haddaba, Katty Bowman (Biomechanist) waxay leedahay, xubin kasta oo jirkeenna ka mid ah waxay u baahantahay ama ku shaqeysaa in ay hesho dhaqdhaqaaq joogto ah (daily movement), sida ay nooga marqaati kacayaan shaqada ay qabtaan murqaha (muscles) iyo lafuhu (bones). Waxaynu sheegnay laba ka mid ah 11-ka nidaam (the eleven systems) ee qaab-dhismeedka jirka (body anatomy). Ma waxaad is-leedahay 9-ka qaybood ee soo haray u ma baahna ama loogu ma talo-gelin dhaqdhaqaaq?

Haddii aad raashin caafimaad leh cunto, 8 saac seexato, 3 liiter oo biyo ah cabto, jirkaagu marnaba ka ma maarmo in uu sameeyo dhaqdhaqaaq dabiici ah (natural movement). Haddii aadan hidde-sidahaaga dhaqaajin, unugyada jirkaagu si qumman u ma shaqayn doonaan. Teeda kale, waa su'aalihii silloonaaye, meeqa unug ayaan leennahay?

Bowman waxay kale oo na weydiinaysaa, miyaad garanaysaa sababta ay la qalloocdaan garbaha (dorsal fin) hoombarooyinka (killer whale) lagu koriyo barkadaha? Waxay ku jawaabaysa; barkaddu ma aha badweyntii iyo mowjadihii hirarkoodu dhaadheeraayeen oo loogu talo-galay in ay dhex-muquurtaan. Haddii aadanuhuna samaynin dhaqdhaqaaqii loo abuuray waxba ma dhaami doonaan xoolo lagu xareeyay xerooyinka loo daawashada tago (zoo).

MOVEMENT vs EXERCISE

Sidee u isticmaashay 24-tii saac ee la soo dhaafay? Meeqa saac ayaad jiifatay? Meeqa saac ayaad fadhisay? Ha illoobin inta saac ee aad kursiga baabuurka, shaqada, guriga iyo miiska cuntada fadhisay? Markii aad xisaabtaada dhammaysato, bal si naf-hummaag leh (self-reflect) uga fikir inta aad dhaqdhaqaaq ku talo-gal ah samaysay?

Rubuc-qarnigii la soo dhaafay, Maraykanku wuxuu adduunka ugu sheekeeyay 30-daqiiqo oo jimicsi ah in uu qofku ugu filantahay caafimaad. Waxaase dhawaan soo ifbaxday weydiin calaamad-su'aal dul saartay fikraddaas u baas-baxday caafimaadka dad badan oo ilmo-aadan ka mid ah. Weydiintu waxay leedahay; 30-daqiiqo oo jimicsi ah sidee u gudi kartaa 8-saac oo dhaq-dhaqaaq la'aan ah? Macnaha, 8-saac ee aynu kursiga shaqada fadhinno? Intii aadan weydiintaan warcelinteeda isku mashquulin, miyay kuu kala baxsantahay horta waxay ku kala duwanyihiin jimicsi iyo dhaqdhaqaaq?

Movement. Waa dhaqdhaqaaqa ay sameeyaan lafaha iyo murqaha, kaas oo u baahan tamar keli ah. Si kale haddii aan u dhahno, waa nuuxnuuxsi kasta oo uu jirku sameeyo.

Exercise: Waa dhaqdhaqaaq la qaabeeyay, la qorsheeyay, oo loo qabto qaab gooni ah. Wuxuu ka koobanyahay shantaan qaybood oo kala ah.

1- Wadne-dhis (cardio fitness).
2- Awood muruq-dhis (muscular strength fitness).
3- Muruq adkaysi-dhis (muscular endurance fitness).
4- La-qabsiga jir-dhiska (flexibility fitness).
5- Isku-jirka jirka (body composition)

Hay'adda caafimaad ee WHO waxay leedahay, waxylaaha sababa dhimashada waxaa booska afaraad ka galay dhaqdhaqaaq la'aanta!

THE FOREST BATHING

Qubeys-duurku (forest bathing) ama (Shinrin-Yoku) waa hindise caafimaad (therapy) ay ku soo biiriyeen Jabbaanku adduun-weynaha 1980-kii. Waxay leeyihiin, 15-daqiiqo oo uu qofku ku minjo-baxsado duurka waxay hoos u dhigtaa cadaadiska (stress), cabsida (anxiety), carada (anger), qulubka (depression), hurdo la'aanta (sleeplessness), iyo dhiig-karka (blood pressure).

Hadda waxaa ka jira Jabbaan 44 xarun-duureed, waxayna rabaan in ay wakiillo ku yeeshaan adduunka oo idil. Haddii aad u malaynayso sheekadaan in ay wax uun ka jiraan, maxaa kuu diidaya in aad ka war-doonto? Haddii aad go' aansatana sidaan ayaad samayn kartaa:

1. Ha soo qaadan teleefoon, kaamiro, iyo wax allaale iyo wixii ku mashquulin kara, si aad u ahaatid qof xaadir ah (presence), inta aad qubeys-duureedka ku guda jirto.
2. Iska illow riyooyinka, himmilooyinka iyo filoshooyinkaaga. Fikirkaaga ha dabrin oo u oggolow in ay kula koraan mus iyo jabad kasta.
3. U fiirso tallaabada meesha aad dhigayso, caleenta iyo ciidda aad ku istaagayso iyo hareerahaaga waxa ka dhacaya.
4. Raadso meel raaxo leh oo badhida uroon. Dhagayso jabaqda raha iyo codadka kala duwan ee shimbiruhu samaynayaan. Ufiirso ficillada kala duwan ee ay ku dhaqaaqayaan xayawaanku marka ay muuqaaga arkaan.
5. Haddii aad ku talo-gashid in aad asxaabta is-raacdaan, ku ballama in aan la wada hadlin oo qofba iskiis uu iskugu dhex-safro ilaa inta aad guryaha ku soo noqonaysaan!

Hidde-waduhu waa dulucda sheekada, halka hidde-siduhu yahay luuqadda sheekada.

51
SITTING KILLS

"The only way out of our poor physical state is to return the behaviors of our ancestors."

- Katy Bowman

Joan Vernikos (pharmacologist) waxay mar maamule ka noqotay qayb ka mid ah cilmi-baarista (NASA), si wax looga ogaado caafimaadka iyo wacnaanta-guud (well-being) ee cir-bixiyeennada (astronauts). Waxay leedahay; Xumaanshaha ku yimaada muuqaalka cir-bixiyaha (the physical deterioration) waa mid la mid ah markii aynu joogno dhulka, haddii aynu nahay kuwa noloshooda caadaystay fadhiga. Bal ila fiiri warbixintaan kooban ee naxdintiisa wata.

1. Caadiyan, 10-kii sano waxaa hoos u dhaca 10% awooddeena hawo-qaadasho (aerobic capacity) markii aynnu dhulka joogno. Cirbixiyuhu wuxuu lumiyaa 25% 7-dii maalmoodba.

2. Macdanta lafaha cirbixiyaha (bone density) waxay hoos u dhacaan 5% bishii, halka kuwa dhulka joogaa 1% ay sanadkii lumiyaan. 3- Mugga unugyada cad-cad ee cirbixiyaha (plasma volume) ayaa 20% hoos u dhaca 90-kii maalmoodba, halka kuwa dhulka jooga uu 0.5 10-kii sano dhaco.

Bani-aadamka waxaa loo abuuray taagni (upright). Nidaamka wadnuhu wuxuu si qumman ugu shaqeeyaa qaabkaas. Xataa calooshu waxay si fiican wax u shiidaa markii uu qofku taaganyahay. Waa sababta keentay bukaan-jiifta (bedridden) in ay calooshu xanuunto. Haddaba, qiyaas oo maxaa dhici kara marka aynnaan sidii cir-bixiyeennada wax dhaqdhaqaaq ah samaynin annaga oo dhulka joogna?

Waxaa hubaal ah in uu nagu dhacayo cimri-degdeg, ama waxa loogu yeero (Gravity deprivation syndrome).

MOVING HEALS

Marka ay timaaddo caafimaadkeenna guud (overall health), ma nihin kuwo qaadi kara tallaabooyinkii na loo ku talo-galay ee joogtada ah. Nasiib-wanaag, waxaa jira waddooyin badan oo aynu ku yarayn karno fadhiga (sit less), kuna badin karo dhaqdhaqaaqa (move more) maalin kasta. Waana kuwaan qaar ka mid ah waddooyinkaas.

1. Use your phone to add activity at work: Haddii aad tahay mid miis ku shaqeeya ama markii uu guriga yimaado fadhiga isku tuura, naftaada waxaad ku carbisaa istaagga in ay badsato, waa haddii aad rabtid cimri-dheer. Waddada ugu sahlan waa adiga oo telefoonka saacadda ku buuxsada gambaleel ku xasuusiya 45-daqiiqaba inaad mar kacdid.

2. Take the stairs up or down: Ka faa'iidayso jaranjarada mar kasta oo aad jaanis ku hesho, intii aad qaadan lahayd wiishka. Xataa haddii dabaqa aad deggantahay ama aad ka shaqayso uu ka mid yahay kuwa sare, isku day in aad saddex-duleel jaranjarada isticmaashid.

3. Make chores more fun by dancing: Markaynu qabanayno shaqada guriga, sida xaaqidda, nadiifinta, alaab-dhaqidda, dhar-dhaqidda iyo dhar-feereyntaba waa waqtiga ugu fiican ee jirkeenna kala bixin karno, waliba haddii aan ku larno muusikada aan jecelnahay.

4. Katty Bowman waxay leedahay, waxaa jirta 3 qaybood oo aad ku samayn kartid dhaqdhaqaaqyo kala duwan.

5. Micro movements; lugaha oo aad kala bixiso ama adiga oo istaaga.

6. Mini movements; adiga oo kala bixiya murqaha.

7. Macro movements; adiga oo dhidida.

Muhiimaddu waa in aynu kala bixinno murqaha iyo lafaha markii aynu joogno shaqada ama guriga.

MINDFULNSS EXERCISE

Dr Ellen Langer (psychologist) oo loo aqoon ogyahay hooyada xaadirnimada (mother of mindfulness) ayaa jaamacadda Harvard iyo majaladda The New York Times ku shaacisay qisada 44-kii dumarka ahaa ee hoteelka ka shaqaynayay (hotel chambermaids) 2009-kii. Qisadani waxay ka sheekaynaysaa sida dumarkaasi dhiig-karkoodii u degay, miisaankoodii u dhacay, dhexdoodiina u yaraatay (waist to hip), keli ah markii loo sheegay shaqada ay qabanayaan in ay tahay jimicsi cajiib ah (wonderdul exercise).

Langer waxay waraysatay 88 shaqaalahii ka mid ah sida uu yahay xaalkooda jimicsi, 7-mar oo kala duwan. Saddex-duleel oo meel (one-third) waxay dhaheen in aysan jimicsan bataatanba, halka saddex-duleel oo labo (two-thirds) ay yiraahdeen in aysan si xiriir ah (regularly) u jimicsan. Kala-bar waxaa loo sheegay run aysan ku baraarugsanayn oo lagu yri; haddii aad 15-qol nadiifisaan, xaaqdaan, tir-tirtaan, sariirahana gogoshaan, way ka badantahay 30-kii daqiiqo ee loogu talo galay qofku in uu jimicsado maalintii (half-hour daily of physical activity).

Bil ka bacdi markii dumarkii dib loo baaray (checked) waxaa la arkay natiijo caafimaad oo aan caadi ahayn (remarkable results). Sidaas oo ay tahayna wax iska beddelay ma laha dhaqankii iyo caadadii ay lahaayeen midna! Keli ah waxaa is-beddelay hab-fikirkoodii (mindset) oo hadda markay shaqaynayaan waxay niyaysanyihiin in ay jimicisanayaan!

Xataa haddii aad ku socotid waddo sax ah, waxaad noqon mid la dardaro haddii aad waddada iska dhex fariisatid.

52
THE FOOT ANATOMY

"Most shoes pose a great potential danger to the feet, much more than does the ground itself."

- Philip Maffetone

Philip Maffetone (kinesologist) wuxuu na weydiinayaa, ma doonaysaa in aad hesho caafimaad aasaas xooggan leh oo ka maran jilbo-xanuun (pain-free knees), sina-xanuun (pain-free hips) iyo dhabar-xanuun (pain-free spine)? Hagaaji cagahaaga (fix your feet). Bal inta aynnaan hagaajiska gelin aynu ka wada hadalno muhiimadda ay inoo leeyihiin addimadu iyo qaabka ay u samaysanyihiin.

Ugu horreyn, ma ogtahay in aynu leennahay 206 lafood. Cag kastana 26 lafood. Haddii labada cagood la is ku darana 52 lafood. Boqolleey markii loo xisaabiyana 25% lafaha jirkennu in ay ku jiraan labadeenna cagood? Cag kasta ay leedahay 33 kala-goys (joints) oo laba-lafood oo isku imaanaya leh. 100 seedood (ligaments) iyo 30 muruq (muscles) oo isku xiraya lafaha. Markii laga soo tago dhabarkana, cagaheennu in ay yihiin meesha ugu neerfaha badan jirka waaxyadiisa kale. Mase ogtahay cagtiiba in ay xammisho 120,000 pound oo cadaadis ah, halkii maayl ee aynu soconnaba?

Cagaha bani-aadamku ma aha xubno si fudud loo fahmi karo qaab-dhismeedkooda, balse waxa qurxiyay ama sahlay fahamkooda waa sida uu Alle u qaabeeyay iyo aqoonta cilmiga-jirka. Teeda kale, cagaheennu waa qaybta ugu mucjisaysan jirkeenna, waayo waxay isku xiraan awoodeenna (power), xawaaraheenna (speed), iyo isu dheeli-tirkeenna (balance). Haddaba, sideen u hagaajinna karnaa cagaheenna?

THE FOOTWEAR

Maxaa keena ayaad is-leedahay caga-xanuunka, cirba-xanuunka ama socodkeennu in uu noqdo mid qaab-daran? Philip Wuxuu aamminsanyahay; kulli fidno cinda geel in ay yihiin kabaha aynu xiranno. Lugaha waxaa loogu talo galay socodka, orodka, bootinta iyo dhaqdhaqaaqyada kale ee jirkeennu sameeyaba. 98% kabuhu waxay carqaladeeyaan socodkeenna, markii laga reebo jambalka iyo kooyaha aan ciribta lahayn (moccasins).

Taas waxaa noo caddeynaysa dadkii waagii hore waxay socon jireen kabo la'aan. Teeda kale, ma ogtahay kabuhu in ay dhaawacyo halis ha u gaystaan cagaheenna in ka kabadn intuu u gaysan karo dhulku haddaan cago-caddaan soconno? Waxa ugu horreeya ee qofka ka lumiya ama ka beddela socodka waa kabaha nooca isboortiska ah (sports shoes). Kabahani inta badan waa kuwo lagu jimcsado ama lagu ordo, waxayna dhaliyaan cirbo-garaac (heel strike) ama jilbo-garaac (knee strike), gaar ahaan markii aynu ruclaynayno (jogging) ama bootimaalaysanayno (jumping).

Alle ayaa mahad iska leh, kacaankii warshada (industrial revolution) sida uu nolosheena u fudeeyay waxyaalo badanna u qarribay. Bal u fiirso taariikhda; hal milyan oo sano ka hor waxaynu socon jirnay cago-caddaan. Waxaa saandal inoo bilaabay sinjigii Asyrians oo degnaa bariga-dhexe (Midde East). Waxaa ku xigsaday Masaaridii (Egyptians) oo iyaguna saandal ka samaystay geed-timireed. Waxaa ugu dambeeyay kuwii saxaraha deggenaa ee cimilada kulaylka darteed kooyaha ka samaystay maqaarka ugaarta (deer-skin).

Su'aal: Adigu kabo noocee ah ayaad xirataa?

THE BAREFOOT

Waligaa ma is weydiisay sababta cagahaagu u dareemayaan raaxo, markii aad cago-caddaan ku dul socoto cowska, ciid-bacaadka ama xaanida-xeebta? Taasi waa fududahay, waayo waxaad la daristay dabeecadii (nature). Waana ayadii la yiri hadba inta aad u dhawaato dabeecadda ayay ku xirantahay farxaddaada iyo caafimaadkaaguba.

Nolosheenna casriga ah ayaa kala kaxaysay bani-aadamkii iyo bay'addii loogu talo galay in ay ku nooladaan. Waayo waxynu ku jiifannaa sariiro, waxaynu xirannaa kabo, waxaynu ku soconnaa gawaari. Maantana waxaa jira baaritaanno saynis ah (scientific studies) oo caddaynaya kala-fogaanshahaas in uu dhaliyay isku-dhexyaaca jirka (physiological dysfunction) iyo kan cudurrada dhimirka (psychological disorders).

Faaiidooyinka caga-caddaantu wey badanyihiin waxaana ka mid ah kuwaan soo socda:

1. Reduces blood pressure; talooyinka daaweyn-duureedka (naturopathy) waxaa ka mid ah dadka qaba dhiig-karku in ay 15-daqiiqo ku dul-socdaan cows-cagaaran.
2. Boosts immunity and gut health; waxaa sare u qaadma difaaca jirka iyo kan dheef-shiidba.
3. Reduces inflammation and stomach pain; waxaa hoos u dhaca xasaasiyaha iyo calool-xanuunka oo qarnigii 21-aad faro ba'an ku haya aadanaha. Waxaa jira quraafaad badan oo ku aaddan haddii uu qofku socdo caga-caddaan waxaa gala qabow ama waxaa ku dhaca caabuq (infection). Taasi waxay ku xirantahay qof kasta iyo difaaciisa jirku sida uu yahay.

Raaxada caga-caddaantu leedahay waxaa ka sheekeyn kara keli ah dumarka xirta kabaha la yiraahdo waa qooqaye i qaada.

53
THE FOUNDATION TRAINING

*"To get the process going, start small,
stay basic and do it every day."*

- Eric Goodman

Kulligeen waan ognahay in jimicsi joogta ah iyo cunista raashin saxan asal iyo farac u yihiin caafimaadkeenna. Waxaynu kale oo ognahay in aynu badankeennu ugu yaraan 8 saac ku shaqaynno fadhi. Waxaa markaas soo ifbaxay tababarro iyo dhiirri-gelin ku aaddan in aynnu xoog u jimicsanno (high-intensity trainig) si aynu u soo gudno intaynnu fadhinay. Caqliyaddaas ma kula saxantahay? Fadhiga badan iyo jimicsiga adag labaduba waxay sababaan dhibaatooyin la xiriira dhabarka (spine). Haddaba, xalku muxuu yahay?

Dr. Eric Goodman (chiropractor) waa hal-abuuraha aasaasay wuxuu adduunweynuhu u aqoonsaday tababbarka aasaasiga ah (the foundation training). Waa tababbar isugu jira kala bixinta lafaha, murqaha iyo kala-goysyada, ayada oo la isticmaalayo dhaqdhaqaayo kala duwan iyo culayska jirka keli ah. Dhaqdhaqaaqyadaas waxay u badanyihiin dhabarka, jilbaha, xabadka iyo gacmaha. Waxaa ka mid ah faa'iidooyinka tababbarkaas; horumarinta shaqada dhabarka hoose, xanuun-yari dhabarka iyo qoorta ah iyo sidoo kale ka hortagga madax-xanuunka, murqo-xanuunka iyo kala-goys-xanuunka. Tababbarkaan waxaad ku baranaysa awoodda murqaha iyo lafuhu u leeyihiin jirka iyo sida loo isticmaalo.

Muraadka laga leeyahay tababbarka aasaasiga ah ayaa wuxuu yahay in uu xanuunka suuliyo (relief pain), jirka quweeyo (strengthens body), iyo in uu siyaadiyo (enhance) caafimadka lafdhabarta (spine) iyo kala-goysyada (joints) lafaha.

THE GOOD POSTURE

Qaab istaagga wanaagsan (good posture) wuu ka guda-ballaaranyahay qofku in uu si toosan u istaago, si jooggiisu jamaal u yeesho, balse waa aragti muqaddis noqonaysa haddii caafimaad-dheeri ah la doonayo. Ku dadaal in aad jirkaaga u qaabayso qaab saxan, haddii aad dhaqaaqayso (moving) iyo haddii aad fadhidaba (still), waayo waxay ka hor-tagi karaan xanuunnada, dhaawacyada iyo dhibaatooyin kale ee caafimaad. Waa maxay qaab-istaaggu, meeqa noocse ayuuse u kala baxaa?

POSTURE waa habka qofku u qaado ama uu u sido jirkiisa, wuxuuna u kala baxaa 2 nooc:

Dynamic posture; waa qaabka qofku u dhaqaaqo markii uu socdo, ordayo iyo markii uu foorarsanayo.

Static posture; waa habka qofku ku suganyahay dhaqdhaqaaq la'aan, sida markii uu qofku fadhiyo, istaagsanyahay ama markii uu hurdo. Qofkii doonaya isa-sidid wanaagsan waxaa gun-dhig u ah in aad sinto saddexda-laleexo (three curves) uu dhabarkaagu ka kooban yahay; qaybta- sare (at your neck), qaybta-dhexe (mid-back) iyo qaybta-hoose (low-back), adiga oo madaxaaga ka kor-marinaya garbahaaga (shoulders), garbaahagana ka sare-marinaya sinahaaga (hips). Sideese ku hor-marin karnaa guud ahaan qaabka uu qofku isku-sito?

Be mindful of your posture; ahow mid ka warqaba dhaqdhaqaaqyadiisa, sida markii uu telefishinka daawanayo, saxammada dhaqayo ama foorarsanayo. Sidoo kale, waxaad badsataa jimicsiga qilwada (meditation), isku-xirka jirka iyo xiska (yoga) iyo jimicsiga Jayniiskii noociisa la yiraahdo (Tai Chi).

THE CONSISTENCY POWER

Haddii aynu dhahno noloshu waa ciyaar (game), ma waxaynu u ciyaaraynaa si joogto ah (consistency), mise si xoog ah (intensity)? Mase ogtahay joogtayntu in ay tahay arrin qoto dheer oo badankeennu yaraysanno? Joogtayntu waa sifo kaa caawin karta in aad ka gudubtid fikradaha caqliga aadanaha lagu harowsaday, sida wuxuu leeyahay hibo dabiici ah (natural talent), kuuna oggolaanaysa in aad diiradda saarto shaqada (process) intii aad ka fikiri lahayd abaal-marinta (prize). Haddaba, maxay tahay sababta joogtayntu u leedahay awoodda aan caadiga ahayn?

Consistency creates momentum; awoodda quwad-noqodka (momentum) waa fikradda ku dhisan dhaqdhaqaaqa ayaa barako leh (Al xarakah fii barakah). Muhiim ma aha dhaqdhaqaaqaas wanaaggiisa iyo xumaantiisu. Haddii aad dareemaysid qiiro-Jabbaan ama niyad-jab. Muhiimaddu waa joogtaynta caadaysiga soo-ban-dhigidda (showing up) iyo isku-dayga.

Consistency increases willpower; joogtayntu waxay saa'idisaa itaalka awoodda waxqabad (will-power), haddii aad tahay mid quraacanaya, jimicsanaya ama wax qorayaba. In aad lahaato caadooyin iyo dhaqammo aan is-beddeleyn waa tiir-dhexaadka (keystone) yareeya daalka go' aan-qaadashada (decision fatigue), badiyaana itaalka awood-waxqabad.

Consistency turn habits into identity; furaha abuurashada caado-joogtayntu waa adiga oo abuurta horta aqoonsi-cusub, waayo caadooyinka hadda waxay muraayad u yihiin qofka aad tahay, ogaansho iyo ogaansho la'aanba. Haddii aad rabtid in aad beddesho dhaqankaaga, waa in aad bilowdaa caadooyin ku dhisan aqoonsi-cusub (new identity).

Haddii aad ku adkaysato waad heli, haddii aad joogtaysana waad heysan.

54
FIND EXTRA GEAR

"Those who truly evolve are the ones who leap off of lifes cliffs."

- Joe Manganiello

Waqtiyada iyo xaaladaha qaar markii aad tahay tartame, wey adag tahay in aad hesho marsho kale (another gear). Macnaha awood dheeri ah, waayo jirkaagu waa daalan yahay, maskaxduna waxay ku leedahay bes naga dheh, tabarta aad iga raadinayso iguma jirtee. Marka sidee lagu heli karaa marshadaas dheeriga ah? Waa in aad murqahaaga u tababartaa sidii ay u neefsan lahaayeen markii ay dareemaan kuleyl, maskaxduna ay u noqon laheyd qaboojiye.

Physically; jirkaaga waad ku carbin kartaa in uu la soo baxo awood saaid ah markii murquhu noqdaan ku neeftu ku dhagto. Waxaad heerkaas ku gaari kartaa adiga oo maalin kasta ku dadaala in aad xammilkaaga jir ahaaneed dhaafsiisid halkii uu shalay joogay. Waxaad kale oo samayn kartaa in aad la tababaratid, dad adiga kaa laacibsan oo kaa khibrad badan, si ay kuugu abuuraan hammi iyo yididiilo. Mentally; inkasta oo jirku yahay mid si sahlan loo tababari karo ama natiijadiisu muuqan karto, oo uu qof kasta intuu cuno uu ciidamin karo, haddana haddii aysan maskaxdu la shaqaynayn, maxsuul la is ku hallayn karo ma aha mid soo hoyn kara had iyo jeer. Marka waxaa qasab noqonaysa farriimaha ay dirayso maskaxdu in ay noqdaan kuwo bishaaro iyo bil kheyr u wada jirka.

Waa caadi markii aynu nahay bilow (beginners) in aynu heli karin marshadaas dheeriga ah, balse haddii aynu wadno carbiskaas, waxaan helaynaa marshooyin kale oo ay ka mid yihiin; Xawaare (speed), iyo xeelad (tactics), kuwaas oo naga dhigi doona quboro (experts).

GO ALL IN

Markii ay joogto nolosha iyo turubka noociisa loo yaqaan (poker) in aadan waxba reeban (all in) waa awood ku dhisan saameyn cilmi-nafsi ah (psychological effect). Markii aad ciyaarta labada-lugood kula jirto, oo lugna bannaanka kuu oollin lugna gudaha, waxaad tahay mid sida loo qamaaro garanaya. Waxaadna aamminsan tahay fikradda ah; Haddii aad guulaysato waad guulaysatay, haddii aad qasaartana waad qasaartay, adiga oo naftaada iyo cid kale eedda u tiirinaynin. Tallaabadaas in aad qaadana waxay ku imaan kartaa laba arrin midkood; In aad tahay mid kalsoonidiisu sarreyso ama haysan doorasho kale. Waa tabtaas oo kale noloshuna. Haddii aad diirad-saaryadaada oo dhan dul-dhigto hal-mashruuc (project), waxaad tahay mid kelyo-adag ama haysan waddo kale. Muhiimna ma aha shilinku in uu xarash noqdo ama madax noqdo, waayo nolosha dhan ayaaba qamaar ah (life is a risk). Waxba ha ka cabanin turubka kuu baxay nuuca uu yahay ee noqo mid xalaal-calaykta nolosha yaqaanna oo lixlaha ku dili kara yeekaha.

Waxaa u dhaxeeya farqi weyn dadka halka dambiil ukumahooda ku rita iyo kuwa ay cuuryaamisay cabsidu ee laba faras-fuulka ah. Dadka aan lahayn sifada laba-labaynta waxay leeyihiin caqliyad aan la ruxi karin (unshakeable mindset), waxayna isticmaalaan xeelad kasta ay ku rumeyn karaan riyooyinkooda. Waxay ka qaadaan cabsida iyo fashilka dhiirranaan-xooggan. Arrintaana waxay ku riixdaa in ay yeeshaan awood ay ku dhaafaan hadba xaaladda ay ku jiraan markaas.

Su'aal; Adigu ma waxaad tahay laba faras-fuule mise mid hal-danbiil ukumihiisa ku sita?

ANYTHING IS POSSIBLE

Dhaqaatiirta ku takhasustay cilmiga baxaalliga jirka aadnaha (biology) ayaa waxay sheegeen in ay macquul ahayn aadanuhu in ay ku ordaan 4 daqiiqo maaylkii (4 minute mile). ma aha in ay jirka qatar galinayso, laakiin suurto-gal ma noqon karto ayay yiraahdeen (impossible).

1940-kii diiwaanka maaylkii wuxuu ahaa 4:01 muddo 9-sano ah, halkaas oo orodyahannadii rumaysteen in dhaqaatiirtu hadalkoodu run ahaa. Waxaana la is ka dhaadhacsiiyay tabarta iyo itaalka jirka aadanahuhu in uu halkaas ku egyahay oo uusan dhaafi karin. 1954-tii, Roger Bannister oo u dhashay dalka ingiriiska ah ayaa jabiyay diiwaankii yaallay oo orday 3:59.4 iyo beentii hirgashay ee cuuryaamisay orodyahanno badan. Sannadkii xigay waxaa sidoo kale jabisay diiwaankii yaallay 24-qof oo uu ku jiro arday 17-jir ah. Maxaa is-beddelay ayay kula tahay? Jiilka cusub waxay ugu yeeraan xeerka isi-soojiidashada (law of attraction), halka dhaqaatiirta mucaasiriintuna u yaqaaniin (Reticular Activating System). Waa qaybta maskaxdeenna masuulka ka ah soojeedka (wakefulness), awoodda diirad-saaryadeenna (ability to focus) iyo fal-celinteenna ku aaddan dagaal ama duul (fight or flight).

Maskaxda filinkii loo shido ayay daawataa, dhaguhuna cajalkii loo shidana way dhagaysataan, waayo maskaxdu ma kala saari karto mala-awaalka (imagination) iyo xaqiiqda (reality). Bannister u ma shidneyn filin cabsi-cabsiya oo in uu guul-darraysto ah. Mana ahayn mid aamminay wacdigii iyo waanadii culimada caafimaadku ku cel-celinayeen wax badan.

Macquul ma aha waxaa miciin bida uun kuwa aan xal kale heli karin.

55
THE BIG PICTURE

*"Write your plan down, but write it in pencil.
Erasers are your friends in the road to success."*

- Tony Horton

Tony Horton (trainer), wuxuu leeyahay; Qorshahaaga nololeed qor, oo waxaad ku qortaa weliba qalin-rasaas (pencil), waayo tir-tirayaashu (erasers) waa saaxiibada kugu wehlin doona waddada guusha. Haddii aad doonayso in aad ku noolaato nolol-ballaaran (living-large) oo ku dhisan qaab-nololeed (lifestyle) adiga gooni kuu ah, waxaad ku dhaqantaa 9-kaan xeer.

Law 1. DO YOUR BEST, FORGET THE REST; macnaha kowaad; Waxaa weeye inaad hibadaada, waa haddaad garatay u qabato darajada ugu sarrayso, adiga oo ka fikiriraynin maxsuulka ama natiijada ka soo bixi doonta waxaad qabanayso. Macnaha labaad; Markii aad shaqadaas (hibadaada) qabanaysana ha ka fikirin dadka kale sida ay kuu arkayaan iyo sida ay wax u qabtaan. Haddii aad labadaan jumlo ama labadaan erey isku xirto ama isku lifaaqdo, waxaa hubaal ah in aad arki doonti masawirka guud ee nolosha (the big picture)

Law 2: FIND YOUR PURPOSE; Ujeedka aad u nooshahay oo garataa waxay kaa caawinaysaa in aad ku noolaato nolosha aad naawilayso. Dadka bani-aadamka ah markii ay maqlaan hadafka nolosha, waxaa badanaa maskaxdooda ku soo dhacaya oo u masawirmaysa lacag (money), caannimo (fame) iyo shidnaan (hottness). Waxyaalahaasina ma noqon karaan hadafka laga leeyahay nolosha.

Law 3: HAVE A PLAN; Markii aad ogaatid maqsadka aad u nooshahay, naftaada u sheegto in aysan cidna tartan kula jirin, waxaa lagaa doonayaa in aad la timaato qorshe-qoran (roadmap) oo ay ku qoran yihiin tallaabooyinkii aad qaadi lahayd.

CHANGE THINGS UP

*L*aw 4: Xeerkaani waa xeerka ugu horreeya kuwaan ugu waco saddexda-xeer ee waaweyn (the big three). Kala-duwanaanta waa xawaashka (spice) nolosha, waana waddada ugu fiican ee aad ku quudin karto ogaansho-jeclida (curiosity) iyo hal-abuurnimada (creativity). Kala-geddisnaanta waxay kale oo ay nolosha ka dhigtaa guud ahaan mid xiiso leh, xataa markii aad jimicsanayso waxay kaa ilaalisaa dhaawacyada (injuries), horusocod la'aanta (plateaus) iyo caajiska (boredom). Haddii aad isku qaab u jimicsato way adkaanaysaa murqahaagu in ay sameeyaan is-beddel muuqda.

Law 5: STAY CONSISTENT; Walow ay muhiim tahay aadanuhu in uu isku dayo waxyaalo badan noloshiisa inta uu nool yahay, haddana waxaa muhiim ah in uusan naftiisa barin marmarsiyaha (excuses) oo uu joogteeyo wuxuu bilaabay. Caadada koolo-birnimadu (super glue) waxay qofka si degdeg u gaarsiisaa halkii uu u socday iyo horumarkii uu doonayay. Joojinta (stopping) iyo bilaabiddu (starting) waxay dishaa nahda wax kasta oo dhadhan laga sugayay. Waxaa qasab kugu ah in aad hesho xooggii iyo xeeladdii aad ku sii wadi lahayd howsha.

Law 6: Love it or leave it; Badideennu waxaynu lugaha iyo gacmaha kula jirtaa waxaynu jeclayn. Miyaysan waali cas ahayn in aynu had iyo jeer ka cabanno lammaanaheenna ama shaqadeenna oo aynu haddana ka gaari la,nahay go' aan waafi ah? Bar nolosha in ay iska dejiso rarka munaasabka ahayn ee saaran oo ay yarayso calaacalka iyo catowga. Haddii aadan jeclayn nolosha aad ku nooshahay beddel, haddii kale foolxumaada quruxso, labadaas wax ka dhaxeeya malahan.

GET REAL

Law 7: Kala saar noloshaada waxaad wax ka qaban karto oo aad awooddeeda leedahay iyo wixii aad waxba ka qaban karin oo awooddaada ka baxsan. Fahmidda (realizing) iyo soo-dhaweynta (embracing) xaqiiqooyinkaas jira ayada oo la inkirayn (denying) ayaa qofka waxay u furfuraysaa in uu ka faa'iidaysto fursado badan oo dhaafi lahaa nolosha. Waxay kale oo tani kaa caawinaysaa in aad dardar-geliso qorshahaada, waayo waxaa tahay qof waaqiciya oo nolosha ku eegaya muraayad la'aan.

Law 8: FIND BALANCE; Markii aad aragtid in aad 1-majaal oo noloshaada ka mid ah xoogga saaraysid, gadaal u deg oo neefso, adiga oo isku dayaaya in aad isku dheeli-tirto waxyaalaha ugu muhiimsan noloshaada. Iska illow baahida aadanuhu u qabo kaamilnimada (perfection) iyo xallinta dhibaatooyinka adduunka ka jira oo dhan. Sagaalkaan xeer markii aad rabtid in aad noloshaada ku dabakhdidna waxaa lama-huraan noqonaysa in mid kasta xaqiisa la siiyo.

Law 9: STAY FLEXIBLE; Noloshu waa qalcado iyo bohollo badan tahay. U diyaar gorow casharadeeda layaabka leh oo ay soo ban-dhigayso waagii baryaba. La-qabsigu wuxuu qofka u fududeeyaa in mushkiladaha iyo masiibooyinka nolosha saqle-orod ku dhaaf-dhaafo. Noqo baxar-saaf laamihiisu luxi karin leyrtu, jiriddiisa la siibi karin. Sidoo kale la-qabsigu waa muujinta jilicsanaanta (vulnerability) markii nin kasta laba-geed le,eg yahay iyo u adkaysiga mowjaha badda, markii ay noloshu baaxaa-dagayso.

Markii aan sii weynaadaba waxaa caadi i la noqota in aan ku noolaado nolol dadku aysan fahmi karin.

CHAPTER 6
SLEEP

56
WHY WE SLEEP?

"The best bridge between despair and hope is a good night sleep."
- Mathew Walker

Matthew Walker (sleep expert), wuxuu na weydiinayaa su'aashaan? Maxaynu u jiifannaa? Ayada oo aan laga reebin quraanjada (ants), dikhsiga (flies), shinnida (bees), baranbarada (cockroaches), dibqallooca (scorpion), diinka (turtles), raha (frogs) iyo mallaaygaba (fishes). Sababta oo ah waa wax caalamiya (universal) oo kawada dhaxeeya bani-aadamka iyo xawayaanka ee ma aha wax aadanaha keli ah gaar loogu talo galay. Mise ogtahay jaamacadda cilmiga hurdada bani-aadamka ee ku taal california (university of human sleep science) in ay tiri; Hurdo la'aantu waa cudur saf-mareen ah (epidemic) oo saameeyay aadanaha qarnigaan 21-aad. Walker; Wuxuu ku andacoonayaa kansarada ku dhaca mindhicirada (bowel), qanjirada kaadimareenka ragga (prostate) iyo naasahaba (breasts) in ay keento hurdo la'aantu. Haddaba haddii ay sidaas tahay, sideen ku heli karnaa hurdo wanaagsan oo sees fiican leh (A good sleep foundation)?

CIRCADIAM RHYTHMS

Lights when you wake up; Isku-cawir (expose) qorraxda markii aad subixii soo kacdo. Haddii aad tahay mid jimicsadana ku jimicso bannaanka.

Limit your naps; Indha-gaduudsigaagu yuusan ka badan 45 daqiiqo. Haddii aad tahay kuwa toosa hiirta waaberi, waqtiga ugu fiican ee indha-gaduudsiga waa 11:30 subaxnimo, haddii aad tahay kuwa barqaystana waa 2:30 duhurnimo. Blue lights before bed; Ha ku cawirin indhahaaga nalalka buluugga ah. Jooji isticmaalka aaladaha ku shaqeeya korontada oo dhan 2-3 saac ka hor waqtiha hurdada. Sleep consistency; Isku waqti jiifo oo isku waqti soo kac, xataa maalmaha fasaxa aad tahay.

EXERCISE

Dadka isbuucii ugu yaraan saddex maalmood jimicsada waxay si wacan u ladaan hurdada. Haddii ay intaas ka badan jimicsadaanna waxaa uun u sii kordha faa'iidooyin caafimaad. Sida wax akhrisku u daaliyo maskaxda, ayaa jimicsiguna wuxuu u daaliyaa jirka, taas oo sababta qofku in uu hurdada shaxaadin habeenkii, balse uu horay ka bilaabo quurada, markii uu sariirta tago.

Ururka hurdada (sleep organisation) waxay leeyihiin; 75% dadka jimicsiga subixii (morning) waxay helaan hurdo isku xiran oo ka raaxo badan, markii loo eego kuwa jimicsiga maqribkii (evening). Walow Dr. Micheal Breus (psychologist) leeyahay qof kasta waxa uu leeyahay qaab-dhismeed hurdo (chronotype), haddana waxaa la is ku raacsan yahay, hurdadaadu in ay qalqal galayso haddii jimicsato ayada oo waqtigaadii hurdada soo dhaw yahay. Sida ugu fiican ee aad shaki yaqiin uga bixi karto waa adiga oo jimicsada waqtiyo kala duwan, ka dibna diiwaan-geliya (journal) tayada (quality) iyo tirda (quantity) hurdadaada.

FOOD; Sharciga guud ee cunto-cunistaada iyo cabbitaankaaduba ma aha in ay noqdaan wax badan (too much) ama wax yar (too little). Cabbitaanka oo aad badsato maqribkii waxay kallifaysaa in aad u soo kacdo kaadi habeenkii. Quburada hurdadana (sleep experts) waxay leeyihiin; Hurdado la'aanta waxaa ka xun ama ka sii daran, hurdo fad-qalalowga (interrupted sleep).

CAFFEINE; Kafiinka waa waxyaalaha aadanaha u keena hurdo la'aanta. Wuxuu sababi karaa in uu hurdada kaa carqaladeeyo oo uu jirkaaga ku jiro muddo 12-saac ah. Isku day marka in aadan isticmaasho uun subixii haddii aadan ka maarmin.

NIGHT ROUTINE

Waa muhiim jiddan in aad fahanto wax kasta oo aad maalintii samayso in ay saameyn (effect) ku yeelanaayaan hurdadaada. Haddii ay ahaan lahayd shaqada (work), waxbarashada (school) ama xiriirka lamaanahaaga (relationship of your partner).

Isku day in aad yarayso (reduce) wax kasta oo cadaadis u keeni kara noloshaada. Xaaladda aad maalintii ku jirto waxay saamayn ku yeelanaysaa xaaladda aad habeenkii geli-doonto. Samee waxyaalo aad ku raaxaysato (relax) ka hor inta aadan sariirta fuulin. Abuuro caadooyin aad marawaxadaha maskaxda ku dajinayso (calm) oo kuu sheegaysa in ay tahay waqtigii hurdada. Haddii ay hurdo kaa soo dhici wayso, soo kac oo qabo shaqo (activity) hurdo kaa keenta. Naftaadana u sheeg haddii ay habeen hurdadu ka xumaato, in ay jireen habeenno badan oo ay si fiican u jiifatay, haddana ay u soo socdaan.

YOUR BEDROOM

Xaqiiji qolkaagu in uu yahay mid saaid mugdi u ah, haddii aadan muqdi ka dhigi karinna waxaad xirataa maaskarada hurdada (sleep mask). Qolkaagu waa in uu ahaada mid shanqar lahayn, haddii kale furji dhagaha gasho (earplug). Joodariga iyo barkimuhuba waa in ay noqdaan kuwo jirku u jidboonayo. Qolkaagu waa in uu ahaado mid aan qaboobayn, kulaylna ahayn. Qiimeey qolkaaga hawadiisa, waliba haddii aad tahay mid qaba asma (asthma) ama xasaasiyo.

Haddii aad horay u jiifato, horayna u soo toosto, waxa aad ka mid noqon kuwa caafimaadka, caqliga iyo cuudka u saaxiibka ah.

57
CULTURE OF WORKAHOLISM

"There is practically no element of our lives that is no improved by getting adequate sleep."

- Arianna Huffington

Raacad adiga oo u hadlaya, meeqa saac ayaad jiifataa? Xaqiiqdu waxay tahay sow ma aha inaad jiifato 7-saac in ka yar, taas oo ay tahay mid la rumaysan karo. Ma ogtahay haddii aynu dayacno (neglect) hurdadeena in ay halis galinayso, caafimaadkeenna (healthy), farxadeenna (happiness) iyo wax-soo-saarkeenna (productivity) intaba?

Xammaalinimadu (Workaholism) waxay ahayd mid sii kordhaysay intii u dhaxaysay 1990-kii illaa 2000-kun dunida kowaad iyo tan labaad, qaasatan dalka Maraykanka. Xaafiiska socdaalka ee lagu magaabo (Skift) ayaa wuxuu sameeyay xog-ururin (survey) lagu ogaanayo inta qaadatay fasixii sanadlaha ahaa. Waxaa la caddeeyay 40% ka mid ahaa xooggii shaqaalaha in aysan fasax qaadan intii u dhaxaysay 10-kaas sano. Dhaqankaan xammaalinimada waa mid ka hor-tagaysa (prevent) in aynu helno hurdo nagu filan. Warbixin (report) ay soo saartay dowladda Maraykanka, ayay ku sheegeen dadkoodu in ay jiifsadaan 30% wax kayar 6-saac, halka ay 70% ay hurdo la'aani (insufficient) haysaba. Kurbadaan iyo kadeedkaan yaa u silcaaya (suffer) ayaad isleedahay fikirkaaga? Dabcan dadka danyarta ah.

Shaqaalaha dan-yarta ahi (lower-class workers) waxaa qasab ku noqonaysa in ay shaqeeyaan waqti-dheeri ah, in kabadn 40-saac isbuucii, ama ay qabtaan shaqooyin kala duwan, si ay iskaga bixiyaan biilasha. Waxay kale oo taasi ku kallifaysaa in ay waayaan waqti ay hurdada ku siiyaan ahmiyad (priority) gooni ah.

THE SLEEP DEPRIVATION

Markii aad caruurta ahayd, ma waxaad ahayd cunug markii dugsiga ama iskoolka loo kiciyo subixii, hurdada ka soo booda mise ul ayaa lagugu kicin jiray? Hurdo-yaridu (sleep deprivation) waxay ka soo bilaabataa caruurnimada, marka ilmaha laga soo jiido sariiraha ayaga oo jirkooda (bodies) iyo madaxoodu (minds) diyaar u ahayn in ay kacaan.

1998-dii; Koox baarayaal ka ah, jaamacadda (Brown university) ayaa waxay ogaadeen, saamaynta caafimaad ay ku yeeshaan caruurta, iskoolaadka bilowda aroortii. Waxay arkeen caruurta bilowda 8:30, in ay ka xariifsan yihiin xagga waxbarashada, kana firfircoon yihiin, kuwa bilaaba 7:30. Baarayaashu waxay kale oo ogaadeen, caruurta bilowda iskoolaadka 8:30 ka hor, in ay muddo 3-daqiiqo gudahooda ay hurdo la dhacayaan, haddii la geeyo meel ay jiifsadaan- Arrintaan oo lagu yaqaanno keliya, dadka hurdo-suuxdimada qaba (narcolepsy). Sidoo kale; 2011-kii: Machadka farsamada ee (Technion) waxay xaqiijisay, in ardaydeeda bilowda fassalada wixii ka dambeeya 8:30, ay ka diiradsaaryo iyo faham sarreeyaan ardayda bilowda aroortii. Dugsiga sare ee xaafadda (North tyneside) ayaa tajribadii (experiments) ay ku sameeyeen iskoolkooda waxay ku sheegeen, in ardayda bilowda fassalada 10:00 subaxnimo, ay ka dhibco sarreeyaan imtixaanaadka, kuwa bilaaba 8:30.

Isku soo hoori; Baaritaanadaas lagu sameeyay waddamadaas kala duwan, waxay kulli isku raaceen labadaan qodob; Hurdadu in ay ka qayb-qaadato fahamka iyo firfircoonida ilmaha iyo saacado badan oo ilmuhu fasal dhex fadhiyana in aysan micnaheedu ahayn in uu waxbaranayo.

MOOD FOR SEX

Rad badan ayaa waxay u maleeyaan in lammaanayaashii hore 1-sariir ku jiifan jireen sida kuwa maanta jooga ay caadeysteen, balse xaqiiqdu waxay ahayd, haddii reerku awoodaan in uu qof kasta ku jiifan jiray sariir gooni ah. Sidaas daraadeed, adiga iyo islaantaada ma jeclaan lahayd inaad 2-sariir ku kala seexataan?

Baaritaankii lagu sameeyay 2014-kii jaamacadda (Hertfordshire) ayaa lagu sheegay, in lammaanayaasha jirkoodu istaabtaan (1-sariir ku wada jiifsada) ay xiriirka farxaddoodu tahay 93%, halka lammaanayaasha kale farxaddoodu tahay 67%. Taas micnaheedu ma aha lammaanayaashu waa in ay isla jiiftaan si ay xiriir farxad leh u helaan, laakiin muhiimadda ayaa waxay tahay in ay helaan hurdo hagaagsan, haddii ay doonayaan in ay hufaan is-abaahintooda (sex).

Bal mar labaad fikirka faar-faar oo fiiri xisaabta tirakoobka (statistics) sare. Lammaanayaashaha aan isla jiifan weli farxaddoodu waa 67%, taas oo micnaheedu tahay, walow aysan isla jiifan, weli waa suurto-gal in ay helaan xiriir farxad ku dheehan tahay, balse marnaba in aysan macquul ahayn, iyaga oo aan helin hurdo ku filan in ay noqdaan kuwo isku faraxsan markii ay isku fuuq-baxaan (wada xaajoodaan).

Lammaanayaasha hurdadu ku yar tahay (sleep depreviation) ayaa waxaa la sheegay in uusan saxmi doonin jawigooda galmo (mood for sex). 2015-tii; Baaritaan la sameeyayna waxaa lagu ogaaday in hammuunta-dumarku (sex drive) iyo hurdadu ay isku xiran yihiin.

U oggolow in ay si fiican u jiifsato xaaskaada, waayo markii ay soo kacdo waxay qurxin doontaa maalintaadee.

58
IMPORTANCE OF SLEEP

"A good laugh and along sleep arethe two best cures for anything in life"

- Shawn Stevenson

Adduunyadaan casriga ah (modern world) oo nagu qasbaysa in aan had iyo jeer ku jirto tartanka-jiirka (rat race) oo lagu bixinaayo abaalmarinada wax soosaarka (productivity), ayaa waxay na badday in aan ugu wan-qalno (sacrifice) huradeenna. Tan ayaa sababtay in isku celcelis dadku maanta jiiftaan 5-6 saac. Mushkiladda jirta oo aan la ogayn ayaa waxay tahay, hurdo-yaridu in aysan keenin curin-yari (less creative) keliyee, ay xataa sababto dhammaystir-yari (less accomplish).

Baaritaankii ay samaysay jariiradda caafimaadka (The Lancet), ayaa waxay sheegtay: Dhaqaatiirta qalliinka ee soo jeeda wax ka badan 24-saac, in uu qalliinku ku qaato 14% oo dheeri ah, 20% ay sameeyaan qaladaad halis ah. Haddii qaladkaas uu dhacaayana, qofka keli ah ee aadan la rabin in uu galo, waxaan qiyaasaa in uu yahay dhaqtarkii ku qali lahaa sow ma ahan? Waxaa intaas sii dheer; Hal-habeen oo aad hurdada u ganbiso (skip) ayaa waxay si toos ah sabab ugu noqon kartaa cayil (weight-gain), calaamado-duqnimo (signs of aging) iyo hoos u dhac ku yimaada hamuunta-galmo (decreased sexual drive).

Sidaas daraadeed hurdadu ma aha cadowga wax soosaarka ee waa mid ka mid ah, kaabiyaha ugu weyn wax soosaarka, muhiimna u ah bad-qabka (well-being) jirkeenna (physical) iyo xiskeenna (psychological). Macquul ma aha in aan ahaanno kuwo caafimaad-qaba (healthy) ama si qumman uga qayb-geli kara, tartanka sare ee nolosha (peak performance of life) hurdo tayo leh la'aanteed.

MELATONIN FOR SLEEP

Walow Maslow uusan ku darin hurdadu in ay ka mid tahay baahiyaha-bani-aadamka (human needs), haddana hurdadu waa udub-dhexaadka isku haaya tiirarka kale ee nolosha. Mana ahan wax heshiis lagu keli karo (compromise). Si aan arrinkaan u fahanno waa in aan ka wada hadalnaa waxay saynisyahaniintu ugu yeeraan (Melatonin).

Melatonin waa dheecaan-qanjireed ay sii dayso maskaxda oo xukuma (regulate) saacadda gudaha jirka (circadian rhythm), taas oo noo sheegta marka aynu jiifanayno. Markii ay qorraxdu dhacdo, maskaxdu waxay bilaabaysaa in ay sii dayso dheecaamadaas si aynu u jiifanno. Dadka caadaysta aroortii in ay qorraxda isku dhigaan, waxay si fudud u helaan hurdada, markii ay sariirta fuulaan. Sidaas daraadeed waa in aan isku daynaa subixii in aan qorraxda isku dhigno (sun-light), waayo iftiinku (bright-light) wuxuu ku dhaliyaa maskaxda iyo xubnahaba (organs) in ay kacaan oo ay noqdaan kuwo soo jeeda oo feejigan (alert).

Haddaba meeshii lagu gaaro maqribkii, isku day in aad yarayso iftiinka ku soo baxaaya muraayadaha (screens) aaladaha aad isticmaasho, ugu yaraan 60-daqiiqo ka hor intaadan sariirta fuulin. Waayo aaladahaas korontada ah (electronic devices) waxay sii daayaan iftiin buluug ah oo macbil ah (blue artificial light). Arrintaanina waxay maskaxdeena ku dhalinaysaa in ay sii dayso dheecaankii ahaa Melatoninka, jirkana waxaa ku adkaanaysa in uu horay u haleelo hurdo. Inta aad sariirta la fuuli lahayd taleefon, waxaa kaaga fiican kun jeer, adiga oo akhrista buug inta aad hurdada shaxaadayso.

TIMING IS EVERYTHING

Waa wax hagaasan oo haddana fiican in la sameeyo wax saxsan, laakiin in la sameeyo waqti qaldan ayaa gebi ahaanba wax soosaarkii waxay ka dhigaysaa tacab-qasaaray (counterproductive), sida: Adiga oo sariirta la fuulay telefoon ama ubax ku dhex waraabiyay roob. Waa sidaas oo kale markii la joogo waqtiga hurdada. Bal aynu isla fiirinno qiskha-waqtiyaysan (timing-tips) oo aynu ku hormarin karno (improve) hurdadeenna.

Marka ugu horraysa: Waa in aynu xushmaynaa saacadda gudaha jirkeenna, oo aynu sariirta fuulnaa waqti cayiman habeen kasta. Fikraddaan qaldan ee oranaysa; Saacadahii ku dhaafay shanta-maalin waxaad buuxinaysaa maalamahaad fasaxa (week-ends) tahay, ogow wax ka jira malahan, waayo; Jirku makala yaqaanno waa sabti iyo axad.

Marka labaad: Waa in aynu ka faa'iidaysannaa dariishadda-sixirka (magic-window) oo ah; Saacadaha u dhaxeeya 10pm-2am habeennimo. Waqtigani waa waqtiga dheecamada jirkeena dib loo cusboonaysiiyo (rejuvenate), huraduna ay ka qoto-dheer tahay (deep) waqtiyada kale. Akhbaartani waxay Moral-dillaac ku noqonaysaa dadka shaqeeya habeenkii.

Tan saddexaad: Waa in aynu fiidkii jiifannaa si aynu fajarkii u soo kacno. 2008-kii; Jaamacadda waqooyiga Texas ayaa waxay sheegtay: Ardayda hiirta waabariga kaca in ay dhibcahooda (GPA) yihiin 3.5, halka ardayda dhafarta (night-owls) dhibcahoodu yihiin 2.5. Haddaba haddii aad doonayso in aad nolosha ku guulaysato; Ku biir naadiya shanta-aroornimo (The 5am Club).

Maxaa kugu qasbaya in aad jacayl la dhacdo adiga oo hurdo la dhici kara?

59
END THE INSOMNIA

"Insomnia is revenge for the thoughts we have refused to have in the day."

- Tanya Gill

Markii aad sariirta tagto habeenkii, ma waxaa tahay mid aysan hurdadu dhibin oo horay biliq ka dhaha, subixiina soo toosa asaga oo saxar ka fudud, oo adduunyada dhan xambaaran kara? Mise waxaa tahay mid ku rafaada sida ay hurdo uun uga soo dhici lahayd, haba iska yaraato oo tayo xumaato haddii ay rabtee? Ma laga yaabaa in aad la il-daran tahay hurdo-xumi (insomnia)? Hurdo-xumida (sleep disorders) maxaa calaamado u ah? Maxaa sababa? Sideese lagu daaweyn karaa?

SYMPTOMS (calaamadaha) Difficulty falling asleep at night : Habeenkii oo dhaqso u heli wayso hurdada. Adiga oo soo kaca saqda dhexe iyo adiga oo soo toosa waqti hore.

CAUSES (sababaha) Stress: Culays ka imaanaya dhanka caafimaadka, shaqada, iskoolka, dhaqaalaha ama qoyska. Ama culays ka imaanaya dhacdooyin (events) iyo riiqda (trauma), sida; Dhimasho, xanuun, furiin iyo shaqo-la,aan.

Cognitive Behavioral Therapy for Insomnia. in ay kugu dhacdo hurdo la'aan waa mashaqo (challenge), laakiin nasiib wanaag waxaa la helay daaweyn si fudud qofku uu ugu heli karo hurdo, asaga oo isticmaalin wax kaniini hurdo ah. Daaweyntaan (CBT-I) waxay ka kooban tahay 3-qayb oo kla ah ; Cognitive intervention: Qofka sida uu u fikiro. Behavioral intervention:Qofku wuxuu sameeyo iyo Psychoeducation intervention: Qofku sida uu u jiifan lahaa.

BED IS FOR SLEEPING

Haddii aynu khulaasaynu oo ku soo koobno 2-eray, waxay ugu yeeraan xakamo-daaweynta xanxantada (stimulus control therapy), waxay noqon lahayd: Sariir iyo hurdo (bed & sleep). Taas oo macnaheedu tahay, sariir waxaa loogu talo galay hurdo- Markii laga reebo 1-shaqo oo muhiim ah ma ahane. Ma taqaan shaqadaas? Qushigeedi, sidee ku xaqiijin kartaa sariirta u jeedada loo tago in ay jiif tahay uun? Hagaag! Waxaa jirta laba tallaabo oo muhiim ah:

Tan koobaad; Waa in aad ka waantowdaa (refrain) in aad sariirtaada u tagto wax aan jiif ahayn, kana hor tagtaa waxyaalaha liddiga ku noqon kara arrintaas. Ma rabtid sow ma aha maskaxdaada in ay dhex muquurato (associate) walaaca (worry), cadaadiska (stress) biilasha (bills) iyo Facebooka?

Tan labaad; Waa in aad ka dheeraataa (avoid) oo aadan caado ka dhigan, in aad iskaga dul dangiigto sariirta dusheeda, haddii aysan hurdo ku haynin ama shaqadii muhiimka ahayd oo aan kor ku soo xusnay faraha kula jirin. Haddii aysan 30-daqiiqo gudahood hurdo kaaga imaanin, sariirta ka soo dago oo qabo shaqo maskaxeed (mental) ama mid jireed (physical), si ay hurdo kaaga soo dhacdo.

Ugu dambayn: In aad sariirta fuusho markii aad diyaar u tahay in aad jiifato, waxay kaa caawinaysaa in uu xoogaysto xiriirka ka dhaxeeya maskaxda, jirka, sariirta (place) iyo ficillada (activity). Haddii aad dayacdo (neglect) xeerkaan waxaa is khilaafaya in ay isla shaqeeyaan afartaan, markaasna waxaa adkaanaysa in ay hurdo kaaga timaaddo si fudud.

PROTECT YOUR SLEEP

Maxaad u malaynaysaa dadka markii ay barkinta madaxa sii saarayaanba quuriya in aysan welwelin? Dabcan waa bani-aadam oo waa walwalaan, laakiin markaas waxay ka fikiraan uun waa hurdo. Siday ahaataba- Haddii aad tahay qof walaacu uu ku daro wabiga Waaheen markii uu barkinta madaxa dhigo, waxaa macquul ah in aad ka faa'iidaysan karto, waxay ugu yeereen: Cayimidda waqtiga walaaca (designate worry time). Farsamadani waa cilmi wax looga beddelo (alter) qofku waxa (what) uu ka walaaco ma ahane, goorta (when) iyo goobta (where) uu walaacu ka dhaco.

Walow walaacu yahay wax u dhaca maskixiyan (rational), haddana waxaan awood u leenahay in aan xakameyno. Dhibka jira ayaa wuxuu yahay, aadanaha in badan oo ka mid ah, maalintii oo dhan maskaxdooda cajalkii ay duubaysay, ayay waxay u shitaan sidii filin hindi ah, markii ay sariirta yimaadaan. Haddaba si aysan taas kuugu dhicin isticmaal xeeladaha cayimidda waqtiga walaaca.

1. Qabso maalin kasta 30-daqiiqo oo ku walaacdo markii aad howl-maalmeedkaaga dhammaysato. 2-Waqtigaaga walaacu waa in uu ka dhacaa isku goob oo uuna dhacaa isku goor. Hana u dhawaynin waqtigaaga jiifka. 3- Haddii walaacaasi kula dhaafo waqtigii aad qabsatay, waxaad naftaada xasuusisaa in uu waqtigii kaa dhammaaday. Haddaad ka baqayso in aad illowdo waxaad ka walaacaysayna waad qoran kartaa.

Dadka qaar ma jiifsan karaan, waayo waxaa haysa hurdo-xumi, halka kuwa kale aanay jiifan karin waayo waxay haystaan internet.

60
SLEEP IS ESSENTIAL

"Sleep is natural therepy that gives half of solution of all problem."

- Vikrant Kalal

Markii ay joogto faa'iidooyinka hurdadu leedahay, ma noqon karto mid qalinku ku soo koobi karo qoraal, balse aynu ka soo qaadanno laba ka mid ah faa'iidooyinkaas, haddii uu Alle kuu idmahayo.

Maskaxdu in ay qashin-tuurto (rid of waste) waxay isticmaashaa nidaamka la yiraahdo (glymphatic system). Cilmigaan waxaa ibbo-furay 2015-tii, labada nin ee la kala yiraahdo Aleksanteri Aspelund iyo Antoine Louveu, kuwaas oo ahaa laba cilmi-baare (researchers) oo shuqul iyo shaqo isku lahayn. Nidaamka qashin-tuurku wuxuu nadiifiyaa sunta (toxins) ay ka mid yihiin (amyloid beta). Waa nafaqo (protein) ku aruursanta maskaxda dadka qaba cudurka shalalka (Alzheimer). Nidaamkani wuxuu 60% shaqeeyaa qofku markii uu hurdo, waana sababta ay muhiim kuugu tahay in aadan hal-habeen hurdo la'aan noqon, waayo maskaxdaadu ma qashin-tuuri doonto.

Hurdadu waxay cilaaqaad toos ah oo togan la leedahay wadnahaaga iyo difaaca jirkaaga (immune system). Baaritaanno badan ayaa lagu xaqiijiyay hurdo-xumidu in ay keento cudarada ay ka mid yihiin, dhiig-karka (blood pressure), dhiig-xinjireedka (blood clots) wadne-istaagga (hear attack), wadne-fashilka (heart failure), iyo faalliga (stroke).

Sidaas daraadeed, haddii waalidkaa kugu qasbi jiray in aad jiifato bacdal-qado, ogow waxay ka talinayeen aayatiinka dambe ee caafimaadkaaga.

THE SLEEP SATAGES

Hurdada caadiga ah ee qaan-gaarada (adults), muluqyada (infants) iyo duqowshinkaba (elderly), waxaa loo qaybiyaa, hurdo indhuhu nuux-nuuxsanayn (non-rapid eye movement) iyo hurdo indhuhu nuux-nuuxsanayaan (rapid eye movement). Hurdada aan indhuhu nuux-nuuxsanayn ayaa haddana waxaa loo sii qaybiyay saddex-heer oo kala ah ;

Tan kowaad: Waa hurdada fudud (light sleep), waa xaalad u dhaxaysa hurdo iyo soojeed, macnaha waa ay fududdahay in aad sahal ku kacdo. Heerka labaad; Hurdada fudud ayaa loo sii kala qaybiyaa (N1) iyo (N2). Qofku wuxuu jiiftaa daraja N1 5% oo ka mid ah hurdada habeenkii, halka uu jiifto 50% darajada N2. Farqiga u dhaxeeya jiifkaanna waxaa lagu kala saari karaa kali ah hannaanka maskaxda (brain patterns).

Heerka saddexaad: Waa hurdada cumqiga ah (deep sleep) ama (N3). Tani waa xaaladda sababta nashaadka (restorative period) markii ad subixii hurdada ka soo kacdo. Hurdada qodotada-dheer waxaa la jiiftaa qaybta hore ee habeenkii. Qaan-gaaradu waxay haleelaan 25% oo ka mid ah hurdadaas cumqiga ah, walow ay xisaabtu sii yaraanayso markuu qofku sii weynaadaba.

Heerka saddexaad markii lagu guda jiro, waa waqtiga korriinshaha ugu weyn ee dheecaamada jirku samaysmaan, si uu jirkaagu u yeesho difaac uu uga soo kabto (recover) daawacyada jirka soo gaara iyo taabba-gelinta awoodaha lafaha iyo murqaha. Hurdadaaduna habeenkii waxay noqonaysaa mid iskaga dhex gooshta badweynta saddexdaas marxaladood aynu soo sheegnay.

THE SLEEP HYGIENE

Ma tahay mid ku saama-layla habeenkii sariirta dusheeda, adiga oo niyadda ka jecel in ay mar uun hurdo kaa soo dhacdo? Amase hurdada maka soo booddaa, adiga oo u haysta in ay tahay waqtigii aad kacaysay, deetana ogaataa in ay tahay saqdii dhexe? Haddii xaaladda aad ku sugan tahay middaan aan ka sheekaynayno waxa aad u baahan tahay waxay dhaqaatiirta hurdadu ugu yeeraan; Hurdo-nadaafadeed (sleep hygiene). Hurdo-nadaafadeedku waa abuurashada caado caafimaad qabta ee hurdo. Hurdo-nadaafadeed wanaagsanna waa arrin muhiima, waayo hurdadu waxay lama-huraan u tahay xiskaaga, xawaddaada iyo guud ahaan noloshaada. Waana tanaa saddex talo oo ka mid ah sidii aad u hormarin lahayd caadooyinkaas.

Sleep schedule: Isku day in aad waqti go' an jiifato, soona kacdo, haddii ay suurto-galayso. Tani waxay kaa caawinaysaa in aadan maalintii lulmoonin (sleepiness). Waqtiga aad rabtid sariirta fuule, waxa aad ku dadaashaa uun in aad ugu yaraan 8-saac seexato.

Relaxing routine: Nasashada jiifka ka hor waxay qofka ka caawisaa maskixiyan iyo jismiyan in ay culayskii maalintii ka dejiso. Waqtiga ugu fiicanna waa 60-daqiiqo ka hor xilliga hurdada. Waxaad qaadan kartaa qubays qandac ah (warm shower) ama waad qilweyn kartaa (meditate).

Sleep environment: Qol mugdi ah, shanqar lahayn, xaraaraddiisu u dhaxayso 15-20, sariir weyn oo joodari iyo barkimo macaan leh weeye deegaanka hurdada wanaagsan.

Farxadduba wax kale ma ahane waa adiga oo aan buuxsan gambaleelka saacadda wax kicisa.

61
THE SLEEPLESS CONSEQUENCES

"Sleep is the golden chain that ties health and our bodies together"

- Thomas Dekker

Markii laga hadlaayo horumarinta aadanaha (human development) wax badan waad maqashay ayada oo laga hadlayo; Jimicsiga (exercise), is-caataynta (losing weight), raashinka (diet) iyo guud ahaan qummanida qofka (bettering the person). Balse wali ma aragtay qof qorshe-sanadeedkiisa (new years resolution) ku darsanaya, sidii uu u wanaajin lahaa hurdadiisa? Ma ogtahayse hurdadu in ay tahay awoodda kuu sahlaysa in aad ku gaarto yoolasha kale ee aad ka leedahay nolosha?

Qof kasta oo innaga mid ah wuu maqlay ama wuu daawaday filkinkii (Tatanic), balse ayaa garanaya sababta markabku baraf-buureedka (iceberg) u dardaray? Ma waxaa loo aanayn karaa xawaaraha oo saaid ahaa, mise kabtanka oo hurdooday? Cidina ma caddayn karto duruuftii kalliftay, balse waxaa la xaqiijin karaa, sababtii uu la qallibmay markabkii la oran jiray (Exxon Valdes).

1989-kii; Mar uu markabkaasi mushaaxayay badweynta Alaska, ayaa saaxiibka saddexaad (the third mate) wuxuu sheedda ka arkay buur-baraf ah, balse ku ma uusan baraarugsanayn in uu markabku ku xiran yahay is-kaxayn (autopilot), taas oo u baahnayd in laga furo, si markabka looga leexiyo buurta-barafkaa. Nasiib-xumo markii la ogaaday ciladdaasna, kabtanku ka ma badbaadi karin markabka shilka. Baaris dheer dabadeed, waxaa la ogaaday saaxiibka saddexaad in uu jiiftay 6-saac oo qura 48-dii saac ee ka horraysay, markakbku intuusan buurta abraarin.

THE GENETIC MUTATION

Rabcan waad la kulantay dad ku faanaya (brag) in ay u baahan yihiin saacado yar oo hurdo ah habeenkii, ayaga oo aan barqadii hallaaqoynaynin, indhuhuna casaanaynin. Qaar ka mid ah way iska kaa gadaayaan (impress), kuwana waxaa laga yaabaa in ay run kuu sheegayaan.

1970-kii; Ayaa Ray Meddis (sleep psychologist), wuxuu la kulmay; Islaan 70-jir ah (Miss M.), oo ku andacoonaysa in ay jiifato 1-saac oo hurdo ah habeenkii. Islaantii wuxuu ku marti-qaaday shaybaarkiisii ugu yaallay London, halkaas uu madaxa uga xiray mashinka lagu cabbiro hirarka maskaxda ee loo yaqaanno (electroencephalography) ama (EEG). Islaantii markii ay aragtay dhaqaatiirtaan tirada badan oo ku xoonsan, farax dartiis (excitement) 1-kii saac oo ay habeenkii heli jirtay ayaaba u ganbisay. Habeenkii saddexaad ayaa waxay jiifatay 90-daqiiqo. Dhaqtarkii iyo kooxdii la shaqaynaysay, markii ay dhowr habeen cabbirayeen (monitor) hurdada islaanta, waxay xaqiijiyeen warkeedu in uu sax yahay, balse sababta keenaysa la garanaynin.

Ka hor 2009-kii arrintaani waxay ahayd mid la yaab (mystery) ku ah dunida, intii aysan jaamacadda (San Faransisco) ogaanin, hiddo-side gooni ah (specific) oo lagu magaabo hidda-sidaha qaldamay (Genetic mutation) oo sababa hurdo-yarida. Hidde-sidahaanina uu yahay mid la is ka dhaxli karo. Wixii intaas ka dambeeyay baarayaashu waxay ogaadeen, dad badan oo sidaas ah in ay jiraan. Dadkaasina waa kuwo ku bullaala (thrive) ama ku habboon (suitable), madaxda shirkadaha (CEO,s), shaqo-abuuryaash (entrepreneurs) iyo ganacsatada (business people).

THE SLEEPWALKING

Hurdo-socodku (sleepwalking) ama waxay ugu yeeraan (somnabulism) waa xaalad qofku bilaabo in uu socdo, asaga oo wali ku guda jira hurdo. Mashaqadani waxay caan ku tahay ilmaha, markii la barbar dhigo dadka waaweyn. Balse waa marxalad laga koro (outgrown). Cilladani ma aha dhibaato weyn oo u baahan daaweyn (treatment), haddii aysan noqon caado soo noqnota. Haddaba maxaa sababa? Sidee lagu gartaa? Qatarteeduna waa sidee?

SYMPTOMS: Hurdo-socodku caadiyan waxay dhacdaa habeenka qaybtiisa hore. Macquul ma aha qofku in uu hurdo-socdo, asaga oo ku jira xaalad indha-gaduudsi (nap). Hurdo-socodku wuxuu socon karaa daqiiqado (several minutes). Calaamadihiisa waxaa ka mid ah; Qofka oo sariirta ka dagta oo bilaaba in uu socdo. Sariirta oo la dul-fariisto, ayada oo wali la hurdo, balse indhuhu kala furan yihiin. Haddii lala hadlana wax jawaab ah bixinaynin.

COMPLICATION: Sida aan horay u soo sheegnay, hurdo-socodku waxyeello mahan, laakiin xaaladdaas qofku markii uu guda-galo wuu isdhaawici karaa ; Haddii uu jaran-jaro ama balookaan ka dhaco. Albaabka iska furo, ama gaarigiisa kaxeesto oo uu shil ku galo.

CAUSES: Hurdo-socodka waxaa lagu qeexaa in ay tahay (parasonia), dhaqan aan la jaman (undesirable behavior) oo lala yimaado, ayada oo la hurdaysan yahay. Waxaana sababi kara; Hurdo-yari (sleep deprivation). Cadaadis (stress) ama qandho (fever).

Habeenkii hurdo iga ma soo dhacdo, subixiina ma kici karo!

62
THE CO-SLEEPING FORM

"If you are going to do something tonight that you will be sorry for in the morning- sleep late."

- Henny Youngman

Aadanaha dhammi waxay u jiiftaan wajiyo kala duwan oo uu dhaqanku ka ciyaaro door-weyn. Carriga galbeedka dadku waxay leeyihiin jadwal-hurdo. Qof kasta wuxuu leeyahay sariir gooniya. Wuxuuna jiifsadaa saacado go' an. Caadooyinkaan oo dhammi waxaa loo qaabeeyay sidii ay ugu adeegaan dalabyada ay keensanayaan shaqooyinka iyo iskuulada. Sidoo kale kuwaan galbeedka ahayn (non werterners) waxay leeyihiin waxay ugu yeereen (co-sleeping) oo ah; Waalidka iyo caruurtu in ay isla jiifsadaan. Yurubtii dhexe (medieval europe) laba qayb oo middiiba loo dhaxaysiinaayo 1-saac ayay jiifsan jireen. Saacaddaas dhexena way shaaheyn jireen ama way isku fuuq-bixi jireen (making love).

In kasta oo dadka aan wadamadaas ku noolayn u arkaan arrintaan isla jiifsiga mid la yaab leh (odd), haddana hooyooyinka Mayaniska (Mayan mothers) ee ku nool Ameerikada dhexe waxay leeyihiin; Waxay xoojisaa xiriirka iyo is-fahanka waalidka iyo ilmaha ka dhexeeya. Isla jiifsigu waa dhaqan weli caadi ka ah waddamada Aasiya, Afrika, koonfurta Yurub, iyo qaar ka mid ah Iskandineefiya.

Dadka Angalo-saksoniska ah (Anglo-saxons), caadadaan isla jiifsiga ah, waxay ka dhimatay daba-yaaqadii 1800-kii. Baaritaanno badanna waxay sheegaayaan; Ilmaha jaaniska u hela in ay la jiifsada waalidkood, markii ay dhashaan illaa inta ay ku soo gaaraayaan 5-sano, in ay ka farxad badan yihiin, ka kalsooni badan yihiin, kana wada shaqayn wacan yihiin ilmaha kale.

THE MEMORY CONSOLIDATION

Kuwo badan oo ina ka mid ah waxay naftooda ku qasbaan si wahsi ku jiro (begrudgingly) in ay sariirta ka toosaan subixii, taas oo ay sababayso ayaga oo aan helin hurdo ku filan habeenkii. Laakiin ma ogtihiin qofka oo si fiican u jiifta in ay muhiim u tahay (essential) miyirka (cognitive), jirka iyo badqabka (well-being) dareenka (emotional)? Bal aynu fiirinno sida xusuustu (memory) iyo waxqabadka (performance) hurdadu u hormariso.

Hirka qunyar-socod ee hurdo (slow wave sleep) waxay dhowrtaa xasuusteenna, ayada oo khulaasaynaysa (recapitulating) akhbaartii aynu helnay maalintii oo dhan. Halka hurdadu indha nuux-nuuxsigu (Rapid eye movement sleep) ay la xiriiriso (incorporate) xusuustii, waxaynu horay u naqaannay. Natiijada labadaasna waxaa ka dhasha, waxay saynisyahannadu ugu yeeraan xusuus-xiriiriye (memory consolidation). Mar kasta oo ay hurdadeennu wacnaato, waxay xusuusteena gaaban (short-term memory) isku beddeshaa xusuus dheer (long-term memory). Sheekadaan waxaa soo shaac bixiyay Matthew Walker (neuroscientist) oo yiri; Doolliyada sida fiican u jiiftay, waxay 20-min ka orod dheereeyaan kuwa kale, mar uu baaritaan ku samaynayay 1990-kii.

Sidoo kale hurdo-yaridu (sleep deprivation) waxay saaidisaa (increase) jawi-taban (negative moods) sida; Caal-waaga (frustration), carada (anger) iyo murugada (sadness). Hurdo la-aantu (sleepnessness) waxay yaraysaa (decrease) jawiga togan (postitive moods), taasna waxay keentaa cadaadis (stress), qulub (depression) iyo cabsi (anxiety).

THE SOCIAL JET LAG

Qaarkiin waxa aad hurdada ka toosnaa subixii, idinka oo saxar ka fudud, halka qaarkeen caga-jiid iyo haab-haabasho ku kaco.

Laakiin weli mays weydiisay sababta? Waa is-waafaqsanaan la'aanta saacadda gudaha jirka (body internal clock) iyo saacadda bannaanka ama waxay ugu yeereen (social jet lag). Saacadda jirku waxy xisaabisaa badanaa isbed-beddelka maalinteenna (daily fluctuation), oo ay ku jiraan; Xaraaradda-jirka (body temperature), Dhiig-karka (blood pressure), difaaca-jirka (immune system), dheecaamada (hormones), iyo oonka (thirst).

Arintaanna waxay saamayn ku yeelataa in aynu ka mid noqonno daba-caddeeyaasha (night owls) ama dalqo-gooyaasha (early birds). Tusaale: Haddii aad dhafartu habeenka sabtiga ah oo aad jiifato subaxa axadda, dabcan waxaa kugu adkaanaysa in aad horay u jiifato habeenka axadda, waayo jirkaagu ma soo jeedin saacado badan oo uu daal ku dareemo. Taasna waxay sababaysaa in aad subaxa isniinta ah qilqiil ku kacdo.

Roenneberg (biologist) oo ah, ninka allifay ereygaan (jet lag), ayaa wuxuu leeyahay; Qiyaastii 40% dadka ku nool yurubta dhexe, waxaa ka maqan 2 saac oo hurdo ah. Taasna waxay keeni kartaa mustaqbalka caafimaad darro ku aaddan; Mindhicir xanuun, cayil iyo daal. 2007-diina, Hay,adda caafimaadka adduunka (who) waxay sheegtay is-waafaqsanaan la'aantaas ku imaanaysa jadwalka hurdada oo ay sababayaan shaqooyinku (shif-work) in ay yihiin waxa keena kansarka (carcinogenic).

Aniga iyo sariirtaydu aad ayaan isu jecelnahay, balse waxaa sadeexedeeye nagu ah gambaleelka saacadda.

63
THE FAST LANE

"Sleep plays a major role in preparing the body and brain for an alert."

- James Maas

Ka hor Thomas Edison inta uusan soo saarin nalka 1879-kii, ma taqaannaa dadku inta saac ay jiifan jireen? Dadku waxay jiifan jireen 10-saac. Yaah! Haa 10-saac, weliba waa arrin hadda Dr. Maas uu ogaaday in ay muhiim u tahay doolla-tuska aadanaha (optimal performance). Qarnigii xigay waqtigii aynu seexan jirnay 20% ayuu hoos u dhacay, macnaha 8-saac habeenkii. Sheekadu halkaas ku ma dhammaanee, baaritaannada cusub waxay sheegaayaan 7-saac. Iskucel-celis 3-saac in ka yar huradadii macquulka ahayd (the ideal sleep). Layaabka doqonnimadu ku dheehan tahay ayaa waxay tahay in bulshadu maanta ay jiifato wax ka yar 6-saac. Maskax falluuq miyaa nagu dhacay?

Keliya 20-kii sano ee la soo dhaafay waxaa lagu daray jadwalkeennii shaqada 158-saacadood oo u dhigmaata (equivalent) bil buuxda oo shaqo ah. Dr. William Dement oo bare caafimaad ka ah jaamacadda (standford) wuxuu leeyahay; Sidoo kale Hooyooyinka caruurta yar-yar haysta waxaa jadwalkoodii shaqo ku darsoomay 241-saacadood laga soo bilaabo 1969. Maanta waxaynu noolnahay, nolol loogu magac daray, noloshii tartanka doolliyada (The Rat Race Life), noloshaas oo aan la qiimayn hurdada. Taas oo ay sababayso; Shaqadii bannaanka (work), shaqadii guriga (household chores), ilma-korintii (parenting), masuuliyaddii reerka (family responsibilities) iyo jamashada noloshii bulshada (desire for social life).

Dad badan oo inaga mid ah waxay hurdada u yareeyaan (cutting back), si ay waqti ugu helaan waxay u maleeyaan in ay muhiimad leeyihiin.

DOU YOU SLEEP ENOUGH?

Ma seexataa hurdo kugu filan? Weydii bal. Su'aashaan asxaabtaada, ka dibna qiimee jawaabahooda. Thomas Edison; Wuxuu ku jawaabayaa in uu seexan jiray 3-saac keliya, asaga oo ku andacoonaya hurdadu in ay tahay waqti-lumis (waste of time). Ogow ninkaan wuxuu daffirayaa dhaxalkii awooweyaasheen (heritage of our ancestors), kuwaas oo jiifi jiray- Gabbalku markii uu dhaco illaa diigga waaberi. Sidoo kale, Bill Clinton wuxuu jiifan jiray 5-saac, halka majaajilayste- Jay Leno, uu qudhiisu seexan jiray 5-saac, si uu malaayiin Maraykan ah uga qoslisiiyo. Mays leedahay dadkaas maalaayacniga waqtigooda ku dhuminaya, in ay jiifsadaan 5-saac ka badan ?

Waxaa jira qolooyin kale oo xarriiqda dhanka kale ka taagan, markii ay sheekadu joogto hurdo. Albert Einstein wuxuu leeyahay; Maskaxdayda iyo jirkayguba waxay u baahan yihiin ugu yaraan 10-saac, si wax soosaarkaygu u noqdo mid tayo sare leh. Madaxweyne Calvin Coolidge wuxuu dalbanayaa 11-saac. Sidoo kale- Madaxweyne Ronald Reagan iyo Raizul-wazaare Winston Churchill- waxay ahaayeen niman ku dhinta hurdada. Waxay kale oo caan ku ahaayeen waxa loo yaqaanno indha-gaduudsiga (nap), illaa uu si kajan ah (joking) u yiri; Reagan- Haddii ay lacalla indhahaygu is-galaan, aniga oo ku idin kula jira shir-jaraaid, fadlan waxba hayla yaabininee i kacsha. Bulshada maanta joogta oo wada xammaasaysan (frenetic), oo u arka dhagaxnimo (tough) iyo tartan (competitive) in la jiifto wax ka yar 6-saac, haddii aad weydiiso Su'aashaan ah; Meeqa saac ayaad jiifatiin, waxay kuu arkaayaan in aad tahay laba mid uun; Faashil ama caajislow.

LEARNING ABOUT SLEEP

Shaqada tirada badan, culayska dhaqaalaha (financial pressure), noloshaan casrigaa (modern lifestyle) oo u hanqal taagayno, ayaa waxay dhaxalsiisay 100-milyan oo aadanaha ka mid ah in ay ku dhacdo hurdo-yari. Dadka Maraykanka oo ka sheeganaya dhibaatooyinka hurdada, ayaa cadadkoodu wuxuu gaarayaa 33% shantii sano ee la soo dhaafay. Inta qaan-gaarka ah adduunweynaha, boqolkiiba 50% wey shaqaynayaan, qaar waxay ku jiraan waxbarsho, qaar ilmo ayay koriyaan, halka qaar kale ay ciyaarayaan iyaga oo daallan (exhausted). Waxaynu samaynaa qaladaad-maskaxeed qaaliya (costly mental errors). Waxaynu galnaa shilal halis ah. Inteenna badanna waxaynu u nugul nahay jirrada. Waxaynu noqonnay ummad ibtiladu ay alkumatay.

Maxaa keenay in aynu jaahil ka noqonno muhiimadda ay noo lahayd hurdadu, maadaama qof kasta oo innaga mid ahi- 24-tii saacba uu ugu yaraan 1-mar jiifto? Miyaysan sax ahayn in aynu cilmi u lahaanno oo aynu weliba khabiirro ku noqonna culuumta hurdada, sida aynu aqoonta ugu leennahay nafaqada (nutrition) iyo jimicsiga (exercise). Hurdadu waa u lama-hurraan nolosheenna, farxaddeenna, wax soosaarkeenna (productivity) iyo caafimaadkeenna guud (general health). Haddii aynu taas rumaysannahay, waxaa waajib inagu noqonaysa, qof kasta in uu barto tabab (strategies) iyo farsamooyin (tecniques) hurdo, oo uu ku dareemo nashaad iyo fir-fircooni maalintii oo dhan.

Meesha keli ah ee aan ku nafiso waa hurdada dhexdeeda, waayo ma ahi mid dareema ciil, caro iyo cidlo midna.

64
NAPPING IS A TOOL

"Scientists no longer argue about, wether napping is helpful or unhelpful. These are givens."

- Sara Mednick

Haddii aad u fiirsato noolaha kale ee uu Alle abuurtay, miyuu jiraa noole hurdadiisa ku dhammaysta ama ku bogta hal-waqti?. Su'aashaan jawaabteeda oo muran madoonta ah waa; Maya! Waxay jiiftaan dhowr-jeer oo kala duwan (multiphasic). Bani,aadamka keli ah ayaa ka jira wax halmar oo isku xiran jiifta. Waqtigaasna wuxuu ahaan jiray habeenkii, walow ay hadda caadadaasi daaqadda ka saartay dunida-casrigaa. Nimankii Ruumaanka ahaa ayaa bilaabay in ay maalintooda u kala qaybiyaan; Waqtishaqo, cunto iyo nasiino. 12-ka duhurnimo waxay u yaqaaneen (sexta). Waa waqtiga qof kasta uu sariirta fuuli jiray. Waana sababta keentay ereyga (siesta) in uu dunida caan ka noqdo. Saynisyahannadii, taariikhyahanadii iyo bulsho-dhaqanyahaankiiba (anthropologists) waxay isku raaceen, indha-gaduudsigu in uu yahay deeq (givens).

INADEQUATE SLEEP IS DANGEROUS

Markii laga reebo hawada, biyaha iyo raashinka, hurdadu waxay soo galaysaa booska afaraad, baahida bani,aadamku u qabo. Sidaas oo ay tahay ummadda caalamku waa daal-soconayaan (walking tired). Bulshada Maraykanka oo isku sheegtay in ay yihiin, dadka wax ugu soo saarka badan dunida waxay sheegeen: Ardaydoodii in ay sii damiinoobayaan (underperforming). Cudaradii halista ahaana ay sii badanayaan. Cilmibaarayaashuna waxay sheegayaan: Sababta faraha ka bixinaysa nolooshii caadiga ahayd (standard life) ee aadanahuhu, in ay tahay daal iyo hurdoyari.

NAPPING BENEFITS

Indha-gaduudsigu waa bilaash, wax qatar ah iyo waxyeellana ma lahan. Haddii aad tahay mid indha-gaduudsada, fadlan cod-dheer iyo mid-gaaban waxaad ugu sheegtaa; Reerkaaga, asxaabtaada iyo bulshadaba faa'iidooyinka laga heli karo. Kuwaasna waxaa ka mid ah kuwa soo socda:

A nap restores alertness: Kulligeen waan wada ognahay siday noqoto tamarteenna (energy) markii la soo gaaro duhurkii. Waxaynu dareennaa hurdo iyo in ay diirad-saaryadu (focus) naga lunto. 20-30 daqiiqo oo indha-gaduusiya ayaa kaa shaafin karta, in aad ku noqotid mid feejigan, fir-fircoon oo soo jeeda. A nap makes you more productive: Sirta ka dambaysa in aad noqoto qof wax soosaar badan ma aha in aad waqtigaaga maaraysee (managing time), waa in aad maarayso tamartaada (managing energy). A nap prevents burnout: Naftu waxay u baahan tahay nasiino (rest), haddii aan la nasin waxaa ka dhalanaya cadaadis (stress), wareer (frustration) iyo gubasho (burnout).

DOES NAPPING AFFECTS SLEEP?

Mednick: Waxay leedahay; Waxaa inta badan dadku isweydiiyaan ama lay isla dhex-maraa. Su'aashaan ah- Haddii aan indha-gaduudsado maalintii, sow hurdada habeenkii iga ma guurayso, macnaha sow in aan shaxaado oo raadiyo tagi mayso? Waa su'aal dadka badankoodu qabo, balse Sara: Waxay ku jawaabaysaa; Dhinac kasta oo arrinkaas baaritaan loogu sameeyay, xaqiiqdu waxay noqotay been.

Indha-gaduudsigu hurdada in uu kaa qaso iska daaye, wuxuuba keenaa ama kordhiyaa hurdada habeenkii ah, laakiin bi-shardi waxaa ah qofku in uu indha-gaduudsado saddex saac ka hor waqtigiisii hurdada inta aan la gaarin.

WHO HAS GOT TIME?

Waqti ayaa u haya indha-gaduudsi waa weedh dadka intiisa badani ka soo weedha markii mowduucaan laga hadlaayo. Haddaba Mednick: Waxay na weydiinaysaa; Meeqa daqiiqo ayaynu ku qasaarinnaa maqaayadda shaaxa (coffee-shop) markii aynu galno fasaxa shaqada (break-time)? xataa haddii aadan waqti helin inta aad shaqada joogto, markii aad guriga timaaddo ku tuuro 30-daqiiqo, adiga oo shaqo kale faraha la gelin.

NAPPING TIPS

Be consistent: Noqo mid joogteeya indha-gaduudsiga, waayo tani waxay kaa caawinaysaa jirkaagu in uu la qabsado. Waxaa arrintaan kuu fududeyn kara in aad jadwal-maalmeedkaaga ku dartid. Keep it short: Kala saar indha-gaduudsi iyo hurdo. Indha-gaduudsigu waa 15-30 daqiiqo keliya. Saacad buuxso haddii aad ka baqaysid in ay hurdo kula tagto. Turn off the lights. Nalalka goobta aad joogto bakhtii. Haddii aysan taasi macquul kuu noqon karinna, mar kasta waxaad jeebka ama boorsada ku qaadataa indha-xir (eye mask). Use a blanket. Haddii aad tahay mid aan ku indha-gaduudsan karin kursiga shaqada ama kuriga baabuurka, waxaad isticmaali kartaa buste (blanket). Be discreet: Sharaf kuuma ahan in aad ku indha-gaduudsato miiska iyo kursiga shaqada. Waxaaba laga yaabaa shaqada in lagaaga cayriyo arrintaas darteed. Waxaad indha-gaduudsan kartaa waqtiga cunto-cunista. Ugu dambayn, beddel (shift) aragtida aad ka haysato dadka indha-gaduudsada in ay yihiin kuwo nolosha ku fashilmay ama caajislowyaal ah.

Haddii ad rabtid in aad ku soo toosto niyadsami, kuna jiifato qanacsanaan, indha-gaduudso.

65
SLEEP FORIS

"It's time we learn to value sleep not as a luxury but as a necessity"

- James Maas

Haddii lagu weydiin lahaa maanta, waa maxay furaha guushu? Dabcan waxaad iska soo jari lahayd sow ma aha waa; Hal-abuurnimo (creativity), hawl-karnimo (diligence), ama doonis-xooggan (burning desire). Sidii aad uga jawaabtidba, waxaan hubaa in aad ilduufi lahayd, sidaas waxaa yiri; James Maas (sleep expert), waayo furha guushu waa wax aynu gebi ahaanteenba iska indho-tirno (overlook), waana hurdada. Dhaqaalaha maanta wuxuu ku xiranyahay cilmi (knowledge), taas oo micnaheedu tahay xirfadlayaashu (professionals) hantitooda (asset) ugu weyn ay haystaan waa maskaxdooda. Saynisyahaniintuna waxay sheegeen; maskaxdu markii ay ugu shaqo wacan tahay waa markii ay hesho hurdo-wacan habeenkii (good night sleep).

Dhibaatooyinka ay sababtu hurddo la'aantu waxay ka badan yihiin ciiddaas. Dhinacyada ay weerarka ku qaaddo waxay sheegeen saynisyahaniintu, in ay ka mid yihiin diirad-saaryo la'aan (focus), feejig l,aan (unattentive), iyo sal-fudeyd (impulsive). Qoobaha aynu ka shaqaynno waxaa u yaalla xeer sheegaaya, haddii uu qofku soo cabbo khamri oo uu yimaado shaqada in laga cayriyo digniin la'aan. Laakiin nasiib-xumo cid isku cayrisa hurdo-yari weli la ma soo sheegin. Baaritaan ay sameeyeenna Williamson and Feyer 2000-kun, waxay ku caddeeyen: Qofku haddii uu soo jeedo keli ah 17-19 saac in dhiiggiisa laga helaayo 0.05% khamri (BAC), falcelintiisuna hoos u dhacayso 50%.

BIGGEST SLEEP THEIVES

Maxaad ka taqaannaa 6-da tuug ee hurdada? Mise isleedahay in ay jiraan tuugo xadda hurdada? Haddii aad ogtahay iyo haddii kaleba waa kuwaan 6-da tuugo (the six thieves). 1- Alcohol and caffeine; Aalkolo iyo kaffaaiin. 2- Tobacco; Tubaako. 3- Strenuous exercise; Jimicsi culus. 4- A heavy meal; Cunto-culus. 5- A poor bedroom; Qol qaab-daran. 6- Stress; Cadaadis.

Are you avoiding alcohol, caffeine and tobacco? Ma tahay mid ka dheeraanaya khamriga, kaffaaiinta, iyo tubaakada 2-duhurnimo wixii ka dambeeya? Waa laga yaabaa cabidda kafiintu in ay hurdada kaa kiciyaan saacadahaas lajoogo (handy at times), balse waqtigaadii hurdada ay adkaanayso in aad hurdo-hesho, waayo kafiintu jirka waxay ku jirtaa 7-8 saac. Are you working out hard? Fikir fiican ma aha in aad jimicsato 5-saac ka hor waqtigii aad jiifan lahayd, waayo waxaad kor u qaadaysaa xaraaraddii jirka, intii aad dejin lahayd. Axsan aroortii jimicso si jawiga maalintaadu u saxmo, habeenkiina hurdo-wacan u hesho. Macnaha 1-dhagax 2-shimbir ku dil. Fahantu kaappe?

Are you eating before bedtime? Haddii aad caadadaas leedahay jooji, waayo dheef-shiidku xoog ayuu u shaqayn doonaa si uu cuntadadaas u burburiyo, taasna waxay carqalad ku tahay jirku in uu galo jawi-hurdo. Do you have a great bed-room? Qolkaaga jiifku waa sidee? Sariirtaada, barkimahaaga kawaran? Iftiinkiisa iyo xaraaraddiisa ka sheekeey. Ma la socotaa mise xoogba u ma haysid sheekooyinkaas. Are you super stressed? Wareer-cawo waa loo waabariista. Isku day in aad sariirtaada fuusho, adiga oo ka maran wel-wel iyo wal-bahaar.

OPTIMAL SLEEP FOR LIVING

Dr. James Maas; Wuxuu leeyahay: Waan ogahay badankiinnu in aynu hurdada qiimaynin oo aan aamminsannahay in ay tahay raaxo (luxury) uune, balse aysan muhiim ahayn (necessity). Taas in ay been tahay anigaa ku tusaayee waxa aad isiisaa 1-isbuuc, adiga oo raacaya 4-taan tallabo ee soo socota. Waxaan kuu ballan-qaadayaa in aad hurdada ka kacdo adiga oo aan buuxsan saacad.

FOUR ESSENTIAL KEYS TO SLEEP WELL

Determine your personal sleep quotient; Waxaad xisaabsataa inta saac ee hurdo kugu filan adiga habeenkii. Waa in aad isku celcelis 8-saac heshaa. Haddii marka aad soo toosto subixii aadan dareemaynin fax-fax (refresh), waxaad 8-dii saac ku darsataa 15-30 daqiiqo, illaa inta aad ka maaranto in aad saacad buuxsato. Go to bed at the same time every night and wake up at the same time every morning, including weekends. Waa in aad sariirta fuushaa habeen kasta isku waqti, subixiina ka soo kacdaa isku waqti, xataa maalmaha aad fasaxa tahay isbuucii, 365 maalmood sanadkii. Ujeeddadu waa joogtaynta. Joogtayntu (regularity) waa mid muhiin u ah xasilinta (stabilizing) saacadda jirka (body clock). Get your required amount of sleep in one continious block. Waa in aad si isku xiran u jiifataa hurdada habeenkii. Dabcan macquul ma noqonaysa habeenada qaar, balse isku day in aad hesho 6-saac oo isku xiran. Make up for lost sleep as soon as possible. Haddii aadan si fiican u jiifan habeenada qaar oo hurdo deyn ah lagu leeyahay, waxaa fiican in aad habeenka ku xiga iska guddo, adiga oo tagaya sariirtaada waqtigii aad jiifan jirtay ka hor.

Jirkaygu wuxuu doonayaa hurdo badan, jeebkayguna lacag badan.

CHAPTER 7
FOCUS

66
SOLITUDE DEPRIVIATION

"What happens when you are constantly scaping life through the screen"

- Cal Newport

Haddii aad tahay mid dhashay 80-kii wixii ka horreeyay, waxaa hubaal ah in aad wax badan ka xasuusato caruurnimadaadii, haddii aadan ahayn mid qaba xusuus-guur (dementia). Balse haddii aad dhalatay intii u dhaxaysay 95-tii illaa 2012-kii, qasab waxaa ah in aad ku kortay taleefanada casrigaa (smartphones), kaas oo aad ku lumisid (spend) isku celcelis 9-saac maalintii.

Jean Tweng (generational researcher) waxay baaritaan ku ogaatay arrin naxdin leh oo u gaar ah kooxdaan dhalatay 90-kii illaa 2000-kun (iGen). Kooxdaan waxaa ku badan Cadaadiska (stress), qulubka (depression), Cabsida (anxiety), oon-xumida (eating disorders) iyo is-dilka (suicide). Intaas waxaa u sii dheer waxay Tweng ugu magac-dartay qilwo-yari (solitude deprivation) oo micnaheedu tahay; Waqti-yari ay kallifayaan shaashadaha (screens) iyo macluumaadyada ka imaanaya bannaanka (outside sources), kuwaas oo qatar ku ah; Nimaadka dareemayaasha (emotional process), nidaamka kaska (mental process) iyo gebi ahaan muhiimadda nolosha (importance of life). In aad waqti hesho ma aha wax adag haddii aad doonayso. Waqti waxaad ku dhex heli kartaa maqaayad shaaxa oo la buuxo (crowded cafe), tareenka dhulka hoostiisa mara (subway train). keli ah waxaa lagaaga baahan yahay in adiga iyo fikirkaaga laydin soo dhex-gelin oo aad is-cidlaysataan. Sidaas daraadeed taleefankaaga had iyo jeer ha noqdo mid gacantaada ka dheer oo si fudud u haaban karin, haddii aad rabtid weeye in aadan ka dhuuman xaqiiqda nolosha.

HIGH QUALITY LEISURE

Ma ahan in aad quursato (underestimate) qiimaha iyo tayada uu leeyahay waqtiga firaaqada (leisure time) siduu uu u dhigay mufakirkii weynaa ee Aristotle; Noloshuba macne ma sameynayso qofku haddii uusan haysan yool uu ku foognaado waqtigiisa firaaqada. Sidaas daraadeed Carl Newport (science professor) wuxuu leeyahay; Qofku ficiladdiisu waxay noqon karaan uun laba mid; in uu ku sugan yahay xaalad wax soo saar (high quality leisure) ama xaalad is-moogaysiis (low quality leisure). Qofku waa in uu iska caabbiyaa dhabqiyaasha aaladaha casrigaa, si uu uga faa'iidaysto waqtigiisa firaaqada.

Sidoo kale, Arnold Bennett (english writer) wuxuu leeyahay; Wax-qabadka sare waa ficillada qofku qabto markii ay naftu karhayso, waana ficilladaas kuwa laga dhaxlo qanacsanaanta-nafeed (self satisfaction) oo laabaha maran buuxisa. Gary Rogowski (author), wuxuu buuggiisa Craftsman ku sheegayaa; Farta iyo maskaxda oo aad ku mashquuliso taleefankaaga in aysan waligaa kuu horseedaynin horumar. Macquul haddii aad tahay mid ka faa'iidaysanaya xirfadaha dhex ceegaagsan Youtube-ka ama shabakadaha la mid ka ah.

Waxaa jira koorsooyin ciiddaas ka badan oo aad ka baran karto xirfadaha aad jeceshahay sida; Udemy, skillshare iyo coursere, oo waliba intooda badan lacag la'aan yihiin casharadaas. Waxaad ka baran kartaa; Falsafadda (philosophy), cilmi-nafsiga (psychology) ama xiriirka lammaanaha (relationship theraphy), haddii aad tahay mid nolosha iyo aadanaha xiiseeya. Haddii kale waxaad ka baran kartaa; Filin-duubista (videography), muuqaal-qaadista (photography) ama fagaare ka-hadalka (public speaking) oo ah, xirfadaha maanta loogu baahi badan yahay aduunka.

ATTENTION RESISTANCE

Newport- wuxuu leeyahay; Fikraddaan ah feejignaan-adkaysigu (attension resistance) waxay igu dhalatay, markii aan arkay ummad aad u malayso in lagu koolleeyay taleefonka, oo ku leh baraha-bushada (social-media) intaas oo cinwaan. Waa fikrad ka soo horjeedda waxay shirkadaha baraha bulshadu lacagta ka sameeyaan ama loo yaqaanno (attention economy). Shirkadaha ugu waaweyn ee baraha-bulshada sida; Youtubeka, facebooka, instagramka, snapka, tiktoka, iyo twitterka waxay lacagta ugu badan ka sameeyaan xayaysiinta, sidii uu joornaalku (tabloids) ahaa 1800-kii. Waxay soo jiitaan dareenka shacabka, waxayna dareenkaas xayaysiinta ku dhisan ka gadaan shirkadaha kale. Tirada badnida kelyentiga ay soo indha-sarcaadiyeen iyo cadadka badeeco uu qofku iibsado, ayay iyaguna saami (share) ku leeyihiin. Waayahaan dambe soojiidasha dareenka shacabka waa ka qiimo badan yahay shidaalka (oil). Shikadda Googlaha xayaysiinta waxay ka sameeyaan 800-bilyan (800 billion $). Facebook 500bilyan, halka shirkadda Exxon Mobile ay samayso 370-bilyan keliya. Arrintani markii ay xaqiiqo noqotay ayaa xarunta ugu weyn adduunka ee teknoolajiyadda (Silicon Valley), waxay u kaba-gashatay sida ugu sahlan ee lacag looga samayn lahaa dareenka aadanaha ayaga oo raalli ku ah.

Haddaba sidee loo yarayn karaa dhijitaalka (digitial minimalism)? Cal wuxuu leeyahay 2 mid uun samee: in aadan isticmaalin baraha-bulshada haddii aad awooddo, ama aad isku celcelis 120 daqiiqo ka badan aadan isticmaalin, macnaha waa 2 saac maalintii.

Maxaa dhici kara ayaad is-leedahay markii aad si joogto ah u rabtid in aad naftaada ku mashquuliso baraha bulshada?

67
THE SMARTPHONE ADDICTION

"Why we can't stop checking, scrolling, clicking and watching?"

- Adam Alter

Sidee dareemi lahayd haddii aadan 1-maalin teleefon isticmaalin? Ka warran 1-isbuuc ama 1-bil? Waa arrin naxdinteeda leh sow ma aha oo qaarkeen wadne-kurkur ku ridi lahayd, haddii telefoonka laga qaadi lahaa saacado keliya. Xiriirkaan casriga ah ee aynu la yeelannay teleefonkeenna ayaa wuxuu ka mid noqday caadooyinka keena qabatinka (addiction). Haddii aad ka mid tahay kuwa isweydiiya mar marka qaar, waqtiga ay ku bixiyaan kuway jecel yihiin (loved ones) iyo telefoonkooda kan badan, waxaad ogaataa in aadan keligaa ahayn oo lagu la qabo cudurkaas. Waana sababta Kevin Holesh (web developer) uu u soo saaray abka (app) loo yaqaanno (moment) 2014-tii. Ujeedka abkaas loo abuuray waa in uu aruuriyo xogta (data) iyo inta saac ee uu qofka isticmaalo teleefanka.

Dadka Maraykanka ku nool intooda badan waxay aamminsanaayeen in ay isticmaalaan teleefonkooda 90-daqiiqo, macnaha 1-saac iyo bar, laakiin abku wuxuu sheegay in ay haabtaan (pick up) teleefanka 50-60 mar, isticmaalana ugu yaraan 3-saac. Culimada cilmi-sayniskana waxay leeyihiin, isticmaalka xadka caafimaadku (guidelines for healthy) waa 1-saac ugu badnaan.

Sidoo kale; Jeremy Reimer (video-game specilaist) wuxuu leeyahay: Dhallintu Maraykanku 40% waxay qabatimeen ciyaaraha lagu ciyaaro teleefonka dhexdiisa sida (world warcraft), kuwaas oo ay fududahay in ay ka qayb-qaataan maaliiyiin qofood oo adduunka dacaliisa kala jooga.

CHILDREN NEED PROTECTION

Waad necbeyd sow ma aha markii aad ilmaha ahayd, in waalidkaa ay kuu xaddidaan saacadaha aad ku isticmaalayso teleefonka, telefishinka iyo kombuyuuterka. Balse maanta waa in aad u mahad-celisaa, waayo cunugba cunugga uu ka isticmaal badan aaladaha casigaa (modern devices) wuu ka shucuur-wadaag (empathy) yar-yahay ilmaha kale. Waxaa la xaqiijiyay ilmaha xiriirka ay la leeyihiin dhalooyinka (screens) uu ka badan yahay kan dadka, in ay saameyn badan oo taban ay ka dhaxli karaan. Sidaas oo ay tahayna waalidka qaarkiis waaba iskaga mashquuliyaan ilmaha teleefonnada. 18-kii sano ee u dambaysay waqtiga ay ku bixiyaan caruurta teleefankooda waxaa ku saaidday 20%.

2012-kii; Yalda Uhls (child psychologist), waxay rabtay in ay wax ka ogaato arrinta shucuur-wadaagga. Waxay imtixaan shucuur-wadaag ah ka qaadday 2-koox oo ilmaha ah. Koox waxay isticmaalayeen teleefanadooda, kooxna way ka qaadday, muddo isbuuc ah. Waxaa cajiib noqotay in kooxdii teleefan la'aanta ahayd 33% ay ka sarreeyeen shucuur-wadaagga, kuwii teleefanada haystay. Imtixaankaas waxaa layiraahdaa (DABVA2). Waxay waalidku inta badan xoogga saaraan in ay ilmaha kala dagaallamaan balwadda sida; Sigaarka iyo khamriga, balse aysan qatar weyn u arkin isticmaalka badan ee teleefanka.

Caruurtu waxay u baahan yihiin ilaalin (protection), waana masuuliyad iyo waajib waalidka kasta saaran. Ilaalintu ma aha tii jirka (physical) iyo caloosha (stomach), ee waxaa loo baahan yahay, ilmaha in laga war-qabo xiskooda (mental), dareenkooda (emotinal) iyo ruuxdoodaba (spiritual).

THE SUBSTITUTE METHOD

Haddii aad damacdo in aad caado aad lahayd si dhaqso ah ku joojiso (cold turkey) sida; Cuntada qashinka ah (junk food), sigaar, khamri ama daroogo kaleba, waxaa inta badan dhacaysa in aad ku soo noqotid (relapse) balwaddaas. Qaabka keli ah ee aan u wajahno caadooyinka aynu jeclaysanin (undesired behavior) waa in aynu daboolno (suppress) ama cadaadinno (repress). Balse cabburintu inta badan in ay wax xumayso ma ahane wax ma wanaajiso.

Arrintaas waxaa ka dhaheehan karnaa qowmiyada ku nool wadamada ay ka jirto xagjirnimada (conservative) iyo diimaha oo waxyaallo badan u yaqaanna ceeb (taboo). Xog-uririnta shirkadda Googlaha qaybteeda wax raadinta (searching), waxaa lagu caddeeyay in kun jeer in ka badan dadka wadamadaas aan xusnay ku nool, ay raadiyaan aflaanta xun-xun (pornography) markii loo eego waddama kale. In la is ku halleeyo doonista-xooggan (willpower) keliya ma aha mid xal-waarta u keeni karta joojinta caadooyinka la qabatimay. Caadada boos-beddelka (substitute), macnaha caada booskeeda oo caado kale oo wanaagsan la geliyo ayaa noqonaysa mid la is ku halleyn karo (reliable).

2014-tii; Ayaa shirkadda la yiraahdo; Shirkadaha dadka kale (the company of others) waxay soo saartay aalad-casriga (smart device) oo la yiraahdo xaqiiqo (Realism). Aaladdani waa muraayad sida teleefoonka oo kale ah uu qofku ka dhex-fiirsan karo adduunyada hareerihiisa ah si xaqiiqiyan ah, inta uu taleefankiisa ka dhex fiirsan lahaa adduunyo mala-awaal ah oo aan xaqiiqo ahayn.

Dadkii hore caadada qabatinku waxay u la muuqatay nooc ka mid ah addoonnimada.

68
DISTRACTION STARTS FROM WITHIN

*"Traction draws you toward what you want in life,
while distraction pulls you away."*

- Nir Eyal

Maxay tahay sababta aynu ugu nugul-nahay (prone) maaweelada (distraction)? Jawaabta ugu horreysa ee inteenna badani bixinno waa teknoolajiyadda (technology) sow ma aha? Haddii aad tahay mid ku daalay oo qaatir-billaahi ka taagan aaladaha casrigaa, waxa aad ogaataa isticmaalkooda oo aad iska dayso ama aad yarayso in aysan kaa joojinaynin wahsiga iyo dib-isu-dhigashada (procrastination). Haddii ay ahaan lahayd in aad waraaq ku feegaarto (doodle) ama aad tiriso buugaagta miiska kuu saaran, maskaxda bani-aadamka waxay sayid (master) ku tahay abuurista mala-awaallada. Si aynu u fahanno waxyaalaha keena dhab-qiyaasha, waa in aynu kow fasirnaa cariyaashu (triggers) waxay yihiin.

Cariyaashu waa dareemayaal nagu hoggaamiya laba waddo mid uun; Immaa kuwo noo soo jiida (traction) hadafyada ama kuwo u shaqeeya bil-caksi oo naga sii jeediya (distraction) yoolasha. Xaqiiqdu waxay tahay teknoolajiyadda keliya in aan dusha laga saari karin eedaymaha la xiriira dhab-qiyaasha. Dhab-qiyaashu had iyo jeer waxay ka soo burqadaan culaysyada aynu calaanjin ee aan duuduubka u laqnay sidii miro-daray. Waxaan uga kabaxsannaa dhibaatooyinka sida; Markii ay calooshaannu hadlayso (stomach rumbling), dhibaato guur na haysato (martial problem), ama aynaan ku qanacsanayn mihnaddeena (career). Waxaynu cambaaraynaa teknoolajidda, markii aynu xal u weyno khilaafkaadka ka jira gudaheenna (internal conflict), taas oo keenaysa xaqiiqda in aan la wajihi karin in la is maaweeliyo mooyee.

MASTER YOU INTERNAL TRIGGERS

Haddii aad rabtid in aad ka qaalib noqotid cariyayaashaada, wadddaa kowaad waa in aad diiwaan-geliso. Waa in aad qalin iyo waraaq qaadato oo qorto waxa aad dareemayso iyo dareenkaas waxa cariyay. Ma naxdin kugu soo boodday baa (sudden onset of anxiety)? Ma kaabbihii (Boss) shaqada oo kaa caraysiiyaa? Mise waa macmiil edeb-daran (rude customer) oo kugu soo jarmaaday? Haddii aad sidaan samayso waxaad baran doontaa sida loo kala saaro cariyaasha (triggers).

Jonathan Bricker (psychologist) wuxuu leeyahay; Waxaa jirta waddo kale oo aad ku xakamayn kartid cariyaashaada. Sawiro adiga oo gacan-biyood garab-fadhiya oo dhagaysanaya qul-qulka biyaha. Caleemaha dul-sabbaynaya biyuhuna ay xambaarsan yihiin dhab-qiyaashii ku carqaladaynayay. Sawirashadaasi waxay kaa caawinaysaa in aad dib u hanato diirad-saaryadaadii oo aad qabato (tackle) shaqadaad gacanta kula jirtay.

Ugu dambayn; haddii aad doonayso in aad ka guulaysato (overcome) cariyaasha gudaha (internal triggers) sida; caajiska iyo cabsida waa in aad naftaada aammintaa. Haddii aad u malayso in aadan teleefonkaaga ka maarmin, waxaa kugu adkaanaysa in aad iska caabbiso hunguri-gelintiisa (temptation). Haddii aad u malayso in aad tahay hacooy aan waxba qaban karin, weligaa waxba ma qabsan doontid. Sidaas iskula hadasho waa furaha aad ku noqon karto mid aan la jeedin-karin (indistractable). Sirta sare u qaadista (boost) is-aaminidda (self-belief) ayaa waxay noqonaysaa naf isku-turidda (self-compassion) koowaad. u la hadal naftaada sidii aad u la hadli lahayd qof aad jeceshahay oo anfariirsan ama geeliisa cirka lagu maalayo.

SAVEGUARD TIME EACH WEEK

Haddii aadan aqoonin waxaad u halgamayso (striving toward) nolosha, waa alhuumo weyn in aad ka eed sheegato dhibaatooyinka dhab-qiyaasha. Sidaas daraadeed waxaa muhiim noqonaysa in aad leedahay qorshe. Furaha qorshahaasina waa waxay ugu yeeraan waqti-qaanadeynta (timeboxing). Waa u samaynta waqti ccayiman saacadahaada iyo qabashada howlo gaar ah. Waqti-qaanadeyntu kuu dammaanad qaadi mayso in aad gaarto qorshe kasta oo aad dhigatay. Waxaa jira waxyaalo ka baxsan awoodaheenna (beyond our control). Haddii aanad daalanayn macquul ma noqonayso in aad jiifato, waqtigii aad jiifan jirtay sax? Haddii subaxyada qaar jawigaagu saxnayn, waxaa laga yaabaa in aadan samayn karin xusuus-qor (journaling). Waqti-qaanadeyntu waxay kuu kafaalo qaadayso waa qaab-dhismeed (framework) macquul ka dhigaya in aad guulaysato.

Waxa ugu horreeya ee waqti-qaanadeynta u baahan waa naftaada. Sababta ka dambaysana waa iska caddahay oo horaa loo yiri; Tiisa daryeelaa tu kale ku dara. Haddii aadan naftaada xanaanayn karin hubaal wixii ka soo harayna waa silceen. Tan labaad waa xiriiradaada guud iyo kuwaada gaar ahaaneedba. Weliba kuwa udub-dhexaadka u ah noloshaada. Macquul ma noqonayso in aad waqtigaaga haraadiga ah (left over) la qaybsato kuwa aad ugu jeceshahay dadka sida; Xaaskaaga, caruurtaada iyo asxaabtaada. Sidaas daraadeed bishii hal-habeen u qorshee xaaskaaga. Labadii bilood hal-habeen kulmi asxaabtaada. Isbuuciina 1-maalin la ciyaar caruurtaada.

Dareen-cariyayaashu waa farriimo ay soo dirayaan la-haystayaal adiga kaa mid ah oo kugu dhex nool.

69
THE HIGH-TECH WORLD

"Starve your distraction, feed your focus"

- Unknown

Waxaynu aragnay ama aynu ognahay in ay nagu adag tahay in aan iska caabbinno akhbaaraadka nooga imaanaysa dibadda iyo xayaysiintaan sida daran-doorriga ah ay noogu garaacayso adduunyadaan casriga ah (high-tech world). Qaastan saddexdaan is-gaarsiin oo ceyn-wareejisay hab-dhaqankii bulshada (societal behavior). Kuwaas oo kala ah; Internet-ka, smartphone-ka iyo social mediyaha.

Ugu horreyn, internetku waa aalad inta badan na soo gaarsiisa macluumaad aan faa'iido noogu jirin oo loogu talo galay in ay kiciyaan dareemayaasheenna, ka dibna laga ganacsado foojignaanteenna (attention). faa'iidooyinka internetku fududeeyay waxaa ka mid ah, qaabkii is-gaarsiinta oo weliba bilaash ah sida; Warqadaha (emailka) iyo farriimaha (sms). Teleefannadii oo noqday kombuyuutar yar oo gacanta lagu sito (mobile computing) oo aad ka geli karto shabakadaad rabto (browse the web), ka daawan karto muuqaal iyo heestii aad rabto (stream video and music), masawirkii aad rabtidna ku qaadan kartid, weliba adiga oo isla markiiba lasii wadaagi kara asxaabtaad jaalka ku tihiin baraha bulshada (social media).

Arrintani waxay keentay 860-milyan oo Yurubiyaan ah iyo 7 ka mid ah 10-kii qof ee Maraykan ah, in ay haystaan teleefan casri ah oo markii ay ugu yartahay ay dhugtaan 27-mar maalintii: Saddexdaan aaladood ayaa keenay in dad badani ay ku adkaato in ay sameeyaan diirad-saaryo ddaba-dheeaata (focus over a long period).

THE MODERN TECHNOLOGY

2004-tii, xarumaha caafimaadka deg-degga ah ee wadanka Maraykanka waxay sheegtay; Qiyaastii 555-qof in ay caawimaad u soo raadsadaan maalintii, ka dib markii ay hardiyaan baallayaasha wadada (stationary objects), ayaga oo fiirinaya taleefankooda ama diraya farriimo. 2010-kii tiradu way sii korortay oo waxay gaartay qiyaastii illaa 1,500 oo qof. Maxaad u malaynaysaa haddii aad caqligaaga kaashato, in ay sababayso arrintaan? Waxay dhaqaatiirta cilmi-nafsigu sheegayeen in ay keenayso afar-arrimood (four factors) midkood.

BOREDOM; Badankeen waxaynu kaga baxsannaa caajiska oo aynu ku dareennaa nefis, markii shaqadii aynu haynay (work-related) faraha kala baxno, oo aynu guda-galno shaqo kale oo baashaal ah (entertainment-related) sida; Face-booka ama Youtube-ka. ANXIETY; Waxaynu dareennaa walaac iyo walbahaar haddii aynu dhex-dubaallan baraha-bulshada ama teleefanku ka maqnaado gacanteenna, wax ka badan 15-daqiiqo. Waana sababtii loo curiyay hal-hayska loo aqoon ogyahay; Cabsida in ay wax na dhaafaan: FOMO (fear of missing out).

ACCESSIBILITY; Aalada casrigaa oo noqday wax dadku intooda badan maanta heli karaan, goor-kasta ama goob-kasta sida baakad shukulaato ah oo aan waligeed dhammaaneyn. LACK OF METACOGNITION; Iska-warqabku (metacognition) waa markii aad la socoto waxay maskaxdaadu damacsan tahay, se haddii aadan iska-warqabin waxaa adkaanaysa in aad ka adkaysato (resist) dhab-qiyaasha. Haddaba maxaan ka samayn karnaa?

PHYSICAL AND MENTAL TRAINING

Waxaa jirta waddooyin badan oo lagu beddeli karo maskaxdeenna (brain). Farsamada ugu fudud (effective method) ee qof yar iyo qof weynba ka bixi karana waa jimicsiga (exercise). Waynu ku baraarugsannahay jimicsigu in uu horu-mariyo qaab-dhismeedka jirka iyo caafimaadka guud. Waxaa kale oo la xaqiijin karaa in uu kor u qaado xakamaynta garashada (cognitive control).

Baaritaan ay sameeyeen dhaqaatiirta caruurta (pediatricians) 2009-kii, waxay sheegeen; Ilmaha jir ahaan taamka ah (physically-fit) in ay ka xakamayn garasho badan yihiin ilmaha kale, kana mashquul yar yihiin (less distracted).Waxaa jirta waddo waddo kale oo maskaxda lagu dhiso karo (cognitive exercise) ama loo yaqaanno tababarka maskaxda (brain training). 1998-dii, ayaa lix xarun oo xarumaha duqowshinka ah (institute of aging) oo ku kala yaalla daafaha dunida, waxay hir-galiyeen tijaabo (expriment) ay ugu magac-dareen tijaabadii fir-fircoonida (Active trial), oo ay ka qaadeen kooxo waayeello ah. Ujeedku wuxuu ahaa in la imtixaamo awoodda wada shaqaynta ka dhaxaysa saddexda-garasho ee kala ah; Xusuusta (memory), sababaynta (reasoning) iyo xawaaraha wax-qabadka (speed of processing). Kuwaas oo ay awooddoodu yaraato markii u qofku gaaro lixdameeyo (mid-sixties), haddii garashooyinkaas helin jimicsi iyo tababar (exercise & training) joogta ah. Toban sano ka dib waxaa la xaqiijiyay in kooxihii ka qayb-qaatay tababarkaas uu nolol maalmeedkoodu (daily life) ka fududaa kuwii facood ahaa, xataa ay ka shil yaraayeen 50%.

Aaladaha casrigu marna waa addoomo daacad ah marna waa sayidiin qatar ah.

70
MEDIA IS MY DRUG

"One thing at a time will always perform a better day's work than doing two things at a time"

- Alex Pang

Internetku wuxuu noqday halbowlaha iyo xow-xowlaha nolosha dad badan maanta. Markii loo eego baaritaankii ay sameysay xarunta (Pew research center) waxay leedahay; Qofka Maraykanka ah wuxuu isticmaalaa internetka bishii 60-saac. Xaqiiqdii aaladahaan casriga ah waxay insaanka u furtay albaabbo badan, balse adduunyadaan halka qol laga dhigay iyaduna qatarteeda ayay leedahay. Haddii hadalkaanu kula noqday mid la buun-buuniyay (exaggeration), bal aynu isla eegno maxsuulkii ka soo baxay, baaritaankii lagu sameeyay jaamacadda Maryland.

Ardaydii ka timid boqortooyada ingiriiska waxay sheegeen; In teleefoonku u qabto (craved) sidii bunkii oo kale. Kuwii Maraykanka ahaana; in ay dareemaan xaraarad daroogo (drug addict), halka ardaydii yurubta kale ka timid dhaheen; Annagu u ma baahnid daroogo kale; Waxaa daroogo noo ah baraha bulshada (social media is our drug), la'aanteedna waan lumi lahayn. Baaritaan kale oo laga sameeyay isbitaalka Boston (Boston hospital) ayaa dhaqaatiirtu waxay sheegeen; Shantii bukaanba- saddex ka mida in ay jirka ka dareemayaan gariirka telfoonka (phone vibration). Saynisyahannadu waxay ku qeexeen mucjisadaan (phenomenon); Bukaannadaasi in ay ahaayeen kuwo ka badsada dhiggood internetka. Waxayna cudurkaas u bixiyeen qabatinka internetka (internet addiction).

Alex Pang (Author), wuxuu leeyahay; Internetku ma aha aalad loo noqdo addoomo ee waa kiyaawe ingiriis (helpful tool) nolosha lagu fur-furto.

MULTI-TASKING vs SWITCH-TASKING

Qiyaas adiga oo qoraal muhiim ah ku qoraya kombiyuuterka, ka dib dhabqiye (distraction) kugu soo booday. Waxaad joojisay qoraalkii si aad u fiiriso dhabqiyahaas, adiga oo niyadda ku haaya in aad isha marin doonto keliya? Nasiib-xumo (unfortunately) tallaabadani ma aha jidka wax lagu taabo-geliyo (get things done), waayo tani ma aha howl-badni (multi-tasking) ee waa howl-rogid (switch-tasking). Mahadsanid macallin Ziigo, laakiinse muxuu yahay farqigu?

Monica Smith (Anthropologist) oo bare-sare (professor) ka ah jaamadacadda California ee Los Angels (UCLA) ayaa waxay leedahay, farqigu waxa weeye; Howl-badnidu (Multi-tasking) waa qabashada shaqo-badan oo is leh. Tusaale; Waxaad cazuuntay (invited) saaxiibadaa. Waxaa qasab noqonaysaa in aad waxyaalo badan (several things) isha ku hayso (keep track) isku mar (at once), si aad uga soo tuurto casho-sharaf laga sheekeeyo. Waxaa qasab noqonaysa in aad shaqo badan isku dul-qabato; Maxaad cashada ka dhigtaa? Halkee ka soo adeegataa? Sidee u diyaarisaa cuntada adiga oo waqtiga ilaalinaya. Howl-rogiddu (multi-switching) sidoo kale waa isku qabashada howlo kala duwan isku waqti, balse jirin wax cilaaqaad ah oo ka dhaxeeya shaqooyinkaas, sida cazuumaadda oo kale.

Haddaba qof kasta oo kombiyuutar hor fariistay dhabqiye waayi maayee, muxuu yahay xalku? Xalku waa adiga oo soo dagsada barnaamij (software) lagu magacaabo (Zenware) oo kumbiyuutarada iyo telfoonada loogu talo galay in ay bandow ka saaraan dhabqiyaasha. Waa aalad (app) kaa caawinaysa in aad noqoto mid diirad-saaryo leh, wax soosaarkiisuna sarreeyo oo kuu sahlaysaa in aad gaarto heerka-qulqulka (flow state) wax-qabadka.

THE DIGITAL SABATH

Haddii aad ka mid tahay malaayiinta qof ee baraha bulshada ku bixisa isku celcelis 8-saac iyo wixii ka badan, waxaan kugula talin lahaa in aad dhaqan-geliso waxay ugu yeereen-Digital sabbath. Waxaa alliftay Anne Dilenschneider (psychologist) waxaana markii ugu horreysay lagu tijaabiyay shaqaalaha xarunta- Silicon Valley. Fikraddu (concept) waa hirgelinta fasax ka qaadashada internetka iyo aaladaha casriga ah. Aragtidaani waa mid fudud oo saamayn badan. Haddii aad tahay shakilow (skeptical) aan wixii loo sheeko rumaysan, bal aynu milicsanno is-xakameeyaha weyn (self-vowed) ee dhaqan-geliyay fikirkaan Shay Colson.

Ninkani wuxuu go' aansaday in uu ka nasto baraha bulshada dalxiiskiisii bisha-malabka (honey-moon) ee uu ku joogay wadanka Bali. Colson wuxuu isticmaalay kaartadii qadiimiga ahayd ee internetka hawada lagu cunaayay (ditching internet), lana isticmaalaayay qariiradaha (maps) iyo tikidhada waraaqadaha ah. Sidoo kale injineer u shaqeeya shirkadda Tesla oo lagu magacaabo David Wuertlele, ayaa dareemay dhaqankaan uu iska dabo-wado taableetkiisa (tablet) had iyo jeer, in ay dhaawac u gaysan karto xiriirka ka dhaxeeya wiilkiisa iyo isaga. Wuertele wuxuu go' aansaday in uu taableetkiisa iyo telfoonkiisa guriga uga tago markii uu rabo in uu wiilkiisa waqti la qaato. Taasi waxay suurto-gelisay xaadirnimadiisa iyo in uu ahmiyad siiyo, waqtiga ugu qaalisan wiilkiisa ee caruurnimada.

Iska hubi in aad hawlo badan isku dul-qabanayso iyo in aad hawlo badan isku dul-furayso.

71
THE PROGRESS PARADOX

"You must say no to unexpected opportunities in order to say yes to your priorities."

- Jocelyn Glei

Meeqa mar ayaad maalintii furtaa Email-kaaga? Mise waxaad isku daydaa in aadan eeginba? Amase waxaad ku jirtaa kuwa fallaarta ku gujiya batoonka dib u cusboonaysiinta (refresh) kombiyuuterka oo sugi la' farriinta xigta ee soo dhacaysa? Haddii aad ogtahay iyo haddii kaleba shaqaalaha xaafiislayda, maalintii waxay dhugtaan sanduuqooda farriimaha, ugu yaraan 75-mar. Sababtuna ma aha in loo qabtay waqti (deadline) ay qasab tahay in ay ku soo jawaabaan farriimahaase, waa kuwo qabatimay (addicted) caadadaas.

Qabatinkani wuxuu ka imaanayaa dareenkeenna aasaasiga ah (primal impulse) kaas oo aalaaba raadiya abaal-marinta togan (positive rewards). Taas ayaa waxay nagu xambaaraysaa in aan isha ku hayno farriimaha iska soo daba-dhacaya, walow aynaan ogayn markii ay farriinta abaal-marintu na soo gaarayso. Abaal-marinnadaas naadirka ahna ee na farxad-geliya waxaa ka mid ah, farriimaha familka (family messages), saaxiib noo dhawaa oo illownay (near-forgotten friend) ama gacaliso nagu dheereyd oo naga luntay (long-lost lover).

Markii aynu dib u dhigno shaqo muhiim ah si aan u furno farriin, waxaynu qiyaamaynaa maskaxdeenna. Waa midda kowaade, waxaan iska dhaadhacsiinaynaa in aynu dhimayno farriimaha aan la akhrin, se waa midda labaade waxba ka ma faa'iidayno taasna. Ciladdaanna culimada cilmi-nafsigu waxay ugu yeeraan horumarka is-barbardhigga (progress paradox).

THE MEANINGLESS MESSAGE

Macquul ma noqonayso adduunyadaan casrigaa (digital world) in uu qofku Email la'aan ahaado gebigeedba. Haddaba waayahaye, sideen u yarayn karnaa (reduce) waqtiga inooga baxa (spend) diridda iyo furidda Emailada?

Tallaabada kowaad waa in aan yeelannaa jadwal-joogta ah (daily routines) oo ku habboon baahiyaheenna. Muhiim ma aha qofka aad tahay iyo waxa aad qabato. Xalkaagu wuxuu ku jiraa subixii markii aad soo kacdo in aadan ku bilaabin maalintaada, fiirfiirinta farriimaha emailkaaga. Haddii aad ku bilowdo maalintaada fiirfiirinta farriimahaada, ka hor inta aadan koob-kaffee ah qac-kasiin, quraac yar oo macaan ah ku-dhufan, ama qubeys-dheer oo kulul qaadan, waxaad si toos ah ugu oggolaatay ummad kale oo aadan aqoonin waxay yihiin in ay u taliyaan maalintaada. Fadlan naftaada bar inaad 60-90-daqiiqo ugu horraysa maalintaada in aad u hurto (devote) shaqo macne kuu samaynaysa adiga (meaningful work).

Saacadaha ugu horreeya maalintaada waa saacadaha ugu qaalisan. Waa waqtiga maskaxdaadu caabboon tahay (fresh) oo furan tahay (sharp). Waxaa nasiib-darro noqonaysa in aad ku lumiso jaaniskaas farriimo maalaa-yacni ah (meaningless messages). Waddada ugu fiican ee aad ku samayn karto taasna, waa adiga oo noqda illaaqtame (batcher). Illaaqtamiddu waa qaabka ugu fudud uguna waxtarka badan ee aad u la tacaali karto farriimahaada. Macnaha waa fiirfiirinta farriimahaaga si qasdi ah; Labo ama saddex-jeer maalintii, intii aad ku dhex-meeraysan lahayd farriimahaaga ujeeddo la'aan. Farsamadani waxa aad ku gaari kartaa waxsoosaar tayadiisu sarrayso.

ORGANIZE YOUR EMAILS

Haddii aad ka mid tahay boqollaalka wadnuhu xanuuno markii ay Emailadooda furaan tiro badni darteed, waxba niyadda hayska dilin, waxaa jira talooyin (tips) iyo farsamooyin (tricks) kaa caawin kara arrintaane. Ugu horreyn waa in aad habaysaa (customize) sanduuqaada farriimaha oo aadna u samaysaa galal (folders). Xataa haddii aad rabto waxaad ka dhigi kartaa farriimahaaga kuwo is-kood isku habeeya (organize themselves).

Waxaad u qaabaynaysaa (set up) emailkaaga, galal leh magacyo kala duwan, mid kastana uu xambaarsan yahay muhiimaddiisa. Macnaha haddii farriintu muhiim yahay (important) laakiin aysan deg-deg yahay ahayn (not urgent), ama farriintu deg-deg tahay (urgent), balse aysan muhiim ahayn (not important). Tusaale; Haddii farriin kaaga timaaddo sarreeyahaaga shaqada (boss) waxay toos ugu dhacaysaa galka deg-degga ah, laakiin muhiimka ahayn. Haddiise farriintu ka timaaddo Mama-Qaali waxay toos u galaysaa galka muhiimka ah, balse deg-degga ahayn. Waxaa jiri kara farriimo labadaas u dhaxeeya, waxaadna u samayn kartaa galka la yiraahdo; Hadhow isoo xasuusi (remind me later). Farriimahaana oo kale waxaad uga jawaabaysaa waxay ugu yeeraan- Fal-celinta caqliyaysan (smart response), taas oo micnaheedu tahay in aad qofka u jawaabtid, adiga oo jawaab waafiya siin, balse ogaysiinaya in aad heshay farriintiisii. Sidaas haddii aad samayso oo aad farriimaha u kala qaybiso sida ay u kala muhiimsan yihiin, hubaal waxaa macne yeelanaaya waxsoosaar kaaga.

Dheh maya wax aan dan kuugu jirin nolosha, si aad u hesho wixii ay dan kuugu jirto.

72
BREAK UP WITH YOUR PHONE

"Breaking up with your phone means, giving yourself space and freedom."

- Catherine Price

Haddii aad rabtid in aad taleefonkaaga kala furataan (breaking up) waa arrin u baahan doonis xoog-badan (strong motivation) iyo ogaal (awareness). Haddii aad damacday in aad yarayso isticmaalka telfoonkaaga waa in aad gaartaa go' aan cad (crystal clear), ogtahayna sababta kugu xambaaraysa. Kuguma filna in aad qaadato go' aan maskaxeed iyo riyo ku dhisan rabitaan iyo niyad iskala hadal. Waxaa lagaaga baahan yahay u diyaar-garow.

Marka kowaad: Raadi oo qorsheey waxaad ku buuxiso, waqtigii aad ku bixin jirtay telfoonkaaga. In aad xargaha u jarjo xiriirkii aad la lahayd telfoonkaaga waxay kuu suurto-gelin kartaa in aad ku barato luuqad cusub oo aad xiiseyn jirtay yaraantaadii ama in aad waqti tayo leh (quality time) la qaadato kuwaad jeceshahay (loved ones). Tallaabada kale ee ku caawin karta waxa weeye, in aad tahay mid ka war-qaba hab-dhaqankiisa ku aaddan isticticmaalka telfoonkiisa. Isku day in aad ogaatid inta saac ee aad isticmaashid telfoonkaaga maalintii. Waxaa laga yaabaa in aad niyadda iska leedahay- Dadkaan ma waalan yihiin? Ma waxaan iska daba-sidi karaa saacad. Maya,e waxaa jira barnaamijyo (apps) kuu sheegi kara inta jeer ee aad dhugatay shaashadda telfoonkaaga iyo inta saac ee aad ku isticmaashay. Barnaamijyadaas waxaa ka mid ah, kuwa lagu magacaabo: Moments iyo Offtime.

Haddii aad yarayn lahayd waqtiga aad ku bixiso telfoonkaaga, waxaa kuu soo hari laha, waqti badan oo aad howli badan ku hir-gelin lahayd.

QUIT SOCIAL MEDIA

Waxaa shaki ku jirin, inteenna badan in aynu isticmaalno baraha-bulshada sida; Facebook, Instagram, Snapchat, iyo Tiktok. Waxaa jiri kara madallo (platforms) kale kuwaas oo inoo fududeeya in aynu iskula xiriirno, annaga oo kala joogna daafaha dunida. Baraha-bulshadu waa mindi laba afleey ah, waxay ku xiran tahay hadba sida aad u isticmaasho, balse haddii aad dareemayso cadaadis xad-dhaaf ah oo kaa haysta dhankaas, waxaa la joogaa waqtigii aad joojin lahayd isticmaalkooda.

Pamela Anderson (actress) ayaa shaacisay 2021-kii in ay joojinayso isticmaalka baraha-bulshada, ayada oo qoraalkeeda cinwaan uga dhigtay; Waligeey ma ahayn ruux jecel baraha-bulshada, haddana waxaan galay nolol aan ku qanacsanahay oo ay wehlinayaan wax akhris iyo ag-joogga dabeecadda (nature). Ma qaadan kartaa go' aankaas oo kale? Maxaase kugu dhici kara ayaad isleedahay? Waxaa laga yaabaa in aad dareentid;

Anxiety & stress; Waa caadi in aad dareentid cabsi iyo cadaadis, waayo waxaad caado u lahayd ayaad joojisay. Balse ogow xaaladdaas ku ma jiri doontid isbuuc kabadan. Lonely & disconnected; faa'iidada ugu weyn ee baraha-bulshadu wuxuu ahaa, fududeynta isku xirka-aadanaha kala jooga daafaha dunida. Waxaad dareemi doonytaa cidlo iyo in aad qadka ka baxday oo ay wax ku dhaafi doonaan. Naiib-wanaag xirrirka-aadanuhu wuxuu ku wacan yahay markii la is hor-fadhiyo. Your mental health will improve; Walow aad dareemi doontid mid qadka ka baxsan (disconnected) haddana hubaal waxaa hor-mari doonaa caafimaadka xiskaaga, haddii aad joojiso isticmaalka baraha-bulshada.

FEAR OF MISSING OUT

Calaamadaha caalamiga ah (classic symptoms) ee qofku dareemo markii uu iska fasaqo (break up) telfoonkiisa waxaa ka mid ah, cudurka loo yaqaanno; Cabsida in ay wax ku dhaafaan ama afka qalaad lagu yiraahdo; Fear of missing out (fomo). Si aad cudurkaas uga badbaaddo waxaa lama-huraan noqonaysa in aad sii diyaarsato, camalkii aad ku buuxin lahayd, waqtigii aad ku bixin jirtay telfoonka. Haddii kale mar kasta oo ay camal la'aani kugu dhacdo, waxaad haaban doontaa telfoonka.

Diiwaan-geli waxyaalaha ku farxad-geliya. Soo xasuuso waxyaalahii ad jecleyd caruurnimadaadii ama waxaad hadda jeceshay oo aad waqti u la,eyd sida; Ciyaaridda jeeska (chess), feerka (boxing) tumista cuudka (oud), sawir-gacmeedka (drawing) ama cunto-karinta (chef). Waxaa jira hiwaayad (hobby) waxaas oo dhan bikh dhahaysa, middaasina mid kale ma ahane waa jimicsiga (exercise). Waad ogtahay waxaynu nool nahay casrigii dhijitaalka (digital age), taas oo macnaheedu tahay, jirkii iyo innagu in aynu kala irdhownay (disconnected). Dabcan waxaa jira dad badan oo qalbigaaga ku weyn oo aad jecleyd in aad waqti la qaadato, haddii aad waqti heli laheyd sow ma ahan?

Markii aad intaas isku daba-ridato (jotted down), waxaad u samaysaa qorshe-cad oo leh jadwal. Jadwalkaas oo weliba leh nidaam (routine). Xusuusnow wax kasta oo aad qorshayso, sida aad rabtay kuuma noqonaayaan marka hore, taasna waa wax caadi ah, mar kasta oo aad abuuranayso caado-cusub (new habit).

Telefoonku wuxuu kuu soo dhaweeyaa qof kaa dheer, wuxuuse kaa fogeeyaa qof kuu dhow.

73
THE REST DAYS

"Sabbath is a time to transition from human doings to human being."

- Tiffany Shlain

Maalmaha nasiinadu waa dhaqan fac-weyn oo soo jireen ah (age-old tradition). Kumanaan kun oo sano ka hor, qowmiyadda yuhuudda ahi (jewish) waxay bilaabeen maalin nasiino oo ay ugu magacdareen; Sabbath. Maalintaas waxay ku darsadeen tobankooda amar (Ten commandments) ay ku dhaqmaan. Waa maalin fasax laga qaato shaqada isbuucii. Waana maalinta sabtida ah. Gadaasheed waxaa dhaqankii qaatay gaaladii (christians) oo waxay iyaguna dooreen maalinta axadda in ay nastaan, halka muslimiintu (Islam) nastaan maalinta jimcaha ah.

Maalintaas nasiinadu ma ahayn mid ay qaateen dadka diimaha keli ah haysatee, ururada cilmaanitiintuna (secular organizations) waxay aasaaseen (stablished) qarnigii 20-aad (twentieth century) in laba maalmood fasax laga qaato shaqada (weekend). Labadaas maalin oo aysan jirin waxbarasho, shaqo iyo fikir, balse la xoojinayo xiriirka qoyska (family bonds).

Nasiib-darro waqtigu wuu is-beddelayaa. 67% oo shaqaalaha Maraykanka ah, waxay sheegayaan in ay shaqeeyaan xataa 2-maalin ee nasiinada ah. Labadaas maalin ma aha keli ah waxa nabaad-guurey (eroded) ee waxay teknoolajiyaddu suuqa ka saartay, sidii aan u xukumi lahayn waqtigayaga. Taasina waxay dhalisay in qaabkii (structure) maalmaheennu ay isbeddelaan. Waxaan u malaynaynay in teknoolajiyaddu yarayn doonto waqtigaynu sahaqaynayno, balse waxay na dhaxalsiisay in aynu noqonno, kuwo xaadir ah (online) labaatan iyo afarta saac (24/7).

THE TECH SABBATH

Haddii aad go' aansatay in aad fasax ka qaadato teknoolajiyadda (tech sabbath), waxaad u baahantahay qalab (equipment). Qalabkaasina wax badan ma ahane waxba ha walwalin liisku (list) waa gaabanyahaye.

Tan kowaad, waxaad u baahan tahay in aad dad wacdo ama lagu soo waco, sidaas daraaded maadaama aadan telfoon-gacan isticmaalaynin, waa in aad telfoon-guri haysataa. Xusuus-qor kuugu qoran yihiin telfoonada dadka muhiimka kuu ah. Sidoo kale waa in aad saacad-gacan haysataa oo aad waqtiga ka fiirsato. Haddii aad rabtid in aad heeso dhagaysato, waa in aad raadiyo-dhago haysataa. Ka warran haddii aad rabtid in aad masawirro xusuus ah keydsato? Iyadana waa in aad haysataa kaamiro-gacmeed. Tan labaad, waa in aad go' aansataa maalinta aad fasaxa ka qaadanaysid teknoolajiyadda. Badi dadku waxay ka dhigtaan 2-da maalin ee nasiinada (week end) mid ka mid ah. Macnaha sabti ama axad. Macne ma lahan maalintii aad doorato, balse waa in ay ahaataa maalin munaasab kugu ah adiga. Tan saddexaad, waa in aad u sheegtaa qoyskaaga, asxaabtaada, maamulayaashaada iyo dadkay wada-shaqayntu idin ka dhaxayso, si aysan ugu soo lug-goin in ay ku soo wacaan.

Hagaag!. Su'aashuse waxay tahay, maxaa kuu qorshaysan maalintaas aad fasaxa ka qaadanayso teknoolajiyadda? Waa in aad ka faa'iidaysataa oo aad madaxa dejisaa sow ma ahan? Waxaad casuusmi kartaa oo aad waqti la qaadan kartaa, dad kuwaad ugu jeceshahay iyo kuwaad ku qanacday (admire) oo aad isleedahay waxbaad ka baran kartaa adduun iyo aakhiro.

THE INCREASING PACE

Waxaa shaki ku jirin teknoolajiyaddu in ay badeshay adduunyo-arageenii (perception). Weynu qabatinnay illaa waqtigii aan firaaqada ahayn (leisure time), xataa aynu ka baxsan weynay shaqooyinka 24/7 joogtada ah ay noo dirayso. Xawaarahaan sii kordhaya ee tiknoolajiyaddu (ever-increasing pace) oo mararka qaarkood u muuqata, mid aynu waxba ka qaban karin, ayaa u baahan in aynu ka fikirno saamaynta ay nagu yeelatay, innaga iyo dhallaankeenna. keli ah waxaad eegtaa xayaysiintu (advertising) dhibka ba,an ay nagu hayso meel kasta oo aad fiiriso; Talefishinnada, laamiyada, iyo telfoonka dhexdiisaba waa inooga horreeyaan. 2016-dii, muwaadiniinta magaalada Sao Paolo ayaa waxay go' aan ku gaareen in ay u codeeyeen (vote) in la joojiyo xayaysiinta jidadka lagu dhejiyo. Magaaladii iyo miyirkii muwaadiniintuba waxay noqdeen, kuwo deggan oo nadiif ah (quieter and cleaner). Ka fikir xaddidaad (restriction) noocaan oo kale ah, haddii la saari lahaa xayaysiinta baraha-bulshada dhexdeeda nagu dawakhisay.

Si aynu u samaynno is-beddel guda-ballaaran oo togan (wider-ranging positive changes), waa in aynu ka fikirnaa mustaqbalka aynu rabno in aan ku noolaanno horta, ka dibna fardi-fardi (individuals) iyo bulsho ahaanba uga wada shaqaynnaa, sidii aan ku gaari lahayn yoolkaas. Tiffany Shlain (internet pioneer), waxay aamminsan tahay jidka keli ah ee arrintaas lagu gaari karo in ay tahay, fasax ka qaadashada tiknoolajiyadda isbuucii maalin, ama xeerkay u bixisay (24/6).

Markii ad daasho baro sida loo nasto ee ha joojin shaqadii aad haysay.

74
PAIN OVER BOREDOM

"You can't tap your brain power if you are constantly tapping your screen"

- Manoush Zomorodi

Waa galab axad ah, wax shaqo ah oo kaa dhacdana ma jirto. Internetku kuuma shaqaynayo. Keligaa ayaad tahay. Buug aad akhrisatana ma haysatid. Bal qiyaas jawigaas? Ma waxay kuu la muuqataa marxalad qof bani,aadam ah uu maro tii ugu xumayd ebid mise? Jawaabtaada iyo sida ay aniga ila tahayba waxaa ka muhiimsan, tijaabadii (experiment) ay samaysay jaamacad ku taalla Virginia, sanadkii 2014-tii.

Waxaa qol la is kugu keenay 42-arday oo iskugu jira gabdho iyo wiilal. Qolkaas darbiyadiisa ku ma dhagsanayn masawir, saacad iyo shay ay ishu laacdo. Wax shanqar ahna ma lahayn. Waxaa la weydiiyay; Haddii koronto (shock) ay idin ku dhagto, lacag ma ku bixin lahaydeen in laydin ka fujiyo. Kulli waxay ku jawaabeen: Haa! Dabadeed waxaa lugta looga xiray koronto, waxaana la kala doorinsiiyeen; 15-daqiiqo keliya in ay la keliyoobaan fikirkooda, haddii ay caajis ku dareemaanna in ay korontada lugta uga xiran isku dhejiyaan, si ay fikirkooda uga baxsadaan. Ka warran 3-duleel 42-dii arday isku dhejiyeen korontadii ay lahaayeen, haddii ay nagu dhagto lacag baan ku bixin lahayn in naga la fujiyo. Sow naxdin ma ahan, fikirkeenna oo la keliyowno (boredom) in aan ka dooranno xanuun (pain)?

Caajisku wuxuu leeyahay faa'iido, waayo markii maskaxdenu mashaquulsan tahay (executive attention network), wey adagtahay in aynu kar-karinno fikrado waaweeyn (cook up great ideas).

WHAT TECHNOLOGY OFFERS

Haddii aad ku lugayso shaaricyada faras-magaalada oo aad raacdid tareemada dhulka hoostooda mara ama aad fuushid gaadiidka dadweynaha, waxaa qasab noqonaysa in aad aragto, ummad wada hogan oo ku wada foorarta teleefoonkooda ama jidka u socda sidii idihii. Xaqiiq telfoonku waa muhiim, oo waxaa laga yaabaa haddaba in aad dhiganahaan ka dhex akhrisanayso, balse wuxuu hoos u dhigay; Fikirkeennii, dareenkeennii iyo ficilkeennii. Aafada ugu weyn uu maskaxdeena u gaystayna waxaa ugu horreeya, qaabkii aynu wax u akhrin jirnay iyo sidii aynu xogta u xafidi jirnay.

Markii la baaray (investigated) sababta buug akhrisku u yaraaday ama dadku ugu adkaatay in ay akhriyaan magaalada dhaadheer; Mike Rosenwald (writer) wuxuu leeyahay; Internetka ayaa beddelay qaab akhriskeennii. Internetka ka hor dadku waxay wax u akhrin jireen si toosan (linearly), maantese waxaynu wax u akhrinnaa, kor iyo hoos (scroll), ama weynu ka boodnaa (skip) oo waxaynu raacnaa lifaaqyo kale (links). Arrimahaasina waxay keenayaan in ay saameeyaan awooddii iyo fahamkii loogu talo-galay qoraal-akhriska.

Arrinta kale ee Linda Henkel (psychologist) ay la yaabtay waxa weeye, baaritaankii ay ku samaysay; Dadkii u daawashada tagay madxafka (museum). Qaar waxay u sheegtay in ay farshaxannada sawirro ka qaataan, halka kuwa kale ay ku tiri uun u fiirsada (observe) sawirrada. Natiijadii maxay noqotay ayay kula tahay? Ma aamminaysaa labadii qolo, markii la weydiiyay in ay tafaasiil (details) ka bixiyaan farshaxannadii madxafka yaallay, waxaa xasuus badnaaday kuwii muuqaallada indhaha ka buuxsaday.

BENEFITS TO UNPLUGG

Waxaan qiyaasaa haddii aad ku nooshahay qurbaha in ay dhaayahaagu qabteen, qaar ka mid ah maqaaxiyaha shaaha oo lagu dhajiyay farriintaan oranaysa; Maya kombiyuutar iyo teleefoon (No laptops & cellphones). Waa dhaq-dhaqaaq isbeddel doon ah oo fidaya (A fast spreading no-tech trend) oo looga hor-tagayo, macmiishu in ay ka nastaan baraha-bulshada (social media) inta ay joogaan bar-kulankaas. Balse su'aashu waxay tahay, maxay tahay faa'iidada ku jirta fikirkaas?

Cilmi-baaris lagu sameeyay xarunta teknoolajiyadda ee Virginia (Virginia tech study), ayaa waxay isku keeneen koox dad ah oo is-tiro le'eg, ka dibna waxay ka codsadeen, in ay labo-labo iskula fariistaan, deetana ay wada sheekaystaan qaddar 15-daqiiqo ah. Dadkii waxay u qaybsameen saddex qaybood: Qaar telfoonkii iska fogeeyay, qaar miiska saartay, iyo qaar gacanta ku haystay. Heerka dareenkoodii ayaa wuxuu noqday mid abuuray farqi-weyn (big difference). Qoladii telfoonka miiska saaratay ama gacanta ku haysatay dareenkoodu wuxuu noqday mid hooseeya (below), halka kuwii iska fogeeyay uu noqday mid sarreeya (high). Taas waxaa ka sii daran bare-sare Laura Noren oo wax ka dhigta jaamacadda New-York (NYU) waxay sheegtay; Ardaydu markii ay xasuus-qorka (notes) ku qaataan qaab-gacan ah (handwriting), in uu saaid noqdo xog-uririntooda (information retention), halka markii ay kombiyuutar ku qoraan ay xusuustoodu baahsanto. Waa muhiim in biririf laga qaato (taking a break) teknoolajiyadda, sida shaqada iyo waxbarashada aan uga qaadanno.

Noloshu miyaysan ahayn middii cimrigeedu gaabnaa, sidaynu caajis ugu dareemi karnaa?

75
FOCUS IMPROVES WILLPOWER

"It's not the chatter of people around us that is the most powerful distractors, but rather the chatter of our own minds."

- Daniel Goleman

In aad soo afmeerto hadafyada waaweyn ee nolosha waxaa loo baahan yahay diirad-saaryo (focus), diddidiilo (motivation) iyo go' aan-qaadasho (determination). Sifooyinkaas oo dhanna waxaa dastuur u ah, doonis-xooggan (willpower). Hadba inta carqaladaha yoolku yahay, ayayna shuruudda (requirement) doonistu noqonaysaa. Doonista-xooggan nolosheenna waxay ka ciyaartaa door lixaad leh oo muhiim ah (crucial). Tusaale: Ilmaha muujiya (display) rabitaankooda marka ay yar-yar yihiin, waxay inta badan noqdaan kuwa ku guulaysta nolosha, markii la bar-bar dhigo (compared) caruurta aan lahayn naf-xakamaynta (self-control).

Tijaabo lagu sameeyay 1,000 caruura, ayaa waxaa lagu qiimeynayay (evaluated) siday u kala xammilaan niyad-jabka (frustration), ciil la'aanta (resentlessness), xoog-saaridda (concentration) iyo adkaysigooda (perseverance). 20-sano ka dib ayaa ilmihii la is ku keenay, waxaana la is ku bar-bar dhigay, caafimaadkooda, cilmigooda, cuudkooda iyo diiwaan-denbiyoodkooda (criminal record). Najiitadii soo baxday waxay ahayd; Cunugba inta uu cunugga kale, ka naf-xakamayn badnaa markii u yaraa, ayuu ka horreeyay nolosha ilmaha kale. Ma ogtahay is-xakamayna iyo doonistuba in aysan ahayn wax lagu dhasho? Waa sifooyin u baahan ilamaha in lagu can-qariyo marka ay yar yihiin. Waddada ugu macquulsan ee qofka weyni ku hanan karo sifooyinkaasna waa in uu ka shaqeeyo wuxuu jecel yahay oo uu raqbo u haayo.

FOCUS BUILDS EMPATHY

Haddii aan rabno in aan la yeelanno xiriir caafimaad-qaba aadanaha, waa in ay noqonnaa kuwa naxariis leh (empathetic). Naxariisaasina waxay u qaybsantaa la qeybood oo waaweyn; Dareenka-garashada (cognitive empathy) iyo dareenka-shucuurta (emotional empathy).

Dareenka-garashadu waa nooc awoodda maskxda ka mid ah (mental ability) oo noo suurtagelisa in aan dunida ku aragno indhaha dadka kale. Awoddaas waxay naga caawisaa in aynu fahanno (comprehend) xaalad-maskaxeedka (mental state) iyo adduunyo-aragga (perception) dadka kale. Halka dareenka shucuutu tahay, awoodda iyadana inoo suurto-gelisa, in aynu dareenno waxa dadka kale ay dareemayaan. Ogow dareenka iyo fikirkana waxaa muhiimsan dareenka, markii la joogo xirrirka aadanaha (human relationship), waayo manaxeyaashu (psychopaths) way arki karaa xaaladda qofku ku sugan yahay, balse waxaa ka maqan dareenkii. Waana arrinta keenaysa in ay dada ku marin-habaabiyaan (manipulate) ujeedooyinkooda gaarka ah.

In aad noqoto mid fahmi kara ama dareemi kara dadka kale micnaheedu ma aha inaad noqonayso naxariiste (sympathetic). Naxariistuhu waa kan gashan kara kabaha qofka kale. Tusaale; Bukaanku dooni maayo dhaqtar arxan-daran oo ku sii badiya wal-walka iyo walaaca uu ka qabo caafimaadkiisa. Sidoo kale dooni maayo, dhaqtar markii uu uga sheekeeyo xaalkiisa caafimaad, ilmada ceshin karin. Haddaba isku dheelli-tirka habboon (ideal balance) waa yeelashada dareen naxariis leh (empathic concern) oo aan shucuur ku lifaaqneyn (detached concern).

FOCUS OUTER WORLD

Dadku waxay badi diiradda saaran waxa ka dhacaya hareerahooda, ka dibna waxay qorsheeyaan oo keli ah mustaqbalka dhow. Dhibka ay leedahay tallaabadi waa il-duufka lagu samaynayo, khataraha saameynta weyn ku yeelan kara mustaqtaqbalka fog. Haddana tani waa qayb ka mid ah baxaaligeenna (part of our nature). Khataraha-fog (distance threats) ma aha kuwo na cabsi geliya sida; In aad ijaarka iska bixin kari weydo bishaan ama khilaaf uu soo dhex-galo adiga iyo qof agtaada ku weyn. Halka mashaakilaadka mustaqbalku yihiin kuwo aan lagu dhaqaaqi karin (act on) oo aan la taaban karin (abstract) sida; Saamaynta isbedelka cimilada. In kasta oo ay u dhalasho tahay hadba qofku in uu ka fikiro dhibta markaas haysata, haddana ma aha in uu iska indho-saabo masawirashada macnha guud (larger context) ee nolosha, waayo dhibta markii la xallinaayo haddii lagu mashquulo dhawaan-aragga (short-term) uun, natiijada ku soo baxda waxay noqon uun mid aan sidaas u sii ridnayn.

Tusaale haddaan u soo qaadanno ciriiriga waddooyinka (traffic jams) naga haysta. Xalka ugu fudud waa in aan waddooyin waaweyn dhisno sow ma ahan? Haddii la dhiso waddooyinkaas waaweyn, waxaa fududaanaysa in ay ganacsatadu dukaammo ka dhistaan waddooyinka hareeraheeda. Natiijadu waxay noqonaysaa in uu sii kordho ciriirigii waddooyinka sax? Tusaalahan waxaan ka dheehan karnaa, mar kasta oo aan tallaabo qaadayno, in aan diiradda la saarin keliya, sidii aan dhiiqada uga bixi lahayn, balse ay muhiim tahay masawirka guud in aynu dhinacyo badan ka eeg eegno.

Adduunyo-araggaaga dibadda wuxuu ka turjumayaa uun adduunyo-araggaaga gudaha.

CHAPTER 8
EMPATHY

76
WHERE DOES PERSONALITY COME FROM?

"You don't have to change yourself.
You just have to change your self's outlet."

- Daniel Nettle

Weli ma la fajacday (wonder) sababta dadka qaar u yihiin kuwa anfariirsan (anxious), halka kuwa kale cabsi darteed ay hurdadu uga guurto habeennada qaar? Toos aan uga jawaabno bal; Waayo dadku isku shaqsiyad (personality) ma ahan. Taasi waa caasho-garataye, halkee ayay ka soo askuntaa weeye shaqsiyaddu? Ma waxay la socotaa hidda-sidaheenna (genes)? Mise waxay ku xiran tahay deegaanka (environment)? Jawaabtu waa isku-darka labadooda.

Arrintaan waxaan ku caddayn karnaa baaritaankii lagu sameeyaay xawaanaadka qaar ka mid ah; Waxay baarayaashu barkad ku koriyeen, mallayo badan oo nuuca loo yaqaanno ah; Kalluun Qaanso-roobaadka (guppy). Barkaddaas oo ka maran wax ugaarsi ah (free from predators). Ka dib waxaa lagu soo dhex-daayay ugaarsadayaal, si loo arko fal-celintooda (reactions). Walow mallaayadaasi waligood horay u arkin ugaarsadayaal, haddana waxay u fal-celiyeen sidii kuwii badda ku jiray. Dabcan kalluunka ku sugan mowjadaha qatartu ku badan tahay, way ka feejigan yihiin kuwa kale. Tani waxay na tusinaysaa, fal-celintoodii in aysan ahayn waxay barteen ama la baray, balse ay ahayd waxay ku dhasheen (genetic). Sidaas oo kale ayuu aadanuhuna u leeyahay shaqsiyad hidde-side lagu falkiyay (biologically ingrained).

Qaybta kale ee shaqsiyaddeena waxay ku xiran tahay deegaanka aynu ku kornay, waxayna ku soo bilaabantaa caruurnimada (childhood).

THE BIG FIVE: PART ONE

Meeqa nooc oo shaqsiyad ah ayuu aadanuhu leeyahay, sideena u qeexi karnaa? Dhaqaatiirta cilmi-nafsiga (psychologists) ayaa muddo badan isku howlay in ay ka jawaabaan su'aashaan, waxayna ugu dambayntii isku raaceen in uu aadanuhu leeyahay shan shaqsiyadood oo ay ugu yeereen: Shanta Waaweyn (the big five). Shantaas shaqsiyadna waxay na tusinaysaa mid kasta heerka aan ka joogno shaqsiyaddaas. Bal aynu fiirinno shaqsiyadda kowaad.

Extraversion: Waa bashaashnimada ama lahaanshaha dareemayaasha togan (positive emotions). Waa dad hab-dareenkoodu, fikirkoodu iyo ficilkoodu is-waafaqsan yihiin oo had iyo jeer wax ka arka dhanka wanaagsan (bright side). Sidaas darteed ayay waxaysan la yaab u ahayn in ay noqdaan; Kuwo qar iska-tuur ah (advenurous) ama isla-wareegayaal ah (outgoing). Koox dad ah ayaa waxaa loo daaray filin iskugu jira farxad iyo murugo, halkaas oo lagu cabbirayay dareemayaashooda taban iyo kan togan. Waxaa la ogaaday dadka kuwii bashaashka ahaa in ay ka farxad badnaayeen intii kale, waayo bashaashiintu waa kuwo had iyo jeer xooga saara wanaagga (positivity).

Neuroticism: Shaqsiyadda qalqalka. Waa shaqsiyad walaacsan had iyo jeer, inta badanna ma aha waxay ka murugaysan yihiin wax mudan. Ma taqaannaa adigu dad, marka ay maqlaan ama telefishinka ka dhagaystaan akhbaar xun (bad nesw) murugooda? Ama xaafadda ay dagnaayeen raba in ay ka guuraan, maadaama dariskooda tuug u soo dhacay? Dadka noocaasi ah weeye dadka leh- Shaqsiyaadka jah-wareerka (neurotic).

THE BIG FIVE: PART TWO

Shaqsiyadda saddexaad waa Miyir-qabe (conscientiousness). Miyir-qabku waa awoodda qofku ku dhigan karo hadaf ama yool, ka dibna uu falankeeda galo sidii uu ku gaari lahaa. Waa sifo muujisa qofka in uu ku guulaysan karo, wuxuu far u qaadaba. Waa shaqsiyadda ay iska shabbahaan- Maamulayaasha (managers), suuq-geeyaasha (salespeople) iyo gar-yaqaanaduba (lawyers). Kulli waxay leeyihiin dabciga miyir-qabka (conscientious attitude). Miyir-qabku waa adiga oo diyaarinaya imtixaan, haddii ay saaxiibada kugu cazuumaan xaflad weyn oo aan caadi ahayn, weliba ay kuu sheegaan in ay imaanayso heblaayadaad hoosta ka jecleyd, aad ku dhihi karto maya?!

Shaqsiyadda afaraad waa ku-waafiqidda (agreeable). Waa iska indho-tiridda (overlook) baahidaada, si aad u caawiso dadka kale. Shaqsiyaddani waa mid cajiib ah oo aadanuhu keli ah leeyahay- Macnaha xayawaanku lahayn. Inta badan dadka shaqsiyaddaan leh, waxay naftooda ka badbaadiyaan dhibaatooyin badan. Abuulankeenna (ancestors) waxay ahaayeen kuwo xaqiiqsaday; in ay si wanaagsan nolosha uga samata-bixi karaan (survive better), hadday is-caawiyaan.

Shaqsiyadda u dambaysa waa maan-furnaanta (openness). Waa shaqsiyadda loogu aqoonta yar yahay. Cilmi-nafsiyiintu waxay leeyihiin: Maan-furnaantu waa qayb ka mid ah garaadka (intellect). Dadka maanka-furan waa kuwo hal-abuur (creative) iyo mala-awaal (imaginative) sare leh.

Shaqsiyaddu waa qofka aad tahay markii cid waliba ku daawanayso, halka dabeecaddu tahay waxaad samayso markii aan cidna ku daawanaysaa jirin.

77
THE FOUR TENDENCIES

"We have a tendency to want the other people to be a finished product, while we give ourselves the grace to evolve."

- T. D. Jakes

Furaha farxadda nolosheennu waxay ku jirtaa fahanka iyo aqoonta aynu u leennahay awooddeenna (strenghts) iyo nusqaanteenna (weakness), kuwaas oo loo yaqaanno dabeecaddeenna (tendencies). Markii aynu ogaanno intaas waxaynu bilaabaynaa in aynu noqonno kuwo ka warqaba nafteenna. Ma jiro noole dhammays ah (perfect), balse waxaynu noqonaynaa kuwo xoogga saara waxay ku fiican yihiin (good at), kana fogaaga waxay ku liitaan (pitfalls).

Sidee ayaad uga fal-celisaa (respond) filashooyinka (expectations) nolosha?. Su'aashani waxay kuu la muuqataa mid sahlan, balse waa mid aad u qoto-dheer, markii la joogo cilmi-nafsiga. Waxaynu sadarrada soo socda ku lafa-guri doonnaa sidii aad adiga iyo aniguba uga fal-celinno filashooyinka, taas oo waajib nagu noqonaysaa in aan fahanno afarteenna dabeecad (four tendencies) ee ku qotanta labada-nooc ee filashooyinka. Filashada bannaanka (the outer expectation) iyo filashada gudaha (the inner expectation) oo aan u dhigno nafaheenna. Afartaas dabeecad waxay kala yihiin;

Upholders. Kuwa xariifiinta ku ah (excel) in ay daboolaan filashooyinka gudaha iyo bannaanka.
Questioners: Kuwa buuxiyay filashada gudaha, balse ku dhibban filashooyinka bannaanka.
Obligers; Kuwa buuxiyay filashada bannaanka, laakiin ku caddiban filashooyinka gudaha.
Rebels: Kuwa ay ku adag tahay buuxinta filashooyinka bannaanka iyo kuwa gudahaba.

UPHOLDERS ARE RELIABLE

Ballan-oofiyaashu (upholders) waa dad filashada bannaanka iyo midda gudahaba buuxin kara oo la is ku hallayn karo. Waa dad naftooda iyo nafyaasha kaleba dammaanad qaadi kara. Waa kuwo shaqadii loo diro ka soo baxa, ayaga oo aan illaabaynin waqtigii loo qabtay, naftoodana ku xad-gudbaynin. Si kale haddii aan u dhigno- Dadka dabeecaddaan leh waa kuwo shaqadii loo igmado uga taxadara sidii shaqo ay iyagu leeyihiin ama sharaftoodu ku xiran tahay. Waa duul ka hela in ay raacaan jadwalka (scheduels) iyo liiska wax-qabashada (to-do lists). Waxay jecel yihiin in si qayaxan loogu sheego shaqada looga baahan yahay in ay qabtaan. Ballan-oofiyaashu ma aha kuwo ku xajiimooda xeerarka iyo qaanuunada (rules and regulations). Macnaha waa dad aamminsan nolol aan naf-xamaynu jirin in aysan ka baaqsanaynin fowdo (chaos). Hal-haysna waxaa u ah; Naf-xakamayntu waxay keentaa xoriyadda (discipline brings freedom).

Su'aal-badanayaashu (questioners) waa kuwo aan lagu karin in ay buuxiyaan baahiya ummadda kale, illaa ay wax kasta ogaanayaan. Baxaaligoodaasna waa mid faa'iido u keeni kara aadanaha, carqaladna ku noqon kara (hindrance). Tusaale: Waxaan isku dayaa in aan ku caawiyo, balse waxaad igu qancisaa sababta aan kuu caawinayo ama waxa aan kaa faa'iidayo oo aan waqtigayga qaaligaa kuugu bixiyo?. Su'aal-badanuhu ma aha mid jecel in uu sharciga raaco, xataa haddii uu yahay mid qarniyo lagu dhaqmayay, asaga oo aan ogaan sababta loo soo dajiyay ama in uu yahay mid caddaalad ku fadhiya. Dabeecaddani marmarka qaar faaido wey leedahay si wax loo hor-mariyo, balse waxay mixnad noqonaysaa, markii falaqeyntu noqoto mid wax cuuryaaminaysa (analysis paralysis).

OBLIGERS FEEL FRUSTRATION

Ma taqaannaa qof mar kasta ummadda iska hor-mariya? Qof aan dhib ku qabanin (no problem) in uu shaqeeyo saacado dheeri ah (overtime) si uu u caawiyo maamulihiisa, balse dareemaya cariiri in uu weydiisto biririf-yar (time off)? Waa dabeecadaha lagu yaqaano is-kallifayaasha (obligers). Waa qoom u raxleeya buuxinta baahiya bannaanka iyo filashooyinka ummadda kale, balse la daalaa-dhaca in ay haqab-tiraan baahiyahooda gudaha ah ee gaar ahaaneed. Carqaladaha maalinlaha ah ay la kulmaan is-kallifayaashu waxaa ka mid ah; Jimicsiga, waxbarashda iyo shaqada. Waayo waa shaqsiyaad u nool uun, siday u buuxin lahaayeen dalabaadka (demands) dadka kale. Xaqiiqdii dadka dabeecaddaan leh waa kuwa ay bulshadu ku tiirsan tahay (rocks of society), inkasta oo ay yihiin kuwo u daran naftooda. ma aha kuwo yaqaanna waxa loogu yeero anaaniyadda (selfishnes), waana sababta keenta in ay badanaa dareemaan niyad-jabka.

Jabhadku (rebels) waa mid aan talo raacane ahayn talo keenna ahayn. Hal-hays waxaa u ah; Aniga waxba iguma soo kordhin kartid, aniguna ma ahi mid caawin kara naftiisa. Dadka leh dabeecadda jabhadayntu waa kuwo shaqsiyaddooda ku jaan-jooya ficilkooda- Macnaha ma aha kuwo yaqaanna munaafaqnimada iyo siyaasadda. Waa kooxda ugu yar afarta kooxood ee aan ka sheekaynayno. Walow ay neceb yihiin in la xukumo (being bossed) waa dad howl-kar ah oo jecel in ay qaataan go' aammo iyaga u gaar ah. Haddii aad rabtid qof dabeecadda jabhadaynta leh in aad la xaajootid adiga oo lagugu jabhadayn, waxaad u sheegtaa uun waxaad ka rabto adiga oo amar siin. Markaas waad kala badbaadaysaan.

Dabeecad aan soo kordhinayn wanaag ama aan ka hortagayn xumaan waa mid iska maalaa-yacni ah.

78
THE FOUR PERSONALITY TYPES

"Everything you say to a person is filtered through his frames of reference, biases and preconceived ideas."

- Thomas Erikson

Marmar qaarkood ma dareentaa in ay kugu heeraarsan yihiin doqommo (surrounded by idiots). Markii aad wax kasta oo aad sheegto dadku aysan fahmaynin. Niyaddana mayska dhahdaa maxaa kaa qaldan? Waxna kaa ma qaldana, doqommana kuguma hareersanee, waxaad illowsan tahay- Ilmo-aadan in aysan isku dabci (attitude), isku dhaqan (behavior) iyo isku mabda' (values) ahayn. Thomas Erikson (writer) wuxuu leeyahay; Waxaa jirta 4- shaqsiyad oo uu labo-labo isku raaciyay, midabyana kala siiyay. Waxayna kala yihiin; Kuwa xukunka jecel oo casaanka ah (Dominant/Red) iyo dhiirrigeliyaasha oo huruudda ah (inspiring/Yellow). Kuwa deggan oo cagaarka ah (stable/Green) iyo gorfeeyaasha oo buluugga ah (analytical/Blue).

Haddii aad ku daashay in aad is-fahantaan dadka ama aad iska dhaadhicisay in aad maariska (mars) ka timid oo aad adduunka ku soo anbatay, waxaa qasab kugu noqonaysa in aad wax ka barato shaqsiyadda ay kala leeyihiin aadanuhu. Ma rabtaa in aad ka fogaato fahan-yarida (misunderstanding), xooji xirfadda xiriirka (communication skills) oo baro cilmiga dad la dhaqanka. Cilmigani wuxuu kaa caawinayaa mucaamalaadkaagu in uu wanaagsanaado.

Markii aad koox dad ah shaqo u dirayso, iska ilaali in aad is-raaciso shaqsiyaadka leh midabyada casaanka iyo huruuda, waayo labadooduba xanfar (fudeyd) ayay qabaan oo waa dad bashaashiin ah (extrovert) oo wax owrta dooh dhaha ma jiri doonaan, halka shaqsiyaadka leh midabyada cagaarka iyo buluuggu yihiin kuwo af-gaaban (introvert) oo inta badan xaqooda la duufsiin karo.

THE RED AND YELLOW

Haddii lagu dhaho waxaad labo qof u soo jeedisaa, qudbo suuq-geyn ah (sales presentation) waxaa hubaal noqonaysa, labadaas qof in aysan isku si u fahmi doorin farriintaada (message). Waayo farriimuhu waxay sii maraan, shaandhada (filter) dhaqaystaha, halkaas oo laga sii siin doono macne gaar ah oo qofku mar-hore uu laqinsanaa. Nasiib-wanaagsane waxaad farriimahaaga dadka ugu gudbin kartaa sidii aad doonto, waa hadii aad xariif ku tahay weeye kala duwaanshaha shaqsiyadda bani-aadamka. Qarnigii shanaad; Ninkii Giriigga ahaa ee la oran jiray Hippocrates (physician) ayaa wuxuu sheegay dadku in ay u kala baxaan afartaan qaybood ee soo socta.

CHOLORIC (Red personality) : Qoladani waxaa lagu tilmaamaa in ay yihiin dad xukun jecel (dominance), damac badan (ambition), baratan jecel (competative) oo dabci-kulul (hot temper). Dadka midabkoodu casaanka yahay ma aha kuwo ka baqa in ay cabbiraan fikirkooda, xataa haddii uu yahay mid bulshada iyo dhaqanka ka hor imaanaya. Dadka caanka ah ee midabyadaas leh waxaa ka mid ah; Barack Obama, Margaret Thatcher iyo Steve Jobs.

SANGUINE (yellow personality) : Dadka midabya huruudda lihi iyaguna waa dad dhanka wanaagga wax ka eega (optimistic), farxaamiin ah (cheerful) oo kalsooniye ku dheehan tahay. Walow qoladaani yihiin kuwo hadal badan (talkative), wax aan loo jooginna ka hadla, dadka qaarkiisna ayba ku dhirfaan (get annoying), haddana waa dad aan agtooda lagu caajisaynin oo riwaayad ah (entertaining), soojiidashana leh (charming).

THE GREEN AND BLUE

PHLEGMATIC (green personality) : Duulkaan midabka cagaarka lihi waa kuwo deggan (calm), qunyar-socod ah (easygoing), dulqaad badan (tolerant), oo isku dheelli-tiran (balanced). Hal-hays waxaa u ah nolosha: Is-deji, horayna u soco (keep calm and carry on). Waana dhagaystayaal wacan. Intaas waxaa u sii dheer, ma aha dad jecel in ay fuulaan doonta (rock the boat), nalku qabto (be on the spotlight) ama isku-dhac abuuraan (create conflict). Sifooyinkaasina waa kuwa ka dhigay in ay ka shaqeeyaan xaafiisyada dadweynaha (public sectors), noqdaan kuwo loogu jecel yahay in lala shaqeeyo (Team players). Duulkaas kuwooda ugu caansan waa; Michelle Obama, Jimmy Carter iyo Mahatma Gandhi.

MELANCHOLIC (blue personality) : Dadka qaarkii waxaa dhacda qoladaan midabka buluuggaa leh in ay ugu yeeraan baasiistayaal (pessimists), inkasta oo iyagu isku haystaan in ay yihiin dad waaqiciya (realists). Waa kuwo isku daya had iyo jeer waxay faraha kula jiraan in ay gaarsiiyaan heerka ugu sarreysa (perfetionists), taas oo keeni karta shaqadaas in ay ma dahalays noqoto. Walow ay yihiin dad kuuro-badan (analystic), haddana ma aha kuwo sheeg-sheega waxay arkaan, illaa in la weydiiyo ma ahane. Waa dad aamusnaan badan, balse markii ay afka kala furaan, hadalkoodu yahay mid manfac leh. Kuwooda ugu caansan waa ; Bil Gates, Albert Einstein and Mr. Spock.

In kasta oo aad yeelan karto 1-shaqsiyad wax ka badan, haddana macquul ma aha inaad yeelato 2-dabeecad wax kabadan. Waxaa tahay uun isku darka midabka guduudka iyo jaallaha ama midabka cagaarka iyo buluugga. Bal shaqsiyaddaada eeg.

Baraarahaaguba waa barashada naftaada oo beryo aad isku mashquuliso.

79
THE FOUR QUESTION

"I am a lover of what is, not because I am spritual person, but because it hurts me whenever I argue with reality."

- Byron Katie

Waxaad ku jirtay xiriir muddo-dheer ah (long-term rlationship) waadna ku faraxsanayd sanadihii la soo dhaafay. Se dhawaan ayaad waxaad bilowday in aad ka shakido, lammaanahadu in uusan sidii waagii hore kuu jeclayn. Fikirkaan cabsi-cabsida leh ma aha mid ay sababeen dhacdooyinka (events) iyo dadka noloshaada ku jiraba, balse waxaa curiyay hab-fikirkaaga (interpretation) uun. Sidaas daraadeed waxa ku dhaawacaya (hurting you) ma aha in uusan saaxiibkaa ku jeclayn ee waa maladaada. Tusaale; Haddii uu saaxiibkaa markii uu baxayo shumis kugu macsalaamaynin, waxaad isla markiiba niyadda iska dhahaysaa, waa kaas axadkaani sidii waagii hore kuuma jecla. Haddaba sidee badweyntaan looga gudbi karaa?

Ugu horrayn cadaadisku (stress) sidiisaba wuxuu ka soo askumaa (originates) fikirka, sidaas daraadeed waa in aynu beddelnaa hab-fikirkeenna. Halkani waa meesha aragtida Byron Katie (spritual teacher) ee isweydiinta 4-teeda su'aalood ka imaanayaan. Ka bilow in aad qortid fikradaha ku dhibaaya (troubling you). Tusaale lammaanahaygu sidii hore iima jecla. Ka dib afartaan su'aalood (the four questions) isweydii.

Fikirkani ma run baa (is this thought true)? Dib u eeg ficillada lammaanahaaga adiga oo aan deg-degin. Ma hubaa dhabnimada fikirkaan (can i be sure of its truth)? Ma jiraan ficillo kale oo mala-awaal ah oo lammaanahaaga ku aragtay. Sidee fikirkaan uga fal-celisay (how does this thought makes you react)? Markii aynu walaacsannahay, nafteennu waxay sii dareentaa cadaadis, ka dibna waxaynu qaadnaa buufis. Fikirkaan la'aantiis kuma ayaad ahaan lahayd (without this thought, who would you be)? Mid faraxsan oo xiriirkiisa ku raaxaysta sax?

STRESS WONT HELP YOU

Weli ma ku caro-gelisay (got angry) cimilada oo xumaatay, maadaama ay kaa baajisay ballan ama qorshe aad lahayd darteed sida; Xaflad sannad-guuro (birthday) iyo hilib (barbeque) aad bannaanka ku duban lahayd maalintaas? Niyadda mayska dhahday in aad tahay qof nasiib-xun oo aysan tani xaq ahayn (not fair)? Dabcan tani way nagu wada dhacdaa, balse haddii aad tahay qof sidaan u fikira waxaad isku dayaysaa in aad la dagaasho awoodaha naga baxsan (beyond our control). Runtuse waxay tahay- caro in lagu beddeli karin xaqiiqda.

Katie, waxay leedahay: Anigu waxaan ahay qof jecel runta, taas macnaheedu ma aha in aan ahay qof suufi ah (spritual person), balse sababtu waxay tahay- waan xanuunsadaa mar kasta oo aan la doodo xaqiiqda (reality). Waxay la mid tahay haddii ad taas isku daydo, adiga oo raba in aad barto mukulaal sida loo ciyo (how to bark), oo waxaynu ognahay yaanyuurto in aysan ka mid ahayn xayawaanaadka ciya.

Macallimaddu waxay leedahay: Waxaan ogaaday in ay jirto saddex shaqo keliya adduunyadaan. Mid aad adigu iska leedahay (mine). Mid ay dadku iska leeyihiin (yours) iyo mid qaadirku iska leeyahay (God). Ma ogtahay walwalka iyo walbahaarku in uu kuu bilaabanaayo, markii aad faraha la-gasho; afaaraha ilmo-aadan iyo midda Alle? Ma dhimasho (death) iyo dhul-gariir (earthquake) ayaad wax ka qaban kartaa? Mise xaaskaaga iyo ilmahaaga ayaad dhalan-rogi kartaa? Sidaas daraadeed, shaqadaada keli ah ku ekoow gacaliye- Waa midda keli ah ee caafimaadkaagu ku jiree. Haddii kale weligaa waxaad ahaan uun, bukaan-socod (patient) aan iska war-qabin.

TURN AROUND YOUR THOUGHTS

Haddii isha filinka soo daynaysa (projector) dhibic wasakh ah ku dheggantahay, sow ka ma soo baxayso shaashadda (screen) ama darbiga shaleemada? Ka warran haddii aad isku daydo maanta oo dhan, dhalada inaad xoqdo oo wasakhda ka tirtirto? Macquul ma noqonaysaa taas? Halkeese lagaa rabay in aad nadiifiso; Ma gudaha isha mise shaashadda? Immisa jeer ayay nolosheenna dhacdaa in aan ookiyaalaheenna (perception) ka nadiifinno bannaanka (outside), isaga oo ka wasakhaysan gudaha (inside)? Ogow adduunyo-aragaaga gudaha ayuu ku xiran yahay, adduunyo-aragaaga bannaanka. Haddii aad isku daydo mar kasta in aad ookiyaalahaaga gudaha ka nadiifiso, waxay kaa caawin doontaa majaallada kala duwan (all areas) ee noloshaada sida; Jacaylka (love), qoyska (family), qaraabada (relatives), asxaabta (friends) iyo shaqada (work).

Ka soo qabo; Waxaad la halgamaysaa saaxiibkaa aad shuraakada tihiin (bussiness partner). Cariiri ayaad dhankiisa ka dareemaysaa, maadaama aad is-leedahay in uusan shaqadiisa ka soo bixi karin, qaasatan markii la-joogo xisaabta (accounting). Dareenka aad saaxiibkaa ka qabto waa mid kugu beeraya xiisad (tension) mar kasta oo aad u soo dhawaato. Intii aad u malayn lahayd saaxiibkaa in uu yahay mid aan waxba-gelin (useless), ka warran haddii aad fikirkaas dhinaca kale u jeedin lahayd oo aad dhihi lahayd; Haddii uu saaxiibkeey xisaab-xirka uu ku liito (weak) waxaa jira dhinacyo kale uu ku xoog-badan yahay (strong). Waxaa macquul ah sifooyinkiisa kale in ay yihiin kuwo aan la buuxin karin (indispensable).

Haddii aad mar kasta fikirkaaga u geddisid dhanka wanaagga (positive), waxaa hubaal ah in aad nolosha shax-shax dareemi doontid (feel better), si kasta oo ay isaga kaa dhex yaacsantahay.

Intii aad aamminsantahay dhibka ku haystaa in uu bannaanka ka imaanayo, xaalkaagu wuxuu ku sugnaan uun rejo beel iyo quus.

80
SELF-COMPASSION

"Unlike self-criticism, which asks if you are good enough, self-compassion asks what is good for you."

- Kristin Neff

Waa maxay isu-naxariisashadu (self-compassion)? Haddii aynu jawaab ka bixinno. Su'aashaan, waxaa nagu filan tusaalahaan. Saaxiib kugu qaali ah ayaa waqtigii barafka (winter), idinka oo meel u deg-degaya lugi u baxsatay. Sheeko ma ahane lasoco waa shaahide. Maxaad samayn lahayd, markii aad aragto saaxiibka oo jeegadu dhulka u taallo? Dabcan dhankiisa ayaad isku soo qaddimi lahayd sow ma ahan, adiga oo weydiinaya xaalkiisu sida uu yahay? Isu-naxariisashadu waa intaas uun. Waa adiga oo booskaas geliya naftaada, markii ay nasiib-darro (misfortune) ku haleesho, qalad uu kaa dhaco (mistake) ama silic iyo saxariir dareentid (feel suffer). Isu-naxariisashadu waa ka soo hor-jeed is-dhaleecaynta (self-criticism). Kristin Neff (psychologist), waxay leedahay: Alhuumo ka weyn ma jirto, in aad ummadda kale u ahaatid hooy ay ku soo hirtaan, naftaadana aad hiifto oo quus-geliso markii ay wax ka qaldamaan.

Waan ogahay badankeen in nagu la soo koriyay, faruuryaha in aan qaniinno (bite the lips) oo boorka iska jafno, markii aynu laf-dheerta ka jabno- Qaasatan wiilasha. Welina qaar innaga mid ah waxay ku dhegganyihiin fikirka ah- Jabkaaga cidna ha tusin, hana kala sheekaysan. Bil-caksigeeda waxaa noogala baahan yahay, haddii aynu rabno in aynu isu-naxariisanno; in aan is-weydiinno: Ma waxaynu ka murugaysannahay ama ka walaacsannahay xaaladda aynu ku jirno? Ama ciilka iyo carada waxaan u dareemaynaa, in aynu ka gaabinnay qorshaheennii? Si kasta uu xaalku yahay, waxaynu u baahannahay- in aan dhex-galno dareenkeenna (tune into our feeling) oo aynu u soo ban-dhigno ogaal-garashadeenna (conscious awareness). Markaas ayaynu isu-naxariisan karnaa oo aynu ogaan karnaa, meesha ay kabtu naga hayso.

SELF-KINDNESS

Haddii ay weli kugu adagtahay u dhimrinta naftaada (comforting yourself), taasi waa mid caadi ahe waxba ha welwelin, waayo ma aadan baran weli sida loo kala saaro naftaada (psycholgical space) iyo rafaadka (suffering). Waxaa lagaaga baahan yahay marka hore in aad noqotid daryeele (caregiver) iyo daryeel-hele (care-receiver). Wey adagtahay in aad ahaatid qof isku dheelli-tiran oo caadiyan labadaas dhinac ayuu qofku mid jiraa, taasina waa midda noo keenaysa kala qaybsanaanta-nafta (self-splitting).

Neff; Waxay noo sheegayso oo dhan waa maahmaahdeennii ahayd; Tiisa daryeelaa, tu kale ku dara. Qaaciddadaanina waa qaaciddo fadhisa oo qof kasta oo innaga mid ah looga baahan yahay in uu naftiisa ku dabbakho. Si kale haddii aan u dhigno; Waa adigu gasho neefta (oxygen) inta aadan qof kale u gelin.

Sidoo kale miyir-qabku (mindfulness) wuxuu naga caawin karaa in aynu abuuranno masaafo caafimaad-qabta (healthy space) oo u dhaxaysa nafteenna iyo rafaadkaan ina haysta. Miyir-qabku waa shaandho-miirka sii daaya dareemayaasha kuwo togan iyo kuwa taban ba. Micnuhu waa hadba sida maskaxdeenna baraarugsani u shaqaynayso (conscious mind). Haddii ay baraarugsan tahay waxay leedahay; Ahaa- Waxaan dareemayaa dhib, balse waan ogahay dhibtu in aysan ahayn mid lagu waaro. Haddii ay huruddana waxay leedahay: Tol beelay; Haddii sidaas iyo sidaas yeeli lahaa, sidaan iguma dhacdeen. Weynu ognahay fikirka noocaas ahi, in uu yahay camal shaydaan oo in uu haadaan naga tuura mooyee caaqibo noo keenayn. Haddaba ku camal-falidda isu-dhimrinta iyo miyir-qabku waa waddada keli ah ee aan iskugu naxariisan karno.

COMMON HUMANITY

Xeerka ka muhiimsan isu-naxariisashada (self-compassion) iyo isu-turiddu (self-kindness) waa ogaanshaha dhibta in lagu la wadaaggo oo aysan kaligaa kugu koobnayn (common humanity). Markii aad taas ogaatid waxaad ka baxaysaa hawadii xumayd iyo ciriirigii aad ku jirtid, oo waxaad ogaanaysaa in ay mashaqadu tahay mid caam ah (universal) oo ay dadku kula wada wadaagaan. Waa laga yaabaa in ay curiyaashu (triggers), daruufuhu (circumstances) heerka xanuunku (degree of pain) ay kala duwan yihiin, balse waaya-argnimada aas-aasiga ah (basic experience) waa isku mid.

Nasiib-xumo, mar kasta oo ay caqabadi na soo wajahdo ama aynu xanuun dareenno weynu illownaa taas sida; Markii shaqada naga la fariiso shaqo-yari darteed, waxaynu caqli-xumo dareenna, in aynu keligeen nahay kuwa shaqo la'aantu ku dhacday oo guryaha iska fadhiya. Ama markaynu xanuunsanno annaga oo dhallinyaro ah- waxaynu is-weydiinaa; Sabab aniga (why me), ayada oo laga yaabo in ay jiraan- dad naqaska mashinno looga soo saaro ama dhiiggooda la dhaqo saddex jeer isbuucii.

Xusuusnow, qof kasta dhankiisa ayay dhinbishu kaga dheggantahay . Waxaa macquul ah in haddii waxa aad ka cabanayso miiska soo saaro lagu dhihi lahaa oo loo barbar dhigi lahaa dhibta aadanaha kale haysta, in inta aad qajiso adiga oo geesha fiirinaya, towba yaa rabbi oran lahayd. Sidaas daraadeed ilmo-aadan imtixaan ayaa loo abuuraye, waxba afka ha tuurin, dhibta waa lagu la qabaaye. Teeda kale maxaad addoomada kale dheer tahay oo aad afka la taagaysaa?

Naxariistu waa luuqadda dhagoolyaashu maqlaan cammoolayaashuna arkaan

81
AUTHENTICITY IS A CHOICE

"Owning our story and living through that process is the bravest thing that we can ever do in life"

- Brene Brown

Kulligeen waxaynu jecelnahay in aynu ku noolaanno nolol ka turjumaysa qofka aynu nahay (who we are) ama haddii aynu si kale u dhahno dhab ah (authentic). Balse jidkaas waa mid qodxo-badan oo waxaa yaalla is-baarooyin badan oo ay ka mid yihiin; Kalsooni-darrada (lack of confidence) iyo cadaadiska ka imaanaya isu ekaysiinta (pressure to comform) bulshada. Waxaynu isu malaynaa in aynu nahay kuwo xaqiiqda ku nool laakiin taasi waa mid aan run ahayn (untrue) oo waxaynu nahay badankeen dameeri dhaan-raacday.

Assal-ahaanshu (authenticity) ma aha tayo qofku haysto ama haysan (either i have or i dont), se waa doorasho (choice). Waa go' aammo daacadnimo ku dhisan oo uu qofku maalin kasta qaato, asaga oo u aabbo-yeelayn dadku waxay u malayn doonaan (what others think). Haddii aad rabtid in aad qaadid waddada asalnimada waa in aad isku hubaysaa geesinimada (courage) iyo isu-naxariisashada (compassion). Geesinimadu waxay kaa caawinaysaa in aad maan-hadashid (speak your mind). Isu-naxariisashaduna waa ogaanshaha qeyrkaa in aysan assal wada ahayn oo qaarkood yihiin foojari.

Inaynu noqonno kuwo assal ah waa waddada keli ah ee qofku uga samata-bixi karo maadayska adduunyada ay dadku matalayaan. Balse dhibaato waxay ka taagan tahay sidii isbaarada bermuuda iyo siinka-dheer u dhaxaysa looga gudbi lahaa. Brene Brown (researcher) waxay leedahay waxaan haayaa saddex waddo oo ku dhaafin karta isbaarooyinkaas.
1- Cultivate authenticity: Kasbo assalnimada.
2- Cultivate self-compassion: Kasbo isu-naxariisashada.
3- Cultivate creativity: Kasbo hal-abuurnimada.

PERFECTIONISM IS FUTILE

Ma waxaa tahay kaamil (perfectionist)? Haddii aad tahay mid isku maleeya, ogow in aysan ahayn tayo-togan (positive quality). Kaamilnimadu waa wax qurux badan oo mudan in la raacdeeyo (persue) balse way ka duwan tahay in aad ahaato mid hufan (best), wax shuqul ahna ku ma lahan is-horumarin (self-improvement) oo waxay salka ku haysaa cabsida iyo ceebta (fear and shame). Si kooban haddii aynu u sharraxno doonista kaamilnimada waa rumaysnaanta (belief) aragtida ah; Haddii aynu u muuqanno kuwo hagaagsan (perfect) una noolaanno si hagaagsan (perfectly), dabadeed waxaan awood u yeelanaynaa in aynu gaashaanka (shield) u tuurno: Dhaleecaynta (criticism), xukminta (judgment) iyo eedaynta (blame).

Si kastaba ha ahaatee nolosha kaamilnimadu waa mid aan dareen caafimaad lahayn (emotionally unhelathy), waayo qiimaheenna qofnimo (self-worth) ayaan waxaan ku xiraynaa oggolaanshaha (approval) iyo aqbalka (acceptance) dadka kale. Sidoo kale, kaamilnimadu waxay nagu hoggaamin kartaa nolol ku dhisan cuuryaannimo (life of paralysis). Nasiib-wanaag waan ka fogaan karnaa dabinkaan, haddii aynu nafteenna daacad u noqonno oo aynu ka saarno waxa cuuryaanshay noolaha oo loo yaqaanno; Cabsida iyo ceebta. Nafteenana xasuusinno tillaabo kasta oo aynu qaadaynu in ay annaga na qusayso oo ay dadka kale waxba ka gelin.

Brown, waxay ku leedahay; Aniga oo ah ruux ka soo kabanaya cudurkaas kaamilnimada, haddana ku nool oo weliba ku qanacsan fikirka la yiraahdo kaafinimada, ayaan waxaa rabaa in aan kuu sheego farqiga u dhaxeeya labadaas aragti.

Perfectionism is other-focused: Xume-laawuhu waa mid ku foogan dadka kale. Enoughism is self-focused: Kaaftoomuhuna waa qofka ku mashquulsan naftiisa. Adigu midkee tahay labadaas qof jaalle?

TRUST YOUR INTUITION

Dareenkaagu (intuition) waa qeyraadka ugu xooggan ee aad haysto markii aad go' aan qaadanayso (decision-making). Nasiib-xumo, kuwo badan oo innaga mid ah way ku adag tahay in ay ku kalsoonaadaan (trust) dareenkooda. Sababtoo ah dadka intooda badan waxaa iskaga qaldan waxa loo yaqaanno dareenka-qalbiga (gut feeling) iyo dareenka-caqliga (intuition). Markii aad rabto in aad go' aan qaadato, maskaxdu waxay farriimo (signals) u diraysaa liiskaaga-xasuusaha (catalogues of memories), si ay u soo hesho war-bixinno quseeya (relevant information), ka dibna xubnaha ayaa waxaa lagu war-geliyaa (informs) in ay ficil sameeyaan. Waa sida ciyaartooyga kubbada-kolaygu markii uu rabo in uu tuuro saddexda-dhibic (three point) uusan inta uu fariisto uga fikirin awoodda iyo qiyaasta kubaddaas la tuuraayo u baahan tahay. Dareenka-caqliguse waa bil-caksi oo waxay u baahan tahay sababeyn (reasoning) markii la qaadanayo go' aamada aan la hubin (uncertain).

Rumaysnaanta dareenkaaga-caqliga waxay kalsooni gelinaysaa aamminaadda naftaada iyo waayo-aragnimada (experiences) aad u leedahay nolosha. Tani waxay kugu riixaysaa in aad lahaatid kalsooni aad ku fulin karto waxaad damacsan tahay, xataa adiga oo aan ogayn natiijadu siday noqon doonto. Tusaale ciyaaryahanku kubadda markii uu tuurayo ma hubo in ay godka galayso, balse wuxuu samaynayaa, aqoon mala-awaaleed (educated guess) ku saleeyay dareenkiisa-caqliga.

Balse maxaynu ugu baahannahay horta in aynu ku kalsoonaanno dareenkeenna-caqliga? Jawaab toos ah: Waxay naga caawinaysaa in aynu ka qaalib-noqonno (overcome) qatarta-cabsida (fear of risk).

Dareenka caqligu waa ruuxda oo u xamxamlaysa dareenka qalbiga, rejaynaysana in ay maqasho.

82
THE RAIN MEDITATION

"Radical compassion means feeling desire or dislike without judging ourselves."

- Tara Brach

Howsha guriga, kulamada shaqada, bixinta biilasha iyo cariiriga waddooyinka waxay ka mid yihiin dhoolla-tuska aan dhammaadka lahayn (endless parade of things) ee loo baahan yahay qofka caadiga ah in uu xalliyo maalin kasta. Intaas oo dhan in aad far iyo suulisana waxay la mid ah tahay, qof ku dhex anbaday jidadka tareemada hoos mara caasimadda ingiriiska (London subway). Jiiro kasta waxay kuu dhiibaysaa jiiro kale oo u eg tii aad ka timid. Xaaladdaan oo kale markii aad ku sugan tahay oo aad weydo meel aad ka baxdo (exit), inta aadan daalin ka hor: Bal raadi in aad hesho neef kugu filan (create a bit of space to breath), ka dib waxa aad helaysaa waddo aad ka baxdo. Waxay kuu la muuqataa fudayd sow ma ahan (sounds easy enough), balse sidee loo sameenayaa weeye sheekadu (how is it done)?

Tara Brach (psychologist) waxay ku leedahay; Waxaad isticmaashaa waxa loo yaqaanno farsamada qilweynta roobka (Rain meditatin technique). Hagaag. Farsamadi maxay tahay? Farsamadani waa 4-erey oo 4-micno kala leh, balse markii la is ku geeyo macne ahaan noqonaya roob (Rain acronym). Waa 4-tallaabo oo loo qaabeeyay qofku in uu ku furdaamiyo taxaddiyaadka nolosha (lifes challenges) una oggolaanaysa in uu kuu noolaado laxdada uu nool yahay (in the moment).

Waxaa alliftay farsamadaan 3-da tallaabo ee ugu horraysa islaanta la yiraahdo Michele Mcdonald (Budhist teacher) 1980-kii. Ka dib waxaa tallaabada 4-aad ku darsatay naagta la yiraahdo Tara Brach oo ku takhasustay cilmi-nafsiga.

RECOGNIZING AND ALLOWING

Farsamada qilweynta-roobka waxay ka bilaabanaysaa tallaaba 1-aad ee xarafka (R) oo u istaagsan garasho (recognizing). Taas oo kow micnaheedu tahay in aad garato dhibku wuxuu yahay ama calamadaha-guduudan (red flags) sida; Dhaqamada sandullaha ah (compulsive behavior), fikradaha baryo-qaadka leh (ruminating thoughts) oo salka ku haaya walaaca iyo walbahaarka iyo ku degdegidda in aad wax kasta qabato (rushing everything to get done). Tallaabada 2-aad waa xarafka (A) oo istaagsan guddoon (Allowing). Markii ay wax dhacaan ama qaldamaan nolosha, haysku dayin isla markiiba in aad waxaas xallintooda ku deg-degto, balse horta neefso (breath) oo isku day in aad waxaas dareento (experience), adiga oo wax xukun ah ridin (without judgment).

2-kun oo sano ka hor ninka la yiraahdo Budha wuxuu soo galay safar dheer, asaga oo raba dadka reer Hindiya in uu baro waxa la yiraahdo isu-naxriisashada (compassion) iyo xoriyadda (freedom). Safarkaas keligiis maaheen ee waxaa si qarsoodiya ugu soo lug-darsatay, naagta la yiraahdo Mara oo ahayd ilaahiyadda (goddess) nacaybka (hatred) iyo bakhiilnimada (greed). Mar kasta oo ay muuqaalkeeda kashfiga iskaga qaato, Budha ma ahayn mid carooda oo yiraahda; Naa maxaa na kaa daba-dhigay, ee wuxuu ku yiri; Mara: Waan kuu jeedaaye, kaalay bal aan shaah wada cabnee (lets have tea). Budha wuxuu ku dhaqmay labadii-xeer ee ugu horray farsamada qilweynta-roobka oo ahayd; Garasho iyo guddon.

Marar badan nolosheenna wey ka soo muuqan doontaa Mara, ayada oo maaskaraatiyo badan xiran sida; Cabsida (fear), fashilka (failure) iyo masayrka (jealousy). Haysku dayin isla markaas in aad seefta gasha kala baxdo oo dagaalanto ama aad cagaha wax ka dayso, balse yeelo garasho iyo guddoon aad isku waraysataan Mara.

INVESTIGATING AND NURTURING

Markii aan yeelanno garasho iyo guddoon, waxaan qaadaynaa tallaabada 3-aad ee xarafka (I) oo u istaagsan daba-gal (investigate). Waxaad toos isku weydiinaynaa; Sababta aan u dareemayno dareenkaan iyo waxaan u baahan tahay in aan ku bogsoonno. Ma waxaad ka cabsi qabtaa in aad fashilanto? Ma waxaad kala hor-marin la,dahay baahiyahaada? Dammaanad-qaad (reassurance) sidee ah ayaad u baahnaan lahayd? Tallaabada ugu dambaysa waa xarafka (N) oo u istaagsan korin (Nurture). Farsamadaani waa farriinta u dambaysa oo loo diraayo maskaxdeenna, ayada oo si deggan oo togan loogu sheegaayo in ay caqabadahaan horyaalla ay ka dubaalan karto, haddii ay nafta dhiirri-geliso.

1950-kii, ayaa waxaa la amray koox suufiyo ah (monks) in ay hinjiyaan sanam (statue) baaxad ballaaran oo dhex yaalay xaruntii ay ku taba-baran jireen. Intii ay ku guda jireen howshii ayaa waxaa ka fakaday sanamkii. Teedana dhinac ayuu ka jabay. Mucjisada ay arkeen waxay ahayd; Sanamku in uu gudaha hoose dahab ka yahay oo waxa dusha ka saarani ay tahay shamiinto uun. Markii ay shamiintadii ka wada jajabiyeen sanamkii; Waaba macallinkoodii weynaa ee Budha. Waxayna ogaadeen sababta loo mariyay shamiintada in ay ahayd, ka hor-tag lagu sameynayay sanamka macallinka si loo qaadan waqtigii dagaalka. Sida sanamkaan oo kale waxaynu yeelannaa qolofyo adag oo dibadda ah (hard outer shells), si aan uga gaashaamanno waqtiyada ay jiraan cakirnaanta iyo culaysyada (crisis). Taasina waxay abuuri kartaa in ay naga indho-tirto in aan aragno dahabka gudaheenna dhex-ceegaaga.

Markii aad ogaatid in aad tahay badweyn, ma ahaan doontid mid ka baqa hirarka.

83
SOCIAL EMPATHY HELPS

"Our ability to understand others and help others to understand us, is essential to our individual and collective well-being."

- Elizabeth Segal

2016 waxaa jiray muuqaal faafay (viral) oo ay daawatay malaayiin dad ah. Muuqaalkaas wuxuu ku saabsanaa wiil yar oo laga badbaadiyay dhismo ku yaallay magaalada Aleppo ee dalka Syria. Muuqaalkaas dad badan ayuu argagax ku riday. Dadkaas qaar ayaa uga naxay cunugaas sidii wiil ay dhaleen oo kale. Kuwo kale waxay sawirteen malaayiinta caruurta kale ah ee ku sugan goobaha kale oo ay dagaalladu ka socdaan. Dareenkaas weeye waxa loo yaqaanno u danqashada-bulsho (social empathy).

Inaynu noqonno kuwo leh dareenkaas bulsho waxaynu u baahannahay in aynu kala saari karno farqiga u dhaxeeya macnaha labadaan eray ee soo socda: Interpersonal empathy: Waa awoodda aad ku fahmi kartid qofka kale waxa uu dareemayo (feeling) ama uu ku fikirayo (thinking). Social empathy: Waa awoodda aad ku fahmi karto kooxo kala duwan (different groups), adiga oo adeegsana caqligaaga iyo waayo-argnimadaada. Macanaha kabahooda gasahan karto. Waa markii uu dareenkeennu ku salaysnayn; Qowmiyad (race), jinsi (gender) ama dhaqan (culture). Waa markii aragtideennu ku foorarin hal-qof ama hal-koox xanuunkooda, balse dareenkeennu yahay mid caam ah (general).

Lahaanshaha dareen-bulsho waa wadnaha siyaasadda guud. (heart of public policies) ee horumarisa nolosha aadanaha. Waa midda u ballan-qaada muwaadin kasta in uu xaq u leeyahay codkiisa. Waa midda abuurta xasilooni amni. Waa garashada baahiyaha bulshada.

POWER REDUCES EMPATHY

Barack Obama markii uu ku guda-jiray doorashadiisii, wuxuu qoray buug uu ugu magac-daray dhiirranaanta-rajada (the audacity of hope). Buugaas uu ku sharraxayay sida u danqashada bulshada u tahay udub-dhexaadka anshaxa iyo qiyamka (moral and values). Wuxuu rumaysnaa sifadani in ay tahay mid la fal-gasha go' aan kasta uu qofka bani-aadamka ahi qaadanayo. Obama wuxuu ka mid noqday dadka awoodda sare leh, haddana ku dhaqma aragtidaan. Nasiib-xumo dadka awooda sare leh ma aha sifo laga helo u danqashada aadanaha. Tusaale; Donald Trump; Markii loo doortay madaxweynanimada 2012-kii, wuxuu bulshada Maraykanka si qayaxan ugu sheegay: Haddii uu qof ku soo hajuumo, waxaad iskaga qabataa gacan bir ah. Taasi waa sifo bil-caksi ku ah middaan aynu ka hadlayno, kana turjumaysaa awooddu in ay yarayso (power reduces empathy) naxariista.

Xaqiiqdu waxay tahay dadka labeenta bulshada ah (elite people) waxay ka naxariis-daran yihiin kuwa kale. Sababta taas keenaysa waxaa lagu aanayn karaa in ay tahay 1-sabab uun. Maadaama ay dadka ka sarreeyaan awood ahaan ama dhaqaalo ahaan, haddii ay xeerkaas jabiyaan- Ma noqonayso mid saameyn ku yeelanaysa noloshooda. Awooddu waxay kale ay qofku ka qarisaa baahiya kala duwan ee uu aadanuhu qabo, waayo dadka awoodda lihi nolosha ay ku nool yihiin iyo shacabku way kala duwan yihiin- Fikir ahaan iyo dareen ahaan.

Obama keliya ma ahayn qofkii sifadaan ku hantay quluubta shacab badan oo ku nool adduunka daafihiisa, ee waxaa kale oo ka mid ahaa; Hoggaamiye Martin Luther King iyo Malcolm X. Awooddu ma aha in ay baabi,iso qofnimaadaada ee waa in ay ahaata mid dhista shaqsiyaddaada.

STRESS EFFECTS EMPATHY

Qiyaas waa maalintii kuugu dambaysay (deadline) ee aad ku soo ban-dhigi lahayd qorshihii weynaa (big project) ee lagaa sugaayay. Ma waxaad isku howli lahayd sidii aad gambar-gaaban ugu fariisan lahayd qorshahaas mise danahaaga kale ayaad ka raacan lahayd? Dabcan geed-dheer iyo mid gaaban ayaad u fuuli lahayd sidii uu qorshahaasi kaaga dhicisoobin. Maskaxduna waxay sii daysaa dheecaammo iyo tamar (hormones & energy) qofku uu ku howl-galo. Balse ka warran haddii aadan far dhaqaajin laakiin aad ka walaacdid uun xaalkaagu sida uu ku suganyahay. Maskaxdu waxay sii daynaysaa dheecaan kale oo loo yaqaanno Kortisool (cortisol). Dheecaankaas oo qofka ka qaada diirad-saaryada (focus) fikirkana ku dahaara ceeryaamo (fog), dhaliyana in uu saameeyo awoodda-naxariista (capacity of empathy).

Naxariistu waxay ka bilaabata jirka markii aad aragto ama sawirato dhaqanka qofka kale ama xaaladda uu ku sugan yahay, waxaad jirkaaga ka dareemaysaa fal-celinta dareenkooda (emotinal reactions), adiga oo aan ka war-qabin. Ka dib dheecaamada jirka ayaa farriimo waxay u diraayaan maskaxda, halkaas oo macne (meaning) loogu soo sameeyo. Deedna waxaa soo xaadiraaya ogaalkaaga (awareness) oo waxaad bilaabaysaa in aad ka fikirto dhacdada. Ka warran haddii cadaadisku (stress) yahay mid ka mid ah, burcadda isbaarooyinka u dhigta habsamida maskaxdeennu u shaqayso? Walow cadaadiska ugu weyn ee aadanaha ku habsada uu yahay faqriga (poverty), haddana waxaa caddeymo badan lagu hayaa, dadka fuqurada ah, in ay ka naxariis iyo deeqsinnimo badan yihiin dadka kale.

Waxaan ugu yeeraa diin-laawe qofkii aan u naxariisan noolaha.

84
EMPATHY BECAME A POPULAR

*"Popular opininos suggests that empathy is
a tool that can cure all the problems in the world."*

- Paul Bloom

Naxariistu waxay noqotay maanta mowduuc caan-baxay (popular). Waxaad ku garan gartan kartaa taas, adiga oo isha la raaca qaanadaha dumaakamada buugaagta (shelves of any bookshops). Maqaal-qorayaasha (blogists) tifaftirayaasha (editorials), yuutuubleyda (youtubes) shirarka (conferences), cab-qariyaasha (gurus), kulli waxay u ban-baxeen (devoted) mowduucaan. Xataa naxariistu waxay noqotay maadada (subject) ugu xiisaha badan barashada cilmi-nafsiga (psychology). Haddii bulshada la wacyi-gelinaayo iyo haddii waalidku ilmahooda waaninaayaan, naxarasiitu waxay noqotay wax goosaar looga dhigo hadalka. Loo ma arko naxariistu in ay tahay mid horumar ku samaynaysa nolosha shaqsiyadda iyo wada-shaqaynta ka dhaxaysa aadanaha ee waxaa loo arkaa in ay tahay; Dawo lagu daweyn karo cudur kasta oo ka mid ah dhibaatooyinka dunida ka jira.

2014-kii; ayaa waxaa dalka Maraykanka ku soo batay, dilalka boolisku u gaysanayo dhalinyarada muwaadiniinta ah ee u dhashay qowmiyadda madowga ah. Markii uu shilkaasi soo noqnoqday ayaa shacabkii madowga ahaa waxay go' aansadeen in ay mudaharaad sameeyaan, maadaama ciidanku wax naxariisa tusaynin dhallinyaradooda. Booliiskuna wuxuu la yaabbay naxariis-darrada ku jirta dadkaas mudaharaadka ku baaqay.

Halkaas marka ay sheekadu marayso; Waxaa noo caddaatay in ay jirto laba fikrad oo iska soo horjeedda oo mid waliba ku andacoonayo in uu yahay naxariiste, balse naxariistoodu tahay mid dhinac ka raran, taas oo khilaafka ka dhaxeeya labada qolo sii xoojin karta. Haddii aad rabtid in aad noqotid naxariiste waa in aad sheekada ka fiirisaa labada dhinac. Markaas ayay naxariistaadu noqonaysaa mid laga wada faa'iiday.

EMPATHY IS ACT OF MORALITY

Naxariisu waa ficil qofka ku xambaara in uu la yimaado dhaqammo wanaagsan (perform good deeds), balse waxaad ogaata in ay jiraan sababo kale oo qofka ku riixi kara in uu aadahana u naxariisto. Waxa ka mid ah anshaxa (morality), macquulnimada (logic) iyo ruuxaaniyadda (sprituality).

Waxaa jirtay su'aal uu dadka weydiin jiray; Mencius (philosopher), middaas oo u dhacaysay sida tan: Haddii aad ku soo baxdo, ilmo yar oo ku biyo-cabaya (drowning) webiga, maxay noqon lahayd sababta kugu kallifaysa in aad badbaadiso? Waxay noqon kartaa sow ma aha naxariis (empathy), adiga oo ka fikiraya sida ay waaliidkiis u qalbi-jabayaan haddii uu cunugaas dhinto, balse waxaa laga yaabaa ummadda badankood in ay u baahneen, in ay gashtaan kabaha wixii dhalay cunugga, laakiin ay u badbaadinayaan, tallaabadaasi in ay tahay mid saxan in la qaado (right thing to do). Sidoo kale Macquulnimadu (logic) way keeni kartaa naxariista.

Zell kravinsky (investor) oo ahaa ninkii caawimo (charity) ku bixiyay lacag ka badan 45-milyan oo hantidiisa ka mid ah, ayaa wuxuu mid ka mid kelyihiisa ugu deeqay qof qalaad (starange). Waxaa laga yaabaa in aad niyadda iska dhahayso, taasi naxariis ma ahane waa caaqnimo. Kravinsky wuxuu leeyahay; Aniga in aan ku dhinto qalliinka ama mustaqbalka dambe u dhinto kelli la'aantaas waa 1-duleel 4-tii kun (one in four thousand), halka baahanuhu haddii uu kelli heli waayo uu wax jaanis haysan oo uu dhimanayo. Naxariista ninkaanna waxay ku salaysan Macquulnimda. Waxaa jira dad kale oo camalka suuban u sameeyaa aamminaad ruuxaaniyad ah oo ku salaysan diin.

EMPATHY IS SELECTIVE

In aad gashatatid qof aad taqaanid kabihiisaa ma ahan mid u muuqan karta naxariis, balse intee in le,eg ayaad awooddaa in aad gashatid, kabo qof aadan aqoonin oo dunida dacalkiisa kale ku nool. Wey kugu adag tahay sow ma ahan? Annie Dillard (author) waxay leedahay; Waa run dadku in ay naxariis ka badan dadka kale u muujiyaan, dariiskooda (neighbors) iyo dadka ay yaqaaniin. Tuasaale; Xasuuqii ka dhacay- Iskuulkii dhexe ee Sandy Hook. Wuxuu saameeyay dad badan. Waalid kasta oo ilmo dhalay wuu dareemay xanuunkaas, balse immisa xasuuq oo noocaan oo kale ah ayaa ka dhaca adduunka daafihiisa oo aysan laba-cali isweydiinin. Ka warran caruurta Afganistan, Iraq, Syria, Libya iyo Soomaaliya. Naxariista noocaan ah waxaa loo yaqaannaa naxariista-doorashada (selective empathy), waayo dad yar (minority) ayaa waxaa laga door-bidaaya, dad badan (majortity). Caruurtii iskuulkaas lagu laayay maxay kaga duwan yihiin ilmaha kale? Dabcan waa su'aal u baahan in la is weydiiyo?

Mararka qaarkood waxaynu gaarnaa go' aammo qaldan oo ku salaysan naxariista-doorshada. Haddii aad maqashay sheekadii Rebecca Smith waad qalbi-jabi lahayd. Waa cunug 8-jir ah oo lagu dhuftay mid ka mid ah tallaalladii loo qaadanayay cudurkii covid-19 oo ku naafowday. Waalidiin badan oo gabadhaas hooyadeed ka mid tahay waxay jeclaan lahaayeen haddii ay awood u leeyihiin, shirkaddii iyo saynisyahannadii tallaalka noocaan ah soo saaray in la maxkamadeeyo oo diyo-nool laga qaado. Balse xaqiiqdu waxay tahay isla tallaalkii noocaas ahaa in uu badbaadiyay malaayiin carruur ah.

Naxariista noocaan ah oo halka dhinac ka raran (imbalance) waxay keeni karaan natiijooyin halis ah (dangerous results).

Naxariistaadu ha ku salaysnaato bani-aadannimo, macquulnimo, ama anshax.

85
EMPATHY COMES NATURALLY

"Human morality is unthinkable without empathy."

- Frans De Waal

Waxaa hubanti ah intii aad noolayd in aad caawisay qof. Caawintaasna aysan ahayn mid aad ku qasbanayd (conditioned) ama aad ka sugaysay qofkaas, in uu maalintiisa ku caawiyo. Sifadaasi waxay na tusinaysaa in ay tahay mid ku lifaaqan abuurkeenna. Haddii aysan taasi jiri lahayn oo ay nolosheennu ahaan lahayd mid ku salaysan loollan (competitive) iyo danqasho-la,aan (insensitive), waxaa muran geli lahaa bai,aadannimadeena (humanity), weliba markii ay sheekadu joogto waalidiinta (parents), halkaas oo ay naxariistu u tahay fure. Waalidiintu waa kuwo u nugul (sensitive) aadna u daneeya (concern), dhallaankoodu (offsprings) in ay ahaadaan kuwo bad-qaba, ammaan ah. Sidaas daraaddeed, naxariistu waxay door-weyn ka ciyaartaa jiritaankeenna, walow ay tahay wax inta aynu xakameyn karno yar yihiin (little control over).

Ulf Dimberg (psychologist) ayaa si iskaa wax u qabso ah (voluntary) wuxuu baarintaan ku sameeyay 1990-kii, dadku sidii ay uga fal-celinayaan markii ay arkaan waji faraxsan iyo mid caraysan. Wuxuu qol isku keenay koox dad waaweyn iyo dad yar-yar iskugu jira. Ka dib wuxuu tusiyay muuqaallo iskugu jira dad qoslaaya iyo kuwo gafuurka taagaya. Layaabku wuxuu ahaa; Dareenkii dadku in uusan is-beddelin, walow muuqaalladii la tusay kala duw,naayeen. Waayo ka qeyb-galayaasha (participants) loo ma sheegin, muuqaallada la tusi doono, in ay yihiin dad faraxsan iyo kuwo xanaaqsan. Balse sida caadiga ah; Markii laga saaro dadka manexayaasha ah (psychopaths), qofku waa naxariiste dabiici ah, haddii ay dhacdadu tahay mid uu wax ka ogyahay. Sidaas daraaddeed, marka labaad ee uu qof kuu la yimaado; Bani-aadamku abuurkiisu in uu yahay mid xun (human nature is evil), waxaad ku dhahdaa: Sheeko baralayda iga la dul-tag!

HUMAN NATURALLY BONDS

Waxaa jirta sabab dad badani ugu magac-dareen xabsiga dhimashadii yarayd (solitary confinement). Wuxuu ku jiraa cadaabtii dunida qofla yiri; Iska daaya kuwa kula xirane, xataa haddii aad la hadasho waardiyaha, waxaad mutaysan ciqaab. Sidoo kale waxay noqonaysaa fikrad qaldan, haddii la is ka dhaadhacsiiyo, nooluhu wuxuu dhashay isaga oo xor ah. Qarnigii 18-aad, ayaa mufakir Jean-Jaques Rousseau waxa uu soo saaray aragti loogu magac-daray. Heshiishka bulsho (Social contract). Fikraddani waa mid u muuqata mid bahluulnimo ah (silly), balse qiyaas; Haddii qof kastaahi diidi lahaa in uu ka tunaasulo waxyaalaha qaar uu xaqa u leeyahay. Ma sharci ayaa jiri lahaa? Inta xoogga, cuudka, caqliga iyo cilmiga badan ayaa waxay doonaan samayn lahaa. Noloshuna waxay noqon lahayd mid gaaban oo arxan-darro ah (brutal) sow ma ahan? Balse ma wax xun baa haddii aynu isku raacno; Dilka dhaca iyo kufsigu in ay yihiin wax xun oo xabsi lagu mutaysanayo? Iskana illowno fikradda gurracan ee oranaysaa; Ninkii xoog leh ayay xaajo u dhacdaa (survival of the fittest).

Bani-aadamku ma kala maarmo oo waa noole si aad ah isugu baahan. Waxay isku baahan yihiin; Jismi ahaan iyo dareen ahaan. Haddii uu midba midka kale ka dheeraado wuxuu noqonayaa rajo-laawe iyo mid buufis qaba. Dhaqaatiirta cilmi-nafsigu waxay leeyihiin; Wehelku ma aha mid farxadda uun siyaadiya ee qofkii hela wehel wanaagsan, wuxuu noqonayo mid ka cimri-dheer ummadda kale kana caafimaad badan.

Hadba xirrirka guurku inta uu wanaagsan yahay, ayay qofka noliishuna wanaagsanaan. Waana sifada rabbaanigaa ee ragga iyo dumarku u noqdeen laba aan kala maarmin nolosha.

THE UNCONSCIOUS SYNCHRONY

Weli ma la yaabtay sababta haddii uu qof halaaqoodo (yawn) qofka kalena la halaaqoodo, asaga oo aan iska war-qabin? Waa waxa ay ugu yeeraan; Isku-dhafka miyir la'aanta (unconscious synchrony) ama dareenka xoolaha (herd instinct). Waa wax la is ku daarto (contagious) oo bani-aadamku la wadaagaan xoolaha. Cilmi-baarayaasha jaamacadda Kyoto, ayaa waxay goob iskugu keeneen koox daanyeerro ah (chimpanzeez) si ay u xaqiijiyaan arrintaan. Ka dib waxay ogaadeen, mid ka mid ah daanyeeradaas haddii uu halaaqoodo kuwa kale in ay sameynayaan ficilkaas oo kale. Dabeecaddaani waa mid ka mid ah, habka badbaadada (survival mechanism), taas oo ku qasabta shimbiraha, kuwii isku jaad ahba (birds of flocks) in ay isku jiho u duulaan ayaga oo raxan-raxan ah. Sidoo kale waa tan ku xambaarta xooluhu markii ay soo galaan degaan ay qalooti ku yihiin in ay isku mar daaqaan ama nastaan. Dareenkaan isku xiranka ah (instinctual coordination) waa mid ay ku dareemayaan badbaado.

Taas waxaa sii dheer, haddii aad shukaansi tagto, waxaad jeceshahay sow ma aha qof ficilkaaga dhaajiya (mimic)? Qof markii xaaladdu degan tahay kula deggan, markii aad qososho kula qosla, markii aad biyaha cantuugto kula cantuuga. Cilmi-baarayaashu xataa waxay sheegeen; Dareenkaan isku-dhafka ah: Kabalyeeriyaasha (waiters) in ay u sahasho in ay helaan lacagta dheeriga ah (tips) ee la siiyo, haddii markii qofku uu wax dalbo, uusan oran keliya; Badar fiican ayaad dalbatay ama dookh fiican ayaad leedahay, balse dalabkii uu macmiilku dalbaday ay ku soo celiyaan waxay ahaayeen.

Anshaxa bani-aadamku ma aha mid shaqaynaya, haddii ysan naxariistu ku lifaaqnayn

86
I FEEL YOUR PAIN

"There is a reason why other person thinks and acts as they do. Ferret out that reason and you have the key to their actions."

- Jamil Zaki

Waan dareemaayaa xanuunkaaga (i feel your pain) waxaan u malaynaayaa in ay dhagahaagu wax badan maqleen. Waa jumlad xambaarsan (embody) naxariis. Markii aynu qof u naxariisanayno waxaynu ugu muujinnaa noocyo kala duwan. Waxay noqon kartaa in aad gacan-siisid, dhibkooda fahantid ama la qaybsatid. Haddaba naxariistu ma wax lagu dhashaa mise waa wax la beeri karo (cultivate)? Waa macquul in aad noqon kartid naxariiste (empathetic), keliya haddii aad iska dhaadhiciso (believe) in aad tahay. Weli ma maqashay maahmaahdaan oranaysa; Qiyaanoole waligiis waa qiyaanoole (Once a cheater is always a cheater)? Jumladda noocaan oo kale waxay tilmaamaysaa dabciga qofku in uu yahay wax aan is-beddeli karin (psychological fixism). Laakiin fikraddaan saynis laguma caddeyn (not backed up by science). Midda saynisku caddeynaayo ayaase waxay tahay: Maskaxdeennu in ay mar kasta is-beddelayso (brain is always changing).

Tusaale markii aan baranayno sida loo garaaco musikada, qeyb ka mid ah maskaxdeenna wey kortaa (grow). Sidoo kale maskaxdeennu waa naaqusi kartaa (shrink), haddii ay jirto niyad-jab (depression) iyo kadeed daba-dheeraaday (chronic stress).

Haddaba maxaa xal u ah, dadka aamminsan dabcigu in uusan is-beddeli karin? Xalku wuxuu noqon bil-caksiga oo ah; Dabciga qofku in uu is-beddeli karo (psychological mobilism). Aragtidaani waxay leedahay; Walow hidde-sidaheennu (genetics) door-weyn ka ciyaaro dabcigeenna, haddana garaadka (intelligence) iyo naxariisata (empathy) waa lagu kala duwanaan karaa. Ilmaha waalidka beerka-jilicsan dhalay way ka naxasiis iyo deeqsinimo badan yihiin ilmaha kale, qaasan kuwa ku soo koray- guryaha naxariistu ka maqan tahay (lack of kindness). Ilmahaasna badanaa waxay noqdaan arxan-laawayaal (psychopaths).

WE CAN DEVELOP EMPATHY

Ilaa intee in le'eg ayaynu xukunnaa dareenkeenna (emotions)? Markii aad aragtid muuqaal (photograph) ama aad fiirsanaysid filin, ma dooran kartaa in aad la faraxdid (overjoyed) ama aad ilmaysid (moved to tears), mise falcelintaadu (reactions) waa mid iskeed isku wadda (automatic)? Waxaa laga yaabaa in aad ka mid tahay qaarka ku andacoonaya in ay xakamayn karaan dareenkooda, balse xoogaa yar fikir: Maxaad samaysaa markii aad rabtid jiimka (gym) in aad miisan culus qaaddo? Waad is-xanaajisaa sow ma aha intaad sacabbada isku garaacdo ama waxaad daarataa hees aad jecesahay si aad ruuxdaada u kiciso (to psych yourself up). Halkaan waxaa na loogu sheegayaa in aan beddeli karno dareenkeenna, annaga oo beddelayna aragtideenna (perspective). Haddaba sideen ku beddeli karnaa?

Waddada ugu fudud waa annaga oo samayna; Is-beddello yar-yar (atomic habits), kuwaas oo yeelan doona is-beddello waaweyn (compound effect).

Dan Batson (psychologist) ayaa xaqiijiyay baaritaankaan, markii uu cudurka aydhisku (Aids) adduunka ku cusbaa oo qofkii qaba la faquuqi jiray. Ninkaan ayaa wuxuu isku yeeray ardaydii dhigan jirtay jaamacadda Kansas, ka dibna wuxuu u daaray cajal muuqaal ah: Muuqaalkaas waxaa iskaga warbixinaysay gabar Julie la yiraahdo oo uu asiibay cudurkaas. Ardaydii waxaa lagu wer-gliyay in ay si fiican u dhuuxaan xaaladda gabadhaasi ay ku sugan tahay iyo waxay dareemayso. Ardaydii markii ay dhammaysteen muuqaalkii laga duubay Julie, waxay noqdeen kuwo u beer-jilcay (empathetic). Taasi ma ahayn waxa amakaagga dhaliyay ee waxay ahayd; Ardaydu waxay sidoo kale walaac ka muujiyeen, dadka kale ee qaba cudurkaas.

Markii halkaan tallaabo ay sidaan fudud u beddeli karto dareenkeenna, ka warran haddii aan qaadno tallaabooyin kale oo intaan ka badan?

THE CONTACT THEORY

1960-kii, 5% oo ka mid ah Jamhuuriyiinta (republicans) iyo 4% oo ka mid ah Dimuqaraadiga (democrats) waxay dhaheen; Haddii caruurtayadu guursadaan xisbiyado mucaarad nagu ah (opposite political party) waxaynu noqon doonnaa siyaasiyiin caraysan (displeased). 2010-kii; 50% oo caruurtii jamhuuriyiinta ah waxay guursadeen mucaaradkii, halka 30% ay ahaayeen ilmihii dimuqraadigu. Markii laga soo tago in aynu u muujinno dul-qaad, dadyowga nagu dhaqanka iyo isku fikirka ahayn, haddana waxaynu cadow ku nahay mar kasta kuwa naga soo horjeeda ama aynu aqoonta u lahayn. Wada shaqaynta iyo dhex-galka dadka aynaan isku sinjiga ahayn waxay hoos u dhigtaa fikaradaha qaldan aynu ka aamminsannahay dadka qalaad .

Tusaale aan u soo qaadanno sheekadii Tony McAleer (former skinhead) oo ahaa nin cunsuri ah. Tony wuxuu ahaa cunug kashiishu faaruq tahay oo niyadda ka dilan. Iskuulkana ma ahayn mid ku wanaagsan. Ka dib wuxuu bilaabay in uu ku faraq-xirto qolodaan cunsiga ah, halkaas uu noqday ragga ugu cad-cad kooxdaan (Canadian white power movement). Sannado ka dib Tony wuxuu bilaabay in uu lugta kala baxo kooxdii. Wuxuu dib u bilaabay in uu hagaajiyo noloshiisii (better himself). Wuxuu saaxiib la noqday mid ka mid ahaa macalimiintiisii (trainer) kaas oo lagu magacaabi jiray Dov. Waxay noqdeen laba nin oo aad isugu dhow. Maalin maalmaha ka mid ah ayaa Tony wuxuu u sheegay macallinkiisii in uu ahaa cunsuri-weyn, halka uu Dov, waa macallinkiiye, isaguna sheegay in uu yahay Yuhuud. Arrintaasi saaxiibtinadii ka dhaxaysa waxba u ma dhimin, waayo intii ay iska yaqaaneen ayaa ka badneyd, wax ku dhisan taariikh iyo diin.

Nabadda iyo naxriistu waa labada naas oo ay nooluhu ugu nuugmada jecelyihiin.

87
EMPATHY HAS A DARK SIDE

*"Empathy an xenophobia go hand in hand.
They are two side of the same coin."*

- Rutger Bregman

Waa laga yaabaa in doodo (arguments) badani oo aad ogtahay ama akhrisay ay kuu la muuqdaan maan-gal (logic). Sayniskuna wuxuu caddaynayaa wax badan oo aynu aamminsannahay- In bani-aadamku asal ahaan (essentially) yahay mid wanaagsan, uuna door-bidayo dhigiis in uusan waxyeelaynin (do others no harm). Balse sidee baan tan uga dhignaa mid waafaqsan xasuuqyada taariikhda ku qoran (historys atrocities)? Hagaag. Su'aashaan jawaabteeda waxaa ku dhex-qarsoon su'aal kale oo ay is-weydiiyeen xulafada saynisyahaniinta (allied scientists) 1944-tii. Weydiintaas oo ahayd: Sidee bay ku noqon kartaa macquul, askartii Jarmalku (Nazis) in ay dagaalkii sii wataan, ayada oo laga gacan-sarreeyay?

Waxaa loo wakiisahay warcelinta weydiintaa Morris Janowitz (psychologist). Morris, wuxuu leeyahay sababta qura ee askarta Jarmalku u ahaayeen kuwo aan isdhiibayn ayaga oo laga awood iyo tiro badnaa ayaa waxay ahayd; Waxay ku daggaalamayee qaddiyad (ideology) maskaxda looga dhaqay (brainwashed) oo ku salaysan dal iyo dad jacayl waalli-cas ah.

Markii uu Morris waraystay qaar ka mid ah maxbuusyadii Naasiyiinta, wuxuu ogaaday; Jeneraaladdii ciimadama hoggaaminaayay iyo askartuba in ay ahaayeen saaxiibbo lillaahiya oo ay isku dhaarsadeen in ay dhintaan, intii ay ka tagi lahaayeen dadkooda iyo dhulkoodii hooyo. Waxaa hagaayay dareen gaar ah oo ay u qabeen dalkooda iyo dadkooda. Waana sababta keenaysa sidoo kale awoodeenna naxariistu (our capacity for empathy) in ay lahaan karto baal-madow (dark side).

HUMANS AVOID VIOLENCE

Naxariistu waa seef labo-bogleey ah (double-edged) oo dhinac walba wax ka xiiraysa. Waxaa xaqiiq ah in aynu nahay kuwo nafta u huri kara qoyskooda (family), asxaabtooda (friends) iyo dariskooda (neighbors). Waxaa sidoo kale suurto-gal ah mararka qaar in aynu iyaga laftirkooda qudha ka jari karno. Markii ay sheekadu joogto dagaal u dhaxeeya nolol iyo geeri (life and death), waxaynu ka tagnaa naxariista oo waxaynu u digo-rogonna waxashnimada. Aragtidaasi horta ma runbaa mise waa waxaan iska dhaadhicinnay (assume) innagu?

Bani-aadamku ma aha kuwa judhiiba noqda waxshiyiin (barbarians), xataa markii lagu jiro dagaal fool ka fool ah (face to face). Qofna u ma fududa in uu keebka-qabto (pull the trigger) si uu u dilo qof kale. Bani-aadamku waa ka dheeraadaan codowtinimda (avoid violence), mar kasta ay macquul tahay. Qofkii ugu horreeyay oo aragtidaan daba-gal ku sameeyayna wuxuu ahaa, Samuel Marshal (colonel & historian) 1943-dii.

Marshal wuxuu baaritaan ku sameeyay guuto (battalion) Jabaaniis ah oo tababar halista ah lagu siinaayay jaziiradda Makin. Wuxuu ogaaday 36% keliya in ay ahaayeen kuwii riday xabadihii dheemishka ahaa, markii ay iska soo hor-baxeen mid ka mid ah saaxiibadoodii cadowga matalayay. 64% ee soo hartay ay ahaayeen kuwo laba-qalbiyaynayay. Ka dib wuxuu waraysi ka qaaday askartii. Wuxuuna ku yiri; Waxaad ahaataan kuwo daacad ah, waxaadna ii sheegtaa sababta kallifaysa in aad laba-qalbiyaysaan? Askartu waxay sheegeen in ay adagtahay in la toogto qof ku soo fiirinaaya. Arrintaas waxay kale oo ay raaciyeen in ay ka sii adagtahay in qof mindi lagu dilo.

EMPATHY NEEDS HUMANITY

Sidaynu ognahay dagaalladu ma aysan jirin illaa iyo intaynu noqonnay kuwo ilbax ah (civilized). Aragtidaan ah dahaarka ilbaxnimada (vaneer of civilization) waa laga xuubsiibtaa markii ay mushkilad ama mashaqo na soo food-saarto waa xadiis daciif ah oo maan-laawayaashu iskugu sheekeeyaan.

Aadanuhu ma aha kuwo xad-gudba xataa markii dagaal gacanta la is kula tagay lagu jiro. Sideedana bani-aadamku ma aha mid xun (evil) sida ay dad badani qabaan. Haddii aynu aragtidaan calaanjinno (internalize) waxaynu noqon karnaa bulsho hor-marsan oo ay laabtoodu caafimaad qabto. Siday ahaataba haddii aynu sii wadno argtida ah bani-aadamka laguma hallayn karo keli ah dhaqanka anshixiisa ee waa in ay jirtaa ciqaab lagu cabsi-geliyo (threat of punishment), waxaa la ma huraan noqonaysa in kuwo badan xabsiga loo taxaabo (locked away), sidii uu ku caan-baxay wadanka Maraykanka.

Maxaabiista Maraykanka waxaa lagu xiraa qol (cell) iskugu jira jiif iyo suuli oo wax dariishad, telefishin iyo telefoon midna lahayn. Isbuuciina waxaa loo oggolyahay in ay 1-saac bannaanka uga baxaan qolka noocaas ah. Waxaynu u baahnnahay in aynu laba mar fikirno oo aynu isweydiinno su'aalahaan. Qaab-dhaqanka noocaan oo kale miyay dhaqan celinaysaa dadka lagu helo dambiyada? Ma mid kor u qaadaysaa dhaqanka akhlaaqda (moral behavior) qofka?

Halka maxaabiista Norwey, qaasatan xabsiga Halden uu maxbuusku leeyahay, qolweyn oo kala qeybsan oo telefishin weyn (flat-screen) leh. Halkaas oo aysan cuntada saf u gelin balse ay iyagu karsadaan. Xataa maalintii ay cadceeddu kulushahay ay bannaanka ku karsan karaan cuntada, iyada oo waardiyaashu ahayn kuwo hubaysan.

Dowladda Norway waxay aamminsan tahay sidaasi in ay tahay sida keli ah ee dambiilaha lagu dareensiin karo masuuliyadda (responsibilty), si uu masuul u noqdo, markii uu xabsiga ka baxo.

Duruufuhu ka ma dhigaan qofka wax uusan ahayne waxay soo saaraan uun wuxuu yahay.

88
A FORCE FOR GOOD

*"Live your life in such a way that
you will be remembered for your kindness"*

- Germany Kent

Maalin kasta saacaddu markii ay tahay 5:30 aroornimo ayuu toosaa, Dalai Lama (spiritual leader) wuxuuna dhagaystaa idaacadda (BBC) inta uu quraacanaayo. Walow ay kuu la muuqato caadadaan mid xun oo aysan mudnayn qofku in uu ku af-furto akhbaaraad caqliga iyo qalbiga werwer gelinaaya, haddana Lama wuxuu aamminsanyahay, caadadani in ay ku abuurayso lexo-jeclo dheeriya uu u qabo aadanaha. Idaacadda oo aad dhagaysatid keli ah ayaa kaaga filan, colaad (violence), naxariis-darrada (cruelty) iyo masiibooyinka (tragedy) adduunka dacalladii ka taagan. Balse miyaad taqaannaa sababta? Dalai, wuxuu rumaysan yahay 1-sabab in ay arrintaasi salka ku hayso. Masuuliyad darrada anshaxa naxariista (lack of compassionate moral responsibility). Maanta waxaynu noqonnay kuwo anaani ah (self-interest), taasina waxay daaqadda ka saartay xuquuqdii ay dadku nagu lahaayeen. waxay u muuqataa arrin xun sow ma aha (seems quite grim)?

Haddii aadanuhu leeyahay awooddaas uu wax ku burburin karo ama uu wax ku qarbudi karo, sidoo kale wuxuu leeyahay; Awood wax lagu dhisi karo oo leh saameyn togan (positive impact). Aragtidaanna waa wuxuu ugu yeero Lama: Awooda wanaagga (a force for good). Awoodda wanaaggu waa mid shaqsi ah, waxay ka bilaabmataa gudaha qofka (within).

Markii isbeddelkeennu yahay mid ka imaanaya gudaha, waxaa hoos u dhigmaya shucuurteena taban, waxaana kor u qaadmaya awoodeenna naxariiseed. Waxaan noqonaynaa kuwo ku wanaagsan in aan ka gudubno falcelinteenna xammaasadda leh (impulsive reactions) sida; Xanaaqa (rage), niyad-jabka (frustration) iyo rajo la'aanta (hopelessness). Is-beddelkaanu wuxuu noo horseedayaa in uu naga dhigo kuwo u naxariista inta inagu xeeran (around us) iyo inta meeraha aynu wadaagno (shared planet).

REFLECT ON YOUR RESPONSES

Q of bani-aadam ah oo aan dhirfin (short temper) adduunka ma jiro. Dalai laftirkiisa oo ah hoggaamiye ruuxiya wuu xanaaqi jiray marmarka qaar. Balse isagu wuxuu na dheer yahay farsamooyin (techniques) uu isku xakameeyo markii uu caroodo. Farsamada ugu muhiimsan waxa weeye; Waxaynu u naqaanno ka fiirso inta aadan falin. Macnaha cawaaqibta ka dhalan karta ficilladaada (consequences of your actions).

2008-dii, ciimada Jayniisku waxay rasaas ku fureen bannaanbaxayaal Tibetan ah oo u badnaa suufiyaal (monks). Halkaas oo qaar badan ku geeriyoodeen, kuwo kalena askartu u taxaabtay xabsiga. Sidee buu uga fal-celiyay ayaad isleedahay Lama? Dabcan, korkiisa meeshii laga saro dhiig ma lahayn, balse wuxuu doortay in uu is-dejiyo (to stay calm). Wuxuu doortay in xanaaqii iyo ciilkii ay askarta Jayniisku u muujiyeen bannaanbaxayaashii oo kale in uusan muujin, laakiin uu dareenkaas ku beddello nabad iyo jacayl (peace & love) oo uu dareenkiisa xakameeyo (control his feelings).

Dareenka oo la xameeyo macnaheedu ma aha dareenka in la cabburiyo (suppress). Dareemada taban oo daboolka la saaro (bottling up) waxay keeni kartaa fur-tuurasho (outburst) ay adagtahay in la xakameeyo hadhow. Markii ay na soo wajahaan marxalado adag waa in aan meelo badan wax ka fiirinno oo aan noqonnaa kuwo iska war-qaba (mindful). Waa muhiin in aynu noqonno kuwo kala saari kara oo micnayn kara shucuurta ay dareemayaan oo is-weydiin kara; Dareenkaan aan dareemayo ma waxaa keenay dhibkaan dhacay mise meel kale ayuu salka ku hayaa horta? Shucuurteenna taban (negative emotions) oo fahanno, waxay noo fududeyn doontaa, in aynu ka dhigno ficilladeenna kuwo togan (positive actions).

THE POWER OF CHANGE

In aynu lahaanno dhaqan wanaagsan waa muhiim (vital), dhaqankaas oo ahayn mid ku dhisan, ku dhufo oo ka dhaqaaq, balse ah mid aynu ku adkaysanayno (persist). In aynu ka sheekaynno lahaanshaha dhaqammada wanaagsan waxaa ka muhiimsan in ay ahaadaan kuwo naga la helo dhaqamadaas. Tusaale; ururka sama-falka ee la yiraahdo (Rev Bill Crews foundation) waxay quudiyeen oo raashin, guri iyo caafimaad siiyeen, in ka badan 1.1 milyan qof waqtigii cudurka caabuqu (covid-19) saameeyay adduunka. Xataa waxay dadka waaweyn siiyeen maktabado ay wax ka akhristaan. Ilmahana waxay geeyeen iskuulaad wax lagu baro. Arrinta layaabka leh waxay ahayd; Dalai Lama wuxuu ka mid ahaa dadkii sida tabarucaadda ah ugu shaqaynaayay ururkaas habeen iyo maalin. Lama wuxuu leeyahay; muhiimmaddu ma aha qofka aad tahay, wadankaad ku soo jeeddo iyo waxaad ka shaqayso, ee muhiimaddu waa in aad ahaataa mid ku lug-leh (involved) ficillada nuucaas ah oo kale ah oo banii-aadannnimada ku dhisan.

La ma wuxuu si xooggam (firmly) u rumaysanyahay awoodda is-beddelku in ay ku jirto cagmaha shaqsiyaadka (hands of induviduals) ee aysan ku jirin, gacmahaha ururrada (organizations), dowladaha (governments) iyo diktaatooriyaasha (dictators). Ku ma qasbi karno bulshadu in ay sameeyaan kacdoon aynan iyagu doonayn.

Sidaas daraadeed, ha ka sugin bulshadu in ay is-beddesho ee adigu noqo beddelka aad doonayso (be the change) si ay dadku kuugu daysadaan.

Korriinku waa lama-huraan, balse qaan-gaarnimadu waa doorasho.

89
THE EGOCENTRIC POINT OF VIEW

"Getting a persons perspective is the way you understand them accurately and the way to solve their problems most effectively."

- Nicholas Epley

Dhibaatada ugu weyn ee isfahan-darrada keenta waa annga oo wax ka fiirinna dhankaynu wax ka aragno keliya. Waa arrin mudan in lagu baraarugsanaado sida aad wax u ragto in ay ka duwan tahay, sida ay dadka kale wax u arkaan, waayo qof kasta waa budo gooni u tuman (unique).

Qiyaas adiga oo jooga garoon weyn oo daawanaya koox aad taageertid (team A). Waxaa qalad lagu galay kabtankii kooxda, balse garsoorihii (referee) kooxdaadi ma siinin darbadii xorta ahayd (free kick). Dabcan waad la yaabi lahayd sow ma aha garsooraha, adiga iyo inta kula taageersan kooxda oo ku sugan garoonka? Dhanka kalena taageerayaasha kooxda kale (team B) way ku farxi lahaayeen go' aankii uu qaatay garsooraha sax? Ogow cid walba oo garoonka ku sugan waxay isla daawanaysaa 1-ciyaar (same match), haddana fikradahooda (opinions) iyo suluuggooda (attitude) saaid ayuu u kala fog yahay, waayo 1-dhacdo (a single situation) ayaa yeelan karta fasiraad kala duwan (different interpretation).

Adiga oo ka faa'iidaysanaya tusaalahaan, haddii ay kula soo gudboonaato arrin nuucaan oo kale ah ama mid u eg, waxa aad isku daydaa in aad siday dhacdada iyagu u arkayaan u la aragto (their perspective). Balse. Su'aashu meesha taalla ayaa waxay tahay; Sababtu maxay tahay aynu ugu fikirno sida anaaniyadda leh (egocentric way)? Jawaabtu way fududahaye haysku daalin. Fikirkaas ayaan waxaynu ka helnaa, qab ina dareensiiya in aynu nahay muhiim. Waayo waxaynu guud ahaan ka cabsannaa in aynu ku kacno ficil ina cambaareeya oo hadhow dadku nagu xukmiyaan (judge) laxdadaas gaarka ah (particular moment).

STEREOTYPES MUDDLE OUR THINKING

Waxaa ku dhaafay nin caga-cad, timo-raama leh, oo u soo uraya sidii qashin-qubkii (smells like a rotten garbage). Maxaad u malayn lahayd in uu yahay? Dabcan isla markiiba waxaad gelin lahayd qaanad gaar ah (specific category) oo ah in uu yahay darbi-jiif (homeless) sax? Kulligeen waxaynu nahay kuwo sidaan dadka u kala gura (categorize) habeen iyo maalin, balse maxaynu u haysannaa malaha (stereotype) noocaas ah horta?

Inaynu raadinno kala duwaanshaha (differences) dadka ka dhaxeeya, ayaa kun jeer ka xiiso badan (more interesting) inta aynu raadin lahayn isku ekaanshaha (similarities). Waana halkaas meesha uu ka dhasho malaha. Waxaynu rabnaa caddeyn aynu u muujinno dadka qaar in ay kala duwan yihiin. In kasta oo aynu malahaas ku ogaan karno kala duwanaanshaha dhaqanka qof ama kooxi leedahay, haddana marmarka qaar malahaas waan ku hun-goobi karnaa.

Waxaa jirtay baaritaan cilmiyaysan oo lagu sameeyay malaha dadku ay ka qabaan duqnimada (aging) oo qaatay 40-sano. Dadkaas waxay dad,doodu u dhaxaysay 18-40. Arrinta xiisaha leh waxay noqotay. Dadkii malaha xun ka qabay duqnimada waxay noqdeen kuwo ka caafimaad-xun oo 7.5 sano, kana hor-geeriyooday kuwii duqnimadu ay caadiga la ahayd. Kala duwanaanshaha jinsiga ragga iyo dumarka (gender difference) ayaa ugu badan waxa keena malaha qaldan. Wax badan oo waxaa jira kala duwanaanshahaas run ka ah sida ; Raggu in ay yihiin kuwo u saaxiiba caqliga (Rational), halka dumarku yihiin kuwo dareenka (Emotional) u saaxiiba. Xaqiiqduse waxay tahay waxaa jira wax badan aynu wadaagno, markii laga soo tago malahaas (stereotypes), waayo waxaynu wada nahay ilmo-dhoobo.

DONT TRY TO ASSUME

Waxaa soo dhow dhalashii hooyadaa, waxaana rabtaa in aad u soo gado hadyad (gift) aad ku muujinayso jacaylka aad u qabto, balse nasiibxumo (unfortunately) sidee ku ogaanaysaa hadyadda nooca ay rabto? Waxaa laga yaabaa in aad qiyaasi karto, hooyadaa waxay jeceshahay, laakiin taasna ma aha mid aad xaqiijin kartid, waayo macquul ma aha in aad dhex-gasho qof kale madaxiis (another persons head). Hadda sidee baynu u xallin karnaa arrimaha cakiran oo noocaan oo kale ah? Jidka ugu fudud; Weydii ra,yigooda (ask their opinion). Toos u weydii waxay jeclaan laheyd hooyadaa. Waxaa laga yaabaa tallaabadaani in ay kuu la muuqato mid nacasnimo ah, balse waa jidka ugu fiican (best way) oo adiga aadan isku wareerin, hooyadaana ay ku faraxsanaan doonto.

In aad weydiiso qofka wuxuu rabo ma aha in ay kaa dhowri doonto in aad qalad gasho. Waxaa muhiim ah inaad u weydiiso qofka waxa uu rabo si sax ah. Wax ka xun ma jiraan dunida in uu qofku wax kuu sheegto haddana aad qalad fasirato. Tusaale; Hooyadaa waxay rabtaa buug ay akhrisato, maadaama ay jeceshahay akhriska (reading).

Ma waxay rabtaa buug jacayl ah (love story), ma waxay rabtaa buug taariikh ah (history) mise waxay rabtaa buug sheeko-faneed ah (fiction). Intaasba ma aha waxaad qiyaasi karto sow ma aha ama ma tihid mid loo waxyoodo? Haddaba si uusan hadalku laba-shuble kuugu dhicin, xaqiiji qofku wuxuu rabo in aad fahantay intii aad iska qiyaasan lahayd.

Haddaad rabto in aad wax ogaatid, aniga i weydii intii aad qiyaasan lahayd, waayo halkaasi waa meesha riwaayaddu ka bilaabato.

90
MAP OUT YOUR QUALITY

"Treating ourselves with kindness is the key to acheive our goals."

- Shahroo Izadi

Haddii aad tahay qof isku dayaya noloshiisa in uu wax ka beddelo, waad ogtahay ayaan filayaa in aysan ahayn wax sahlan oo igu soo orod ah in ay waxaasi hir-galaan. Waxaa dhacda inta badan qorshahii aynu dhisnay in uu qabyo naga noqdo. Taas waxaa ka sii daran in ay nagu abuuranto kalsooni-darro iyo shaki la xiriira, in aynu nahay kuwo lafahooda wax u qabsan karin oo wixii ay bilaabaan qabyo-tiri karin. Xaqiiqduse waxay tahay Alle in uu kulligeen na siiyay, awood aynu wax ku hir-gelin karno (capacity to accomplish something), balse awooddaan waxaynu hilmaamna markii ay wax naga qaldamaan (darekest moments). Waana sababta tallaaba kowaad ee habka naxariistu (kindness method) aysan wax shuqul ah ku lahayn sida caadada loo beddelo, balse ay tahay; Qariiradaynta tayadaada togan iyo guulaha aad gaadhay (mapping out your positive qualities and accomplishments).

Positive qualities; Waxaad nafta ku dhiirri-gelisaa markii ay wax kaa qaldamaan sifooyinka tayaysan ee uu Alle ku siiyay sida; In aad tahay sey wanaagsan (a good partner), waalid baraarugsan (a conscious parent) ama ababiye wanaagsan (a good teacher). Previous accomplishments; Waxaad sidoo kale nafta xasuusisaa guulihii aad horey u gaartay sida; Tartankii orodka ee aad ku guulaysatay 3-da jeer. In aad noqotay goraagii sanadka ama fagaare ka hadlaha ugu saameynta badan wadankiisa.

Is-xasuusinta inaad tahay qof tayo leh iyo dib u jalleecidda guulihii waaweynaa ee aad naftaada u soo hoysay, waxay kaa caawinaysaa in aysan isku kaa celin dad iyo duunyo.

IDENTIFY WHAT WORKS FOR YOU

Markii ay noqoto qof in uu is-beddel doono, ogow waxa iyaga u shaqeeyay in aysan adiga kuu shaqaynaynin. Shahdroo Izadi (beahavioral change specialist) waxay macmiisheeda ku qasbi jirtay, qof kasta in uu ogaado waxa u shaqaynaya isaga. Waayo taasi waxay qofka ka caawinaysaa in ay ku ilaaliso (maintain), yoolalka mustaqbalka fog (gaols in the long run). Izadi waxay leedahay; Isbeddelka guusha lihi ma aha in aad naftaada hesho (finding yourself) ee waa inaad naftaada abuurto (creating yourself).

What worked for you; Bal xasuuso xaalad shaqo-adayg (hard work), naf-hurid (sacrifice), dul-qaadasho (perseverance) aad kaga soo gudubtay. Waqti aad ka shaqaynaysay wax kuu dan ah oo aad adigu isku mashquulsanayd (in the zone). Jawi nooceeya ayaad ku jirtay, maxayse ahaayeen wixii kaa caawiyay? Halkee baad joogtay, yaa kula joogay? Maxaad dareemaysay? Maxaase kaa saaciday in uu qorshuhu kuu hagaago? Ma waxaad laheyd jadwal (routine)? Ma hurdo kugu filan ayaad habeenkii jiifan jirtay? Miyaad jimicsan jirtay? Ma raashiyan isku dheelli-tiran ayaad cuni jirtay? Mise dadka ayaad weydiisan jirtay waano (advice) iyo la talin (mentorship)?

What has not worked; Waxaa kale oo muhiim ah in aad ogtahay waxa aanan kuu shaqaynaynin. Tani waxay kaa caawinaysaa in aad ku baraarugsan tahay nus-qaamahaadii hore (your past shortcomings) sida; Dhaqamadaadii xumaa (your bad behavior), duruufihii ku ritay (circumstances that threw you off) ama masawirkii qaldanaa ee aad iska haysatay (negative self-image).

In aad ku baraarugsan nusqaantaada iyo waxa adiga kuu shaqaynaya, waxay kaa caawinayaan in aad gaarto hadafyada nolosha kuu qorshaysan.

CREATE A REALISTIC PLAN

Markii aad samaysatay qariirad (map) kuu sahlaysa in aad ogaatid, meesha aad joogto (where you are), halka aad u socoto (where you wanna go), caqabadaha ku qabsan kara (possible obstacles), xalkooda (solutions), nusqaantaada (shortcomings), tabartaada (strength), hadda waa markii aad la imaan lahayd qorshe maan-gal ah (realistic plan). Tallaabada ugu horreysa waa adiga oo qabsada maalin (set a date). Waqti in aad cayimato waxay kaa caawinaysaa in aad la socoto wax qabadkaaga (progress) iyo in aad wax ka beddeli karto (tweak) qorshahaada. Sidaas daraadeed isku day in aad dib u fiiriso jadwalka taariikhda (calendar) saddexdii isbuucba mar. Badankeen waxaynu qiyaas xad-dhaaf ah ku soo rogaan (impose extreme measures) wax qabadkeennaa markii aynu qorshe hiigsanayno. Tusaale; Faarax wuxuu ahaa wiil markaas jaamacad soo dhammeeyay, ku ma qanacsanayn shaqada uu ka shaqaynayay. Wuxuu go' aansaday in uu shaqo kale oo qancisa (inspired job) raadsado, qamriga iska daayo, miisaanka iska rido, jimicsado (work out at the gym) isbuucii 5-jeer, habeen kastana uu saddex-saac shaqooyin ka dhex ugaarsado mareegtooyinka-shaqada.

Shahroo, waxay Faarax oo kale u soo jeedinaysaa; Kow in uu ka adkaysto (resist) aadista baararka qamriga markii uu shaqada ka soo baxo. Guriga uu toos u yimaado. Cunto caafimaad leh karsado. Inta uu cunaayo isha mariyo mareegtooyinka shaqada. Isbuucii 3 jeer jimicsado 45-daqiiqo. Markii aad hubiso in uu qorshahaagu yahay mid macquul ah (realistic), waxaad la kulmi doontaa filashooyinkii (expectations) aad ka sugaysay qorshahii aad dhigatay.

Xusuusnow dadkii ku yiri ma samayn kartid waxaas in ay ku daawanayaan

91
TYPES OF ALTRUISM

"The root of the word altruism is the latin word alter, which simply means other."

- Matthieu Ricard

Muran ka ma taagna naxariistu (altruism) in ay tahay waxa loogu baahi badanyahay maanta adduunka. Kooxaha joogtada ugu baahanna waxaa ka mid ah; Siyaasiyiinta (politicians), shaqaalahaha amniga (security workers) iyo samafalayaasha (charity workers). Maxayse tahay horta naxariistu?

Dhab ahaantii waxaa jirta laba naxariis; Mid uu qofku ku dhasho (born with) iyo mid uu qofku kasbado (develop themselves). Midda lagu dhasho waxaa la yiraahdaa; Naxariista dabiiciga ah (Natural altruism). Naxariistaas waxay tilmaamtaa dareen kasta oo uu qofku u leeyahay in uu daryeelo waxyaabaha (things), dadka (people) ku suguan agagaarkiisa (surroundings). Waxaa ka mid ah naxariistaas; Jacaylka ay hooyadu u qabto ilmaheeda. Midda kale waa mid aan lagu dhalan oo qofku in uu hor-mariyo tahay inta uu nool yahay. Waa naxariis ay ku lifaaqan tahay ficil sida; Qofku in uu dhiso xero-agoon. Haddaba sidee midda aan lagu dhalan loo hor-marin karaa?

In la koriyo naxariista, kow waxay ka bilaabataa qof in uu dhaqankiisa u fiir-fiirsado (to be aware). Markii aad tallaabadaas qaaddo waxaad arki doontaa masawirka guud ee nolosha. Waxaad jeclaan doontaa farxadda (desire happiness), waxaadna ka dheeraan doontaa silica (avoid suffering). Ka dib markii aad aragtidaan aasaasiga ah ballaariso oo aad u gudbiso noolaha kale (other beings) waxaad noqon doontaa mid naxariista.

Budhiistuhu waxay aamminsan yihiin; Jahliga iyo silica waxa keena inay tahay, xaqiiqda oo la is ka indho-tiro. Qofku inta uu xaqiiqda nolosha dafirsan yahayna ma noqon karo naxariiste.

ALTRUISM IS LINKED TO LOVE

Naxariistu (altruism) idilkeedba waxay iskugu soo biyo shubataa caawinta dadka kale (helping others), balse waxaa jirta kelmad kale oo lagu lifaaqo; Kelmeddaasna waa jacaylka (love). Jacaylkuse caawin keliye ma ahane waa wax la is ku daarto (contagious). Ficil kasta oo jacayl lagu dheeho waxaa ka dhasha dardar cusub oo sii abuurta jacayl. Jacaylka waxaad ka baran kartaa xaaladda aad ku sugan tahay ama dadka aad la jaalka tahay. Barbara Fredrickson (psychologist) waxay leedahay; Qofku wuu abuuran karaa (cultivate) jawi-jacayl haddii uu leeyahay maskax-jacayl (a loving mind-set). Jacaylku sidoo kale wuxuu ku siin karaa tamar, tamartaas oo kuu sahlaysa in aad jacayl badan u gudbiso dadka, adiga oo dareemaya farxad mar walba.

Kasoo qaad in aad tahay macallin (a tutor). Waad jeceshahay sow ma aha ardaydaadu in ay noqdaan kuwo xariifiin ah. Sida macalimiinta kalena farxaddaadu way siyaaddaa sow ma ahan, markii ardaygaagu kuu muujiyo mahad-naq ama hadyad-yar bac madow kuugu soo rido? Taasina ma aha waddada keli ah ee lagu muujiyo jacaylka ee waxaa jirta waddo kale oo la yiraahdo; Dareen-muraayadeed (mirror neurons). Waa unugyo cajiib ah (special cells) oo ku dareensiinaya, qofka kale waxa uu dareemayo. Dareemadani waxay kaa caawinayaan in aad fahanto dhex-galka bulshada (social interactions).

Markii aad dhacdo daawanaysid ama aad la kulantid, waxay unugyada dareenka ee maskaxdaadu dhalinayaan, isla dareen dhaq-dhaqaaq oo la mid ah (same neural activity), qofkii ay dhacdadu qabsatay.

Tusaale; Haddii uu qofi ooyo ama murugo dareemo, waxaad si fudud adigana u dareemaysaa xaaladda dareen ahaaneed (emotional state) ee qofkaas, haddii aad goob-joog tahay. Waxaa kale oo bil-caksigeeda ah oo dhici karta; Haddii aad qof jacayl u muujisid, waxay yeelanayaan hab-dhaqankaaga, oo waxay iyaguna ku tusin doonaan jacayl.

THE NEUROPLASTICITY CONCEPT

In aad niyad-wanaagsan tahay waa wax fiican oo la mahdiyo, balse ma ogtahay waxaa jira caddaymo saynis ah oo sheegaya in faa'iidooyin laga helo ficillada togan (acting positively). Waa xaqiiqo jirta taasi oo waxaa lagu ogaaday baaritaankii ku salaysnaa aragtidii dib-u-habeynta (neuroplasticity). Saynisyahannadu waxay oran jireen maskxda bani-aadamku waxay kortaa uun illaa iyo da,da qaan-gaarka (adulthood), markaas ka dibna waxay bilowdaa in ay sii daciifto (shrink). Tanina waxay xoojisay fikraddii ahayd; Mar haddii aad qaan-gaarto waxba lagama qaban karo shaqsiyaddaada (personality) oo waxay noqotaa mid aan is-beddeleyn (fixed). Labadaan aragtina (theory) waa been. Sababtuna waa tan.

1962, ayaa cilmi-baaraha weyn ee Joseph Altman (biologist) ku ibbo-furay machadka teknoloojiyadda Massachusetts (Massachusetts institue of technology) in ay unugyadu maskaxdu koraan illaa inta qofku nool yahay (persons life). Markii aad ku dhaqaaqdo ficil-gooni ah (a certain action), qeybta ficil-qaadasha maskaxdaadu waxay abuurtaa unug cusub. Mar labaad haddii aad ficilkaas ku celisana, ficilkaasi waa ka sii xoog-badnaanayaa (becomes stronger) kii hore. Sidaas daraadeed, haddii aad maanta samaysid ficil naxariis leh, berri waxaad noqonaysaa mid ka sii naxariis badan (more altruism). Waxaa jirta aragti kale oo sheegaysa qofku in uu awood u leeyahay in uu noqon karo mid naxariista, taas oo ay ugu yeeraan; Hidde-sidaha korkiisa (epegenetics). Waa sida xaaladaha bannaanka (external factors) u saameeyaan qofka hab-dhaqankiisa (behavior) iyo hab-fikirkiisa (mental state). Taas oo micnaheedu tahay xogta ku keydsan qofka hidda-sidihiisa in aysan ahayn waxa jaan-gooya qofka shaqsiyaddiisa. Waxaana aragtidaan ku xaqiiqsan karnaa; Mataanuhuba isku shaqsiyad ma ahan, ayaga oo ay wada wadaagaan hidde-side isku mid ah.

Adigu ma aamminsantahay aragtidaan oranaysa tufaaxu marna ka ma soo dhaco geedkiisa meel ka dheer

CHAPTER 9
FREEDOM

92
THE COMPONENTS OF LIFE

"There is abundance of opportunity for the man who will go with the tide, instead of trying to swim against it."

- Wallace D. Wattles

Faqiiriintu waxay jecel yihiin in ay taajiriin noqdaan (acquire), halka taajiriintu ka werwer qabaan in ay faqiiraan (losing it). Waxaa jira qaar kale oo badan oo jacaylka ay u qabaan lacag, toosh xun ku ifiya (bad light). Taasina waa mid iska caadi ah (natural). Mise ogtahay haddii aad rabtid in aad ku noolaatid nolol wanaagsan (a good life) in ay lama-huraan noqonayso, in aad si is le,eg ah (equally) u quudiso (nurture); Maankaaga (mind), jirkaaga (body) iyo ruuxdaada (soul). Waayo jirkaagu si buuxda u ma dabbal-degi karo (fully celebrate) haddii uusan helin raashin wanaagsan, hooy, hu iyo hurdo. Sidoo kale maanku ka ma maarmo dhiganayaal (books) iyo xikmado (wisdoms) xiska xanta-xanteeya (intellectual stimulation). Ruuxduna ma noolaan karto iyaduna jacayl la'aan (without love). Haddaba sidee taajir uga noqon kartaa in aad quudiso saddexdaan qabybood ee nolosha (three aspects of life)?

Wallace D Wattles (writer) wuxuu leeyahay; Si kasta oo ay maladaadu tahayba, qofna taajir ku ma noqdo in uu ka dhashay cid lacag leh (rich family) ama in uu leeyahay hibo (talent) gooni ah, balse taajir lagu noqdo, dhaqan gaar ah oo soo jiita hantida. Aragtida kale oo la qalad fahmayna (misconception) waxay tahay; Dadka oo dhammi taajir ma wada noqon karaan, waayo hanti ku filan dunida ma taallo. Wattles-na wuxuu aamminsan yahay; Walxaha asalka ah (original substance) in ay yihiin kheyraad dabiici ah (natural resources) oo aan waligood dhammaanayn (never run out). Sidaas daraadeed, faqrigu ma aha kheyraad la'aan bannaanka ka jirtee, waa ilduuf ka jira ilmo-dhooqo in ay arkaan, kheyraadka gudahooda ceegaaga.

THOUGHTS ARE PRIMARY

Maxaad u malaynaysaa tallaabada kowaad ee lagu taajiro in ay tahay? Ma saami in aad iibsato (buying stocks)? Mise in aad shirkad furato (starting a company)? Xaqiiqdu waxay tahay tallaabada kowaad waa fikirka (thoughts). Fikirku waa wax kasta oo ka mid ah walxaha asalka ah (original substance). Wax kasta oo iyaga ka mid ahna waad abuuri kartaa haddii aad ku fikirto. Waana sababtu loo yiri; Khayaalku wuxuu ka muhiimsan yahay cilmiga (Imagination is more important than knowledge). Khiyaalkaas waa midka kaa dhigaya curiye (creator) ee aan kaa dhigeyn tartame (competitor). Taas oo micnaheedu tahay, ujeedada aad ka leedhay hal-abuurnimadu (creativity) in ay tahay: Mowhibooyinka (talents) gudahaaga ka barooranaya in aad iyaga oo qoslaya bannaanka u soo saarto, si ay aadanuhu uga faa'iideystaan, dhiirrigelin ugu noqoto, una sii hinqadaan halkaas iyo wadadii weynida (the way of greatness).

Walow fikirku yahay furaha kowaad ee wax lagu furto, haddana ma noqon karo fure wacal ah (master key) oo albaab kasta kuu fura, haddii aanay jirin xamdi-naq. Xeerka xamdi-naqu (the law of gratitude) waa mabda` dabiici ah (natural principle), kaas oo lagu yaqaanno; Hadba qofku inta uu xamdi-naqo ayuu soo jiitaa walxaha fiic-fiican (the good things), inta uu haystana Alle u barakeeyaa.

Haddaba haddii uu Alle ku siiyay 1-cunug, muddo badanna aad islaanta wax ka raadinaysay, intii aad caban lahayd (complain), noqo mid xamdi-naqa, waayo waxaa jira kuwo badan oo xoog iyo xeelad ku dheer oo awlaad la'aan laga dhigaye.

TODAY IS A GIFT

Fikirka cuddoon in uu yahay agab awood badan oo lagu abuurto khayaalka isla garanaye, maxaa khayaalka xaqiiq ka dhigi kara ayaa la is weydiinayaa? Waxaa la leeyahay waa ficilka (action). Fikirku wuxuun buu kuu sawiri karaa waxaad doonayso, balse ficilka ayaa kaaga dhigi kara dhab (reality). Xasuusnow ficilkaagu ku ma lifaaqna tagtadii (past), kumana xirna timaatada (future), wuxuu ku salaysan yahay uun joogtada (present). Lao tzu (philosopher) wuxuu leeyahay; haddii aad niyad-jabsan tahay (depressed) waxaad ku nooshahay tagtadii. Haddii aad walaacsan tahay (anxious) waxaad ka fikiraysaa timaatada. Sidaas daraadeed, waxaa muhiim ah in aad maanta (today) ka fikirto, waayo waa waddada keli ah ee aad ku sixi karto tagtada iyo timaatada. Haddii aad naftaada ku daaliso khayaal mustaqbal qurxoon balse aadan wax ficil ah ku darin, ogow sheekadaadu ma dhaafi doonto riyo-maalmeedka (day dreamin) caadiga ah ee inteenna badani ku nool nahay.

Waxaa jira kuwo badan oo ku marmarsiyooda duruufaha (circumstances) iyo deegaanka (environment) ay ku sugan yihiin in aysan ku rumayn karin riyooyinkooda (dreams). Labadaan carqaladna waxa lagu hagaajin karo waa ficil, aamminaad (belief), kalsooni-nafeed (self-confidence) iyo rajo (hope). Waxaa kale oo qalad weyn ah, in aynu xoogeenna (energy) iyo xiskeenna (mental) ay kala dhantaalan yihiin, macnaha aysan isla shaqaynaynin. Balse haddii annaga oo dhammaysa (whole being) xooga saarno (concentrate) hal-wax (one thing), waxaa hubaal ah wax kasta oo aynu tallaabo u qaadno in aan ka biyo keenayno. Haddaba haddii aad maanta doonayso in aad taajir noqoto, waxba dib haw dhigan (dont procrastinate). Bilow in aad ka shaqayso himilooyinkaaga. Aamminsanowna in aad liibaani doontid (that you will succeed).

Shalay waxaa la geliyay diiwaanka, berrina siday noqon Alle keli ah ayaa garan ee deeqda maanta sidee uga faa'iidaysanaysaa?

93
THE BURNING DESIRE

"The man who does more than he is paid for will soon be paid for more than he does."

- Napoleon. Hill

Badankeennu waxaynu jecelnahay in aynu gaarno xorriyad dhaqaale (financial freedom), balse rabitaan keliya ma aha mid nagu caawinaya in aan gaarno yoolasheenna (goals). Haddii aynu rabno in aan faqriga ka baxno waa in aynu la nimaannaa rabitaan-xooggan (burning desire) oo gudaha ka imaanaya. Tusaale hadaan u soo qaadanno, ninkii la oran jiray; Thomas Edison (inventor), wuxuu 10k oo jeer ku fashilmay isku-daygiisii nalka. Haddana sidaas oo ay tahay fashilkaas maaheen mid niyad-jabiya, waayo waxaa si cad oo fudud (plain and simple) u hoggaaminayay, rabitaankiisa-xooggan ee ku aadan, sidii uu u rumayn lahaa riyadiisa. Sannado badan oo shaqo-adagna (hard-work), wuxuu ku guulaystay in uu soo saaro guluubka (light bulb).

Fannie Hurst (writer), waxaan sidoo kale ka dheehan karnaa, waayo aragnimo la mid ah (similar experience) tii Edison. Waxaa in kabadn 40-jeer ay diidmo (rejection) ka heshay war-gaysyada (newspapers), in ay 1-mid oo sheekooyinkeedii yar-yaraa (short stories) ka mid ah lagu daabaco jaraaidka. Ka dib waxay noqotay, sheeko-yaqaanadii (novelist) iyo riwaayad-yaqaanaddii (playwright) ugu caansanayd, waqtigii dagaalkii kowaad ee adduunka (World-war1). Rabitaankeeda-xoggan ayaa ka xoog-badnaa, niyad-jabkii (frustration) kaga imaanayay diidmooyinka. Aakhirkiina waa taa guulaysatay.

Sidaas daraadeed waa muhiim (essential) in aynu la nimaanno, rabitaan-xooggan oo wax hor-istaagi karaa aysan jirin. Bal ka warran adiga yoolashaada iyo riyooyinkaaga? Ma qalcado samada uun ku yaallaa (Are they only castles in the sky)? Mise waxaad u haysaa rabitaan-xooggan oo aad ku rumayn karto maalin uun (one day)?

THE UNWAVERIG FAITH

In aad leedahay iimaan-xooggan (unwavering faith) waa midda keli ah ee kuu sahlaysa in aad gaarto (acheive) yoolashaada. Wuxuu qofku guulaysan karaa markii uu naftiisa kalsooni ku qabo (self-confidence), iimaan-xoogganna leeyahay. Hanti waligeed laguma ururin, qanaaco weligeed laguma gaarin, hindisana weli laguma soo saarin, iimaan-xooggan la'aantiis.

Waxaan tusaale qayaxan u soo qaadan karnaa odaygii ahaa, Mahatma Gandhi (freedom fighter). Wuxuu dalkiisa ka xorreeyay boqortooyadii ingiriiska, asaga oo aan haysan cuud iyo ciidan (money & military). Wuxuu ku guulaystay in uu jabiyo gumaysigii ingiriiska (british colonial), asaga oo aan wax dhiig ah daadin. Awoodda keli ah uu haystay waxay ahayd fikir aan la foorarin karin (unbending belief). Fikirkaas oo ku xambaaray shacabkiisa in uu hoggaamiye ruuxi ah u noqdo, ka dibna ay wada yeesheen ujeeddo-guud (common goals) oo ah, dalka iyo dadku in uu gacanta gumaysiga ka baxo. Aamminaadda aan ku qabno nafteenn, waxay saamayn wayn ku leedahay (enormous influence) sidaynu isu-aragno (self-image) iyo hab-nololeedkeena. Xaqiiqdii qofkii naftiisa kalsooni ku qaba, buuraha wuu dhaqaajin karaa (can move mountains).

Napoleon Hill (author), wuxuu leeyahay; Iimaanku waa rumaynta shay ama walax aadan u jeedin oo aad aamminto. Qofna ma jiro shaqo qaban kara ama tallaabo u qaadi kara wax uusan kalsooni iyo aamminaad ku qabin, haddii uu u qaadana Col hortiis ayuu jabayaa shaki la'aan. Iimaanku wuxuu ku hadlaa luuqda qalbiga . Wuxuuna muujiyaa rajooyin ka baxsan maskaxda miyirka-qabta (conscious-mind). Adigu ma leedahay iimaan aan la iibsan karin?

READING IS SUPERPOWER

Cilmigu wuxuu kuu fududeeyaa sidii aad ku hanan lahayd ujeedooyinka nolosha aad ka leedahay (aims in life). Waxaad u baahan tahay keli ah in aad qodobodaan xisaabta ku darsatid. Kow waa in aad daaqadda ka tuurtaa (throw out the window) waxay ugu yeeraan aqoon-dhaqameedka (traditional education). Waayo in aad cilmi yeelato ku ma xirna in aad haysato shahaado dugsi-sare (diploma) ama shahaado jaamacad (degree). Dad aan weligood dugsi-sare iyo jaamacad tagin ayaa wax badan aqoon kara (know a lot of heck), sida, Henry Ford (industrialist). Asaga oo dugsi-sare dhigan ayuu boqortooyo-warshadeed dhisay (industrial empire), ka dibna uu malaayiin ka sameeyay. Haddii aad rabtid in aad nolosha ku guulaysatid, u ma baahnid macluumaad badan oo aad maskaxda ku daaliso. Waxaad u baahan tahay uun cilmi-sax ah iyo khibrad (experience) bannaanka u soo saari kara awooddaada (strengths) iyo kartidaada (potential).

Waxaa jira waddooyin badan oo aad xirfadda aad raadinayso ku heli kartid. Markii laga soo tago in aad fassal xaadirto, waxaad kale oo ka heli kartaa hage (mentor) kugu haga waddada aad doonayso. Midda ugu muhiimsan waa in uu hagaha laftirkiisu ay ka muuqato waxaad ka doonayso. Lama rabo hage jaamacadda indha-caddeys ka soo baxay ama sheekadiisu tahay afka labadiisa baar. Waa muhiim in aad ku faraq-xirato quburo (experts) ku taqasustay (specialized) xifadda aad doonayso. Waxaad sidoo kale cilmi-sugan ka dhaxli kartaa wax akhriska, haddii aad tahay qof weelayn kara, ka dibna gudbin kara. Macnaha cilmigu ma aha in aad noqoto dameer-malab ku raran yahay, ee waa in ay aadanuhu ka macaashaan miidda maskaxdaada dhitaysan.

Haddii aqoontu tahay quwad, akhriskuna waa quwadda sare.

94
THE MONEY BLUEPRINT

"The number one reason most people don't get what they want is that they don't know what they want."

- T. Herv Eker

Maskaxdeennu waa sida kombuyuuterka oo kale, waxaana barnaamijyada (programs) ugu muhiimsan lagu shubay (installed) waqtigii caruurnimada (childhood). Nimaadka gudaha maskaxdeenna ka dhex-shaqeeya waa kuwo ku salaysan dhagax-dhiggii hore. Waxyaalahii aan ka maqalnay waalidkeen ee ku saabsanaa lacagta waqtigaan caruurta ahayn waxay ku guntameen maskaxdeenna, taas oo qaabaysay waxaan ka aamminsannahay lacagta sida; Lacagtu inay tahay xididka xumaanta oo dhan (money is the root of all evil). Lacagtu ka ma baxdo geedaha (money doesnt grow on trees). Ma gadan kartid farxadda (you cant buy happiness). Weedhahaasi waxay saameyn ku yeesheen fikradaha aan ka qabno naqshadeynta lacagta (money blueprint). Maadaama waalidkeen masuul ka yihiin hab-dhaqankeenna iyo hab-fikirkeenna markaynu yar-yareyn, waxaa jirta uun labo waddo oo ay tahay in aan mid qaadno markii ay sheekadu joogto, lacag iyo maal (money & fortune). Duuduub ayaynu u qaadan karnaa fikirkooda ama toos ayaynu u qaadici karnaa. Siday ahaataba, qaadicid kaliya ku ma jabin kartid sil-siladihii ay kugu jabsheen kumana gaari kartid xorriyad-dhaqaale (financial freedom).

Markii qofku gadoodsan yahay, dhiirrigelinta iyo xammaasadda lagu hanto hantida waa ay ka qaldamaysaa. Waayo dubaakhiisu ma rabo in uu taajir noqdee (get rich), wuxuu la daggaalamayaa, fikradihii qaldanaa ee lagu soo koriyay. Qofku inta uu ku dhaqmayo wuxuu waalidkiis ka soo bartayna wuxuu ahaan doonaa, mid fikirkiisa iyo ficilkiisuba is-qilaafsan yihiin. Xataa haddii uu xoog u shaqeeyo oo uu lacag sameeyo, lacagtaasi waa middii farahiisa si dhaqsiya ah uga siibata (lose it quickly), haddii uusan dib u habeyn ku samaynin naqshad-lacageedka (money blueprint) gudaha maskaxdiisa lagu xardhay markii uu yaraa.

CREATE YOUR FATE

Haddii aad doonaysid in aad xorriyad-dhaqaale gaarto waa in aad saaid u calaanjisaa oo ubucdaada hoose u dhaadhicisaa (internalize) in aad masuul ka tahay nolaashaada. Dadka taajiriinta ah waxay aamminsan yihiin in ay yihiin darawalka baabuurka (driver), halka dadka faqiiriinta ah rumaysan yihiin in ay yihiin rakaabka (passengers). Waana midda sababtay dadka faqiiriinta ah, qayb ka mid ah mushaarkooda in ay ku qamaaraan si ay maalin uun u helaan ticikitkii faqriga lagu tuuri lahaa (lottery ticket), halka kuwa taajiriinta ah aysan shilimaadkooda ku qamaarin ama aysan aaminsanayn, cuudku in uusan cirka ka soo daadan isaga oo jawaanno ku jira.

Faqiiriintu waxay naftooda ka dhigaan dhibbane (victim), waxayna had iyo jeer eedda dusha ka saaraan qoladii ay cuskan karaan. Haddii ay tahay dowladda (goverment), maamulaha (supervisors) ama xaaladaha-dhaqaale (economic situations). Balse inta aad xaqiiqsanayso (realize) in aad tahay, qofka go' aaminaya miisaanka dhaqaalihiisa, waxba fara taagtaaggaagu ma beddelayaan. Masiirkaaga abuuro (create your fate). Si aad u beddesho fikirkaan aad iska dhaadhicisay ee ah in aad tahay dhibbane, waa in aad samaysataa liis ay ku qoran yihiin wixii noloshaada ka qaldamay, deedna aad falanqaysaa (analyze) inta aad mazuulka ka tahay. Tusaale; Saddexdii bilood ee la soo dhaafay nalka casaanku wuxuu iigu shidnaa ma waxay ahayd in aan dukaamaysi badan aaday (going shopping too much)?

Intii aad ahaan lahayd mid cowda (complain) waa in aad diiradda saartaa (focus) meelaha is-beddelka u baahan noloshaada, ka dibna aad falankeeda gashaa sidii aad u gaari lahayd bar-waaqo-sooran (prosperity). Haddii aad sidaas samayso waxaad si miyir-leh (consciously) u fuulaysaa wadadii hodantinimada (the way of wealth).

WORK ON YOURSELF

Taajiriintu waxay marka horeba ogyihiin ujeedkoodu in uu yahay hodantinimo (affluence), waxayna ballan-qaad shuruud la'aan ah la galaan naftooda siday ku gaari lahaayeen barwaaqo-sooran. Faqiiriintuse waxayba judhiiba isi soo hor-dhigaan oo ay xadeeyaan siday ku bixin lahaayeen qiimaha hodantanimada ay doonayaan. Waana sababta keenta faqiiriintu in ay waligood ceyr ahaadaan, waayo sunanka Alle ka ma mid aha qofku wuxuusan shaqaysan in uu helo nolosha. Waa meesha carabtu kaga maahmaahdo; Dhaq-dhaqaaqa ayay barakadu ku jirtaa. Dadka noloshu ay ka go' an tahay (committed) in ay taajiriin noqdaan, noloshana sharad u dhigta (bet on their lives) keli ah ayaa noqda hodan. In aad 16-saac shaqayso in muddo ah, aqbashana xorriyaddaadu in ay xaddidan tahay (less freedom) ayaa ka mid ah naf-qamaarka (life-risking).

Waxaa kale oo muhiim ah in aad naftaada loollan (challenge) kula gasho in aad ka shaqayso naftaada (working on yourself). Maalku wuxuu koraa markii aad naf ahaan korto (wealth will only grow if you yourself grow). Ha joojinin waxbarashada wax is-baridda (self-education). Ka qayb-gal siminaarada iyo koorsooyinka ku saabsan ciliga-cuudka (knowledge of wealth). Akhri buugaagta lagu soo khulaaseeyay aqoonta lacagta, ganacsiga iyo maal-gashiga. Inta aad ka taqaanno caalamka-cuudka (world of money) ayaad awooddeeda yeelan doontaa adiguna in aad ka macaashto adduunka. Waa maah-maahdii ahayd; Hadba inta aad taqaanid ayuu kasabkaaguna noqdaa (the more you know the more you earn). Sifooyinka ugu wanaagsan ee qofku hantiile ku noqon karana waxaa ka mid ah, xammaasad lagu laray xiiso (enthusiasm and curiosity).

Ka shaqee naftaada in ka badan inta aad ka shaqayso shaqadaada.

95
ACT MORE INTENTIONALLY

"By shifting certain habits in your life, you will allow abundance and prosperity to flow to you."

- Dean Graziosi

Haddii lagu weydiiyo nolosha maxaad ka rabtaa, si daacad ah mawga jawaabi kartaa oo ma taqaannaa waxaad rabto? Haddii ay jawaabtaadu maya tahay waxba niyadda hayska jabin, cillaadaasi kaligaa ku ma haysatee. Dadku badankiis waxay yaqaanaan waxaysan rabin sida; in ay wehel-la,aan noqdaan (lonely) ama ay ceyr noqdaan (poor), balse markii ay sheekadu joogto maxaad rabtiin, qof kastaahi wuu turaanturoodaa. Wercelin la'aantaanina waxay kuu tahay dhibaato haddii aad rabtid nolosha in aad guulaysatid. Sidee nolosha aad wax u jaman kartaa (desire), haddii aadba aqoon waxay yihiin? Xalku waa adiga oo yeeshay hadaf (goal), aqoonsadana waxa ku dhiirri-geliya (what motivates you).

Haddii aad damacdo in aad safar-dheer gaari ku gasho, balse aadan aqoonin meesha aad u socoto, maxaad u malaynaysaa in ay dhacayaan? Xaqiiq waad anban sow maahan, gaaskuna waa kaa dhammaan. Sidaas si la mid ah, haddii nolosha aad tahay bilaa ujeeddo (aimless), waxaad dhiman adiga oo aan xusid mudnayn. Sidaas daraadeed waa in aad mar kasta isweydiisaa noloshaada, waxa aad runtii ka shaqaynayso (what you really working toward). Si kale haddii aan u dhigno; Waa in aad ogaataa sababtaada (your why). Waa taas waxa ku dhiirri-gelinaysa, waxa ku dhiirri-geliyana waa rabitaankaaga dhabta ah (truest desire) oo ugu qotoda-dheer. Runtiina macquul ma aha qof kastaahi in uu si sahal ah ku ogaado sababta uu u nool yahay waxay tahay, balse nasiib-wanaag, Dean Graziosi (author) wuxuu leeyahay; Waxaa jirta 7-da heer ee qumqiga ah (7 levels deep), taas oo lagu ogaado sababta saxda ah (the right why) ee uu qofku u nool yahay. Waa qofka oo is-weydiiya sababta 7-jeer, taas oo qofka ku qasbaysaa in uu hoos u sii dhaadhaco,. Su'aalba. Su'aasha ka dambaysa.

OVERCOME THE NEGATIVITY

Qolo ka mid ah dhaladkii Ameerikaanka (Native Americans) ee la yiraahdo Navajo, ayaa waxay leeyihiin sheeko-caruureed ay uga sheekeeyaan caruurtooda. Sheekaduna sidan ayay u dhacaysaa. Gudaheenna waxaa ku jira 2-yay (wolves) oo midba midka kale la hirdamaayo. Mid ka mid ah yayda waa maseeroow (jealous), xaadis ah (malicious), kaas oo arka keli ah xumaanta dunida. Midka kale waa mid laabtiisu buuxiyay jacayl (love) iyo naxariis (compassion). Waa mid rumaysan wax kasta oo maskaxdu masawiran karto in la heli karo, halka kan kale aaminsan yahay, wax kasta inay nasiib yihiin. Midkee ku guulaysana loollanka labadooda ka dhaxeeya ayaad is-leedahay? Dabcan midkii aad labadooda quudiso (the one you feed the most).

Yaygaas arxanka daran ee sheekada ku jira waa codkaan yaree niicda ah ee naga dhex-yeera. Waa codka beera naf-shakiga (self-doubt) oo naga dila isku-kalsoonaanta (self-steem). Codkani waa burcadka ugu weyn ee raaxadii nolosha naga dhacay. Waa cod naga niyad-jabiya (discourage) nolosheenna in aan tallaabo horay u qaadno (move forward). Haddii aad rabno in aan guulaysnno waa in aynu barannaa sida codkaas loo damiyo (shut off). Taas oo micnaheedu tahay in aan ahaanno kuwo baraarugsan (mindful). Sidoo kale waa in aan joojinno talooyinka qaldan ee aan ka qaadanayno caamada (unqualified). Haddii aan doonayno in aan nolosha ku guulaysato waa in aynu ku dhaqantaa labadaan xeer; Kow waa in aynu talo ka qaadanno keli ah qof ku najaxay waxaan nolosha ka doonayno. Labo waa in aynu aamminnaa dareenkeenna-hoose (instinct).

Ogow maalintii aad aamusiso niiclahaas kaa dhex yeeraayaa, waxaa kugu dhici doona is-beddel aan qayral-caadi ahayn oo dadka qaarkii ay kuu quuri waayaan. Waxaana sare u qaadmi doona qiimahaada shaqsiyeed (personal value).

THE ESSENTIAL INGRIDIENTS

Maxaad u malaynaysaa sifada lama-huraanka ah (essential ingredient) ee dadka guulaystay ay ka wada siman yihiin? Jawaabtu dabcan ma aha sida aad u malaynayso. Sifadaasi waa kalsoonida (confidence). Aynu daacad noqonno: Weligaa miyaad gaartay wax qiimo leh (worthwhile) kalsooni la'aan? Markii aad shaqada ka tagtay? Xirfad-cusub bilowday amase aad Minyaraysatay? Kalsoonidu waa sida qamriga (whiskey) oo kale, taas oo keenta shakiga iyo cabsida in ay naga bi'iso.

Gartay. Haddaba kalsoonidu ma wax lagu dhashaa ama suuqa madow laga soo iibsan karo? Walow kalsoonidu ahayn wax lagu dhasho ama la soo iibsan karo, haddana waxaa jirta wadiiqooyin lagu horumariyo (develop) oo lagu koriyo (nurture). Qaabka waxtarka leh ee lagu wanaajinayo kalsooniduna waa xasuusnaanta 4-ta C. Taas oo u istaagsan; Geesinimo (courage), ballan-qaad (commitment), awood (capability) iyo kalsooni (confidence).

Kalsooni oo dhan waxay ka bilaabataa qofku in uu leeyahay ku-dhac (courage). Haddii aad guursan lahayd, ganacsi bilaabi lahayd ama tahriibi lahayd. Geesinimadu waa awoodda qofku in uu u bareeri karo, wuxuusan dhammaadkooda garanayn (unknown) siday noqonayaan. Macne ma samaynayso waxaad gacanta kula jirto; Haddii ay ahaan lahaayeen: Xiriir, waxbarasho, shaqo, Haddii aadan oofinaynin, ballan-qaadyadii (commitments) aad naftaada la gasahay. Haddii aynu rabno in aan gaarno yoolasheenana qofku waa in uu lahaadaa awood (capability) iyo xirfado uu waxaas ku hirgelin karo. 3-da C ee hore haddii naga la helo kalsoonidu ayadaa iska imaanaysa (follow by default).

Kalsoonidu waa dharka ugu fiican ee qofku xiran karo.

96
THE FOUR QUADRANTS

*"An asset is something that puts money in the pocket.
A liability is something that takes money out of the pocket."*

- Robert Kiyosaki

Haddii aad waraaq cad soo qaadato oo aad is-tilaab (plus) dhexda uga dhigto, maxaa kuu muuqanaaya? Laba xarriiqdin sow ma ahan? Mid taagan (vertical) iyo mid dadban (horizonal). Labadaan xarriiqdin waxay u qabsamaan 4-boos (four sapaces), 4-taan boos weeye waxaynu ugu yeerno 4-geesoodka (quadrants). Waana 4-ta waddo ay nagu soo gashu lacagtu? Haddaba waa maxay 4-geesoodku? Waa is-tilaab ay ku xardhan yihiin 4-xaraf oo kala ah: E, S, B, I. Dhanka bidix waxaa ku yaalla xarafka E, oo u istaagsan shaqaale (employee) iyo xarafka S, oo u istaagsan iskaa u shaqayste (self-employee). Dhanka midig waxaa ku yaalla xarafka B, oo u istaagsan ganagsi (business) iyo xarafka I, oo u istaagsan maal-geliye (investor). Qofkii aad tahayba, waxay lacagtu kugu soo sheegaa 4-taan waddo mid ka mid ah.

Inta aad nooshahay, waxaa laga yaabaa in ay 4-taan waddo mid, labo ama saddex ka mid ah ay lacagtu kugu soo gasho. Tusaale; Haddii aad tahay dhaqtar, waxaad ka shaqayn kartaa isbitaalka dowladda (employee). Waxaad furan kartaa rug-caafimaad oo galabkii fariisato (self-employee). Waxaad weynayn kartaa rugtaas-caafimaad oo dhaqaatiir kale kaala shaqeyn karaan(business). Ka dib dhaqaalahaas ku soo gala waxaad ku maal-gashan kartaa, saamiyo (shares) iyo hanti-maguurto (property).

Haddaba qaanadda aad ku jirtid ma aha mid la dhihi karo waa mid saxan tahay ama waa mid qaldan, waayo qof kasta heerka uu ka joogo nolosha ayaa la saxsan. Balse Robert Kiyosaki (businessman) wuxuu leeyahay; haddii aad doonayso in aad xornimo-dhaqaale gaarto (financial freedom), waa in aad ka soo guurtaa qaanadda shaqaale iyo iskaa u shaqaysiga, oo aad u soo guurtaa qaanadda ganacsiga iyo maalgashiga.

THE FOUR TYPES OF PEOPLE

Buugga aabihii faqriga ahaa iyo aabihii taajirka ahaa wuxuu qoraagu ku sharraxay in ay jiraan 4-nooc oo dadka ka mid ah, kuwaas oo shaqsiyadahoodu ku kala duwan yihiin hab-fikirkooda la xiriira shaqada (work) iyo lacagta (money). Shaqsiyadahaas kala duwanna waa waxa keenay dadku in ay kala galaan 4-ta qaanad (the four quadrants).

Ugu horrayn bal aynu eegno qaanadda shaqaalaha (E quadrant). Waa ummad dabciyan aamminsan sugnaanshaha (security) iyo faa'iidooyinka (benefits). Waxay jecel yihiin in ay dareemaan hubaaltinimada (certainty). Hubantidaas oo ah qandaraaska (contract) iyo mushaarka (paycheck) joogtada ah ay shirkadda ay u shaqeeyaan ka helayaan. Waa ummad ay hareeraysay cabsi. Cabsidaas oo u badan cabsida dhaqaale-xumada (financial destituation). Qaanadda iskaa u shaqayso (S quadrants). Waa duul ganacsi yar abuurtay. Waxay jecel yihiin in ay iyagu isku noqdaan madax (own boss). Markay sheekadu joogto lacag, ma jecla in ummad kale ay go' aamiyaan dhaqaalahooda. Duulkaan xorriyadda (independence) ayaa kaga qiima badan lacagta. Cabsidooda ugu weyn noloshana waa in ay lumiyaan xorriyaddaas.

Nooca saddexaad waa qaanadda ganacsiga (B quadrant). Waa dad ganacsi ballaaran leh. Waxay jecel yihiin in ay la shaqeystaan dad caaqliliin ah (smart people). Henry Ford (industrialist), ayaan tusaale nooga filan. Ugu dambeyn, qaanadda maalgasheyaasha (I quadrant). Waa dad maal-qabeenno ah (ultra rich). Waa dad jecel in ay qatarka la xisaabiyay qaataan (calculated risk). Qatar-qaadashaduna waa sifada (trait) ugu horreysa ee laga doonayo dadka raba in ay gaaraan xorriyad-dhaqaale. Dadkaas waxaa ka mid ah, Warren Buffet (investor).

THE SUREST WAY

Haddii uu yahay cutubkaan midka aad ugu jeceshahay dhiganahaan, waxaan qirayaa in aad raadinayso waddadii aad ku gaari lahayd xorriyad-dhaqaale. Yaase jeclayn horta in uu gaaro xorriyad-dhaqaale? macnaha xorriyad-dhaqaalena ma aha wax kale, ee waa waqti u helidda qabashada waxaad jeceshahay (doing what you love). Haddii ay ahaan lahayd in aad noqoto dal-mar (traveller), cunto kariye (chef) ama maaxe (diver) sida mallaayga la yiraahdo (manta rays). Su'aashu waxay tahay sidee lagu gaari karaa xorriyad-dhaqaale? Dabcan, haddii aad fiiriso taajiriinta magaca ku leh dunida sida; Bill Gates, Warren Buffet and Rupert Murdoch, waxaa jirta waddo isku mid ah (similar route) ay wada qaadeen. Waddadaasina waxay tahay, qofku in uu ka soo guuro qaanadda Shaqaalaha (E&S) oo uu u soo guuro qaanadda ganacsiga iyo maal-gashiga (B&I). Waddadaani waxay kuu sahlaysaa qofku in ay lacagtiisu u shaqayso, asaga oo hurdada (while sleeping) ama goob-jooge ahayn (not present). Illaa aad heerkaan ka gaartana weligaa ma gaaraysid xorriyad-dhaqaale.

Dad badan oo waxaa jira qaanadda shaqaalaha ku jira oo isku daya in ay u xuub-siibtaan maal-gashedayaal (investors). Maadaama aysan khibrad u laheyn wax ganacsiya la yiraahdo, waxay inta badan noqdaan kuwo ku qasaara maal-gashiga. Qofku haddii uusan ganacsi weyn lahaynna inta badan waxaa lasiiyaa saamiga kuwiisa ugu yar-yar uguna qatarta badan. Haddaba haddii aad doonayso in aad ka booddo qaanadda ganacsiga (B quadrant), walba waxaad xoogga saartaa in aad barato noocyada kala duwan ee maal-gashiga (different types of investment).

Naftaada maalgasho, ayadaa ugu macaash badan wax la maalgashto e.

97
VALUE YOUR LIFE

"If you live for having it all, what you have is never enough."

- Vicki Robin

Haddii kellida lagaaga qaban lahaa bistoolad ee lagu dhihi lahaa boorsada-jeebka (wallet) soo wareeji ama madaxaa ku qarxaya, waad dhiibi lahayd sow ma aha boorsada? Dabcan haa! Waayo lacagta waxaa ka qaalisan nafta. Balse ka warran haddii aan ku dhaho, badankeen waxaan nafta ka hor marinnaa lacagta (money over life).

Qofku in uu shaqeeyo 40-saac isbuucii waa fikradda casrigaa ee reer galbeedka kajirta (western concept). Waqtigii warshadaha ayaa waxaa soo if-baxay in waqtigii loo kala qaybiyo waqti-shaqo (work-days) iyo waqti-nasiino (rest-time). Xataa waqtigii nasiinada ayaa dadka badankood waxaa laga dhaadhacsiiyay in ay noqdaan shaqaale wax soo saar leh (productive-workers). Tani waxay keentay dadka ku nool dunida-koowaad in ay noqdaan qoomiyadda niyad-jabka (depression) ugu weyn ku dhaco, markii loo eego ummadaha kale.

Isweydii bal. Su'aashaan; Tamarta-nololeed (life-energy) ee aad geliso shaqada, ma mid u qalantaa shilimaanta aad ka hesho? Haddaba waa waqtigii aad bilaabi lahayd in aad dib u eegto (reconsider) sidii aad u qarash-garayso (spend) tamarta nolosha. Haddii aad ka fikirayso sidii aad reerkaaga u kaafin lahayd, waxbarasho lacag u keydsan laheyd, ama deynta aad ku jirto uga bixi laheyd, waxaa qasab noqonaysa adiga oo aadan shaqada ka tagin oo 40-kaaga saac shaqaynaya, in aad falangeeda geshid sidii aad lacag uga samayn laheyd waxaad jeceshahay (what you love) oo aad ku fiican tahay (that you good at), adduunkuna u baahan yahay (world needs) maalmaha aad fasaxa tahay (your free days), waa haddii uu aayatiinkaada danbe qiimo kula leedahay.

CALCULATE YOUR WAGE

Qof kasta oo innaga mid ah wuxuu haystaa ugu yaraan 9-kun oo saacadood sanadkii. Saacadahaas inta ugu badanna waynu hurudnaa. Waxaa muran madoonta ah, waqtigu in uu yahay kheyraadka ugu qaalisan ee aynu haysanno (precious resource). Sidaas daraadeed, subixii markii aad soo kacdo oo aad shaqo tagto, ma ogtahay waqtigaaga keli ah in aadan ku beddelanayn lacage, balse aad isticmaalaysid tamartii noloshaada (life energy). Haddaba haddii aad doonaysid in aad is-beddel ku samayso (transform) xiriirka aad leedihiin adiga iyo lacagta, waa in aad xisaabisaa waxaad shaqayso (what you earn) iyo waxaad kharash garayso (what you spend). Waddadani waa waddada keli ah ee aad ugu keydin karto (reserve) tamarta noloshaada, waxyaalaha kale ee aad runtii danaynayso (what you care about).

Kow waxaad xisaabinaysaa saacaddii inta aad ku shaqaysid (hour wage) iyo inta saac oo aad shaqaysid (amount time). Ka dib waxaad soo qaadataa waraaq waxaad u samaysaa saddex-tiir (three columns). Tiirka kowaad waxaad ku qortaa inta saac ee aad isbuucii shaqaysay (weekly hours). Tiirka labaad waxaad ku qortaa dakhliga (earnings). Tiirka saddexaadna waxaad ku qortaa inta doolar la helay saacaddii (dollar earned per hour). Tusaale; Haddii aad weekii 40-saac ku helayso 1000$, micnaheedu waxaa weeye; Saacaddii waxaad ku shaqaysaa 25$. Waxaad kale oo xisaabinaysaa, haddii aad tahay mid shaqada u safra (commute to work), inta saac ee aad isku diyaariso (get dressed), garka ku xiirato, quraacda ku cunto. Waqtiga kaaga baxa sii-socod iyo soo-socod, baabuurka shidaalkiisa, iyo canshuurta jidka (tolls).

Intaas markii aad xisaabisid waxaad helaysaa firkad wanaagsan oo ah, in ay isku qalmaan tamarta noloshaada (life energy) ee aad isticmaalayso iyo isticmaalka qarashaadkaaga (spending).

LOWER YOUR EXPENSES

Maalmahaan fikirka ahaanshaha beekhaamiye (frugal) wuxuu noqday mid racfaan laga qaadan karo ama wax laga tagay (outdated), waayo macaamiisha dhaqanka casriga ah la haysata, ayaa waxaa laga dhaadhacsiiyay in ay rumeeyaan, walxo badan in ay haystaan, macnaha ay u noolaadaan ashyaa (things). Balse dadkii hore (ancient people) sida; Plato, Socrates, Benjamin Franklin, Robert Frost, iyo Ralph Waldo Emerson, waxay kulligood hoosta ka xarriiqeen, qofku haddii uu doonayo in uu gaaro xornimo-dhaqaale, in uu noqdo mid beekhaamiye wanaagsan ah, dhagahana uu ka fureysto erey-bixinnada casriga ah (modern terminology) ee dadka beekhaamiyaasha ah loogu yeero.

Nuxur ahaan, beekhaamiyuhu waa ku raaxaysiga waxaad haysato. Haddii aad haysato 10-joog oo aad isku bed-bedelato saddexsano ma bakhiilnimaa? Balse ka warran haddii jooggii ku cajabiya ee aad dukaanka dharka ku aragto soo gadato, oo laga yaabee gaarkood in ay iska surnaadaan armaajadaada ayagoo la xiran bilo, sow taasi caqli-xumo ma aha iyo dhoohani? Haddaba haddii aad tusaalahaan fahantay waa waqtigii aad bilaabi lahayd inaad hoos u dhigto qarashaadkaaga (lower your expenses).

Waxaa jirta waddooyin badan oo loo dhimi karo qarashaadka qofka ku baxa. Kow waxaad ka dheeraadaa dukaamaysiga (avoid shopping), waayo haddii aadan dukaamaysi tagin, si laab la-kac wax u ma gadan doontid. Sidoo kale waxaad iska xir (unsubscribe) farriimaha xayaysiinta. Samayso caado guud oo ah, in aad gadatid waxaad u baahan tahay (need) oo keliya ma aha waxaad rabto (want).

Kala saar labadaas farqiga u dhaxeeya. In aad beekhaamiye noqotid macnaheedu ma aha in aad gorgortame noqotid (bargain junkie).

Faqiirku ma aha kan waxa yar haysta ee waa kan waxa badan doonaya.

98
DIE WITH ZERO

"What good is wealth without health?"

- Bill Perkins

In aad dhimato adiga oo faqri ah (die with zero) waa fikrad cuntamaysa aragti ahaan (theory), balse ka warran qofkii haysta ilmo? Waalidiinta badankood waxay jecel yihiin in ay caruurtooda dhaxal uga tagaan. Miyaysan markaas noqonaynin anaaninimo (selfishness), qofku inta uusan dhiman in uu lacagtiisa ku tunto? Jawaabtu waa maya ayay ila tahay, laakiin si aad u fahantid arrintaan, bal isweydii. Su'aashaan; Lacagtaad heysato intee u aragtaa in aad adigu leedahay (you view as yours), caruurtaaduna leeyihiin (you view as your children)? Waalidku in uu dhinto asaga oo ceyr ah ma aha micnaheedu in uu kharash gareeyo, dhaxalka caruurta (childrens inheritance).

Kasoo qabo, waxaad rabtaa in aad gabadhaada curaddaa ee Hayaat (first born) uga tagto dhaxal gaaraya milyan-barkiis (500,000$). Ogow lacagtaas maalintii aad go' aansato in aad u saxiixdo gabadhaada, ma noqon doonto lacag aad adigu leedahay, mana isticmaali kartid wax walba oo kula soo gudboonaada. Taas micnaheedu waxaa weeye, waa in aad lacagtaas gabadhaada siisaa inta aad weli nooshahay (while you are still alive).

Cilmi-baaris dhaqaale (econimic research) ayaa sheegtay, 97% waalidiinta Maraykanku, ilmahooda in ay dhaxalka helaan, markii waalidkood dhinto. Waqtigaasna caruurtu waxay jiraan isku cel-celis (an everage) lixdan-sano.

Haddii aad tahay mid caqli u saaxiib ah, miyaysan kula habbooneyn caruurtaada in aad dhaxalka siiso intay yar-yar yihiin, waayo wax badan ayay kaga faa'iideysan lahaayeen sida; in ay caruurtooda guri ugu gadaan. Jaamacado uga bixiyaan ama ganacsi ku furtaan, balse dhaxalku muxuu u tari markii ay lixdan jirsadaan?

CHASE YOUR DREAMS

Wax badan waad maqashay ayaan jeclahay weedhaan dhahaysa; Khatarta weynideedu ayay noqonaysaa abaal-gudkeeduna (The bigger the risk, the greater the reward). Hagaag. Oraahdaani mar kasta sax ma noqon karto. Xaqiiqdu waxay tahay, khatar-qaadasho waxay la mid tahay; Adiga oo adduunka dhabarka saartay. Taasina waxay ku wacan tahay sow ma aha markii aad yar tahay? Maxayse tahay sababta ay u fiican tahay qofku in uu ku dhac yeesho (bold) inta uu yar yahay?

Kasoo qabo, waxay riyaadu tahay in aad noqoto jilaa xiddig ah (hollywood star). In aad riyadaada rumayso waxay qasab noqonaysa in aad u soo guurto Los Angels. Ka dib aad ka qayb-gasho bandhigyo (auditions) badan. Waxaad rajaysaana waa in uun maalin lagu qaato. Khatartu waa iska caddahay (the risk is obvious). Badi dadka riyadaas lihi ma noqdaan kuwo ku guulaysta, waxayna noqdaan aakhirka shaqo-laawayaal shiid ah (unemployed and broke). Markii aad weyn tahay waxaa sii kordha cawaaqib-xumada khataraha.

Haddii aad riyaada raacdeyso markaad jirto 21, cawaaqib-xumada iyo fashilka khataruhuba waa yar yihiin, Waayo waxaad tahay dhallinyaro. Haddii riyooyinkaaga mid ka mid ah ay kuu socon weyso, waxaad raadaceyn kartaa riyo kale oo aad laheyd. Waxaad haysataa xitaa, waqti aad haddii aad rabto ku abuuran karto xirfad cusub (new skill). Haddaba, haddii ay jirto riyo ku gubaysa ceyrso inta aad yartahay, intii aad hadhow ka shallaayi lahayd ama masuuliyadaha noloshu ku dabri lahaayeen.

INVEST YOUR EXPERIENCES

Kulligeen weynu ka dharagsannahay aragtida maal-gelinta dhaqaale (the concept of financial investments). Taas oo micnaheedu tahay; Waxaad ku darsanaysaa lacag: Suuqa (stocks), saamiga (shares) ama hanti-maguurtada (property), adiga oo rajaynaya in ay lacagtaasi kuu dhasho faa'iido (profit). Ka warran haddii aad maal-gashato wax ka badan lacag? Ka warran haddii aad maal-gashato waayo-ragnimadaada (experiences)?

Qiyaas waxaad dalxiis ku kharash garaysay 10-kun oo dollar (10k$). Safarkaas intii aad ku guda jirtay waxaad samaysatay saaxiibo-cusub, waxaad baratay dhaqammo kala duwan, waxaadna ballaarisay il-qabatadaada (harizons). Markii aad soo noqotay waxaad dareentay in aad tahay qof kale (whole new person). Balse sidee safarkaas dalxiiska ah u noqon karaa maal-gashi? Lacagtaadii dib kuugu soo noqon mayso, miyayse kuu soo noqon? Ma ahayn koorso tababar (training course) oo aad mustaqbalka lacag ku samay doonto. Haddaba siduu ku noqday safarkaasi maal-gashi? War caddaaday! Si aan ku fahanno arrintaan waa in aynu marka hore ogaannaa, Waayo-ragnimadu inay ka qiimo badan tahay xoolaha. Markii aad aragto masawiradii aad ku gashay wadamadii kala duwnaa ee aad booqatay ama aad uga sheekayso qof aad saaxiibo tihiin safarkaadii, waxaad helaysaa xusuus deg-deg ah oo macaan. Qulqulka xusuusaha wanaagsanna (the flow of good memeries) waxay kaa dhigaan hantiile (wealthy). Hantidaasina ma aha tii lacagta ahayde (hard cash) ee waa middii waayo-ragnimada (experiences) laga dhaxlayay.

Naftaada ku hubee waayo-argnimo aad ka sheekayso, intii aad soo bandhigi lahayd waxyaalo aad ku faanto nolosha.

99
FOLLOW YOUR HEART

*"One of the biggest lie we have been sold is,
that following our passion is the the key."*

- Kristy Shen

2015 ayuu Steve Jobs (Entreprenuer) wuxuu qudbad cinwaankeedu ahaa *Raac Qalbigaaga* (follow your heart) arday uga jeediyay jaamacadda Stanford. Cinwaankaasi wuxuu noqday mid caanbaxay. Xataa wuxuu noqday mid laga ganacsado, ayada oo la leeyahay; Maxaad u raaci weyday qalbigaaga (passion) oo aad uga shaqayn weyday waxaad jeceshahay (love)? Taasina waa marin habaabin cad, waana sababaynayaa. Sidaas waxaa dhahaysa; Kristy Shen (author).

Sannadkii 2000 Shen waxay Jaamacadda ka heshay in ay kala doorato saddex majaal (field). Qoraanimo (Author), xisaabiye (accounting) iyo kombiyuuter injineer (computer engineering). Qalbigeeda wuxuu u sheegayay, in ay doorato qoraanimada. Xisaabtuse waxay u sheegaysa in ay qaadato injineernimda. Bal aynu fiirinno xisaabta markaynu isku dhufanno waxay soo saarayso. Caadiyan afar sano oo jaamacad ah (four years program) wadanka Canada waxaa waxbarashadaada ku baxaysa 40,000$. Haddii aan dhahno qoraanimo, sanadkii mushaarkaagu waa 17,000$. Xisaabiyahana 24,000$. Injineernimada 40,000$. Haddaba haddii aad xisaabtamayso xirfaddee dooran lahayd?

Sug laakiin, farxadda miyaa la qiimeyn karaa (can we put a price on happiness)? Sow ma mudna qof kasta riyadiisa in uu eryado (persue) wax kasta oo ay tahayba (whatever bottom line says). Maya, haddii aadan ogayn meesha qutul-yoonkaaga berrito (next meal) ka imaanayo, waxaa adkaanaysa macaa in aad u kacdo shaqadaas aad jeceshahay oo aad sheegayso. 2013-kii, warbixin lagu daabacay jariiradda saynis (Science journal) ayaa waxaa lagu sheegay; Sanadkii 19,000k oo qof in ay ka digorogtaan, shaqadii ay jeclaayeen. Waa taas sababta ay maan-galka u tahay in la raaco xisaabta (follow the math).

DEPT IS VAMPIRE

Deyntu waa juudaan dhiigga kaa jaqa (dept is a blood-sucking vampire). Waxay kugu riddaa dhiig la'aan. Taas waxaa ka sii daran waxay kaa qarisaa cad-ceedda (sunlight). Macnaha waxay ku galinaysaa jiiro aan dhammaad laheyn (endless cycle) oo u dhaxaysa shaqo (work) iyo deyn-gudid (repayment). Haddii aad rabtid in aad gaartid xorriyad-dhaqaale, waa in aad meel iska saarto wiilkaan ciyaal-suuqa ah (bad-boy) ee deynta layiraahdo.

Tallaabada kowaad ee aad qaadayso waa in aad kharashaadkaaga yarayso (cut off your expenses), ka dib aad bixinta ku bilowdo deynta middeeda ugu ribada sarreysa (highest interest). Waan ogahay, waxaad galaysaa nolol xanuun badan oo ciriiri ah. Qalbigu wuxuu ku leeyahay, midda ugu ribada yar naga bixi si aan u nafisno, balse ogow taasi dan kuuguma jirto, haddii aad caqliga u ban-dhigto. Adigu muhiimaddaadu waa sidii aad deynta iskaga dhammayn laheyd. Ilaahow maad shaqo dhinac-orod ah (side hustle) ku tuuratid, qol gurigaaga ka bannaan kireysid ama yaraysid cuntada aad maqaayadaha ka cunayso. Xusuusnow, markii aad juudaammo badan rabtid in aad dishid, waa in aad dishaa midka ugu hunguriga weyn (biggest appetite), waayo waxaad u dagaallamaysa xorriyaddaadii dhaqaale (fighting for your financial freedom). Haddii aad isku daydo in aad gaarto xorriyad dhaqaale adiga oo deymo lagugu leeyahay? Waa adiga oo yiri tartanka dheereeya ayaan ka qayb-galayaa, adiga oo dhabarka kuu saaran yihiin jawaanno dhagxaan ah.

Tamarta iyo xoogga ayay kaa siibayaan, adiga oo aan ordin 1-mayl. Haddaba haddii aad rabtid in aad hanti (assets) yeelato waa in aad horta laysaa juudaamada (vampires).

THE EARLY RETIREMENT

Waxaan qiyaasayaa in aad ka mid tahay, dadka jecel in ay horey uga fariistaan shaqada (retire). Miyuu jiraa ayaad isleedahay qof aan taa jecleyn mudaneyaal iyo marwooyin? Balse badankeen markii aynu fiirinno keydka bangigeenna (bank balance), waxaa niyaddeena ku soo deg-degaysa in aysan macquul noqonaynin, inaan joojinno shaqada, illaa inta aan ka gaarayno 67-sano. Sow sidaas ma aha jaalleyaal? Fikirkaasi waa qalad. Howlgabnimadaadu ku ma xirna intee shaqaysatay (how much you earn), ee waxay ku xiran tahay intee meel dhigatay (how much you save). Haddii aad tahay mid wixii soo galaba is-dhaafiya, macquul ma noqonayso in aad horey howl-gab u noqoto weligaa, xataa haddii aad malaayiin shaqaysid sanadkii. Balse haddii aad 40k shaqaysid sanadkii oo aad isticmaasho 30k, waxaa meel kuu dhacaysa sandkii 25%, taas oo ah heer keydsaho oo caafimaad leh (healthy saving rate).

Waqtiga caadigaa ee loogu talo galay howl-gabnimada waa 65-67-jir. Dadka inta badan waxay maal-gashtaan (invest) inta u dhaxaysa 5-10% mushaarkooda. Sanadkii waxay helaan 6-7% oo faa'iido ah. ma aha kuwo qasaaray sow ma ahan? Balse ma ogtahay haddii aad sidaad uun ku socotid in aad 40-45 sii shaqayn doonto? Haddaba xalku muxuu yahay? Xalku wuxuu yahay; Kow in aad kharashaadkaaga dhinto (cut off your living expenses). Labo in aad kordhiso waxaad keydsanayso (boost your savings), si aad howl-gab u noqoto adiga oo da'yar.

Howlgabnimadu waa sida adiga oo fasax dheer ku qaadanaya magaalada Las Vegas.

100
LEAVE YOUR COMFORT ZONE

"You dont get rich from ideas. You get rich from exution."

- Vinve Stanzione

Ma jeceshahay xaaladda nololeed ee aad hadda ku sugan tahay? Ma tahay mid haysta dhaqaale ku filan? Ma tahay mid maamula waqtigiisa? Haddii ay jawaabtaadu haa tahay; Owguuriyo! Haddii kale ku soo dhawoow Jameecada (welcome to the club). Waxaad ka mid tahay malaayiinta aan ku nooleyn nolosha ay jecel yihiin, balse doonaya is-beddel. Mid aan isku waafaqno marka hore: Waxaad ogaataa qofku in uu sameeyo is-beddel in aysan ahayn wax fudud. Is-beddelku waa waddo dheer oo karakeeshin ah. Habeenno badan oo soo jeed ah, isku dayo badan oo fashilma, niyad-jab joogto ah. Isku cel-celis waa waddo 20-30 sano jahwareer lagu jirayo (messing up). Nasiib-wanaag, waxaa hubantiya in uu qofku is-beddel samayn karo (it can be done), haddii ay ka go' an tahay.

Suaashuse waxay tahay, halkee buu qofku ka bilaabaya is-beddelka? Hagaag! Waxaa jirta maahmaah jayniis ah oo oranaysa; Safarka kunka mayl ah wuxuu ka bilowdaa hal tallaabo. Tallaabada kowaad ee aad qaadaysana waa in aad ka baxdaa seerada amniga (comfort zone) ee aad ku jirto. Xaqiiqdu waxay tahay dadku badankiis goobtaan ayay ku nool yihiin, waayo waa goob dadku ay u arkaan mid la aqbali karo (acceptable) oo caadi ah (normal). Waana goobtii uu ka digay Benjamin Franklin (polymath) oo uu yiri; Dadku badankiis waxay dhintaan iyaga oo 25-jir ah, balse waxaynu duugnaa iyaga oo 75-jir ah. Ka bax seerida amniga ee aad ku jirto. Ma waxaad rabtaa in aad ka mid noqoto dadkaas la sheegayo?

DEFINE YOUR DESTINATION

Wax badan waad maqashay ayaan jeclahay; Giraarinta dhawaaqaysa weeye midda u baahan garaasada (the squeky wheel gets the grease). Micnuhu waxa weeye maahmaahdeenii ahayd; Canjeeradu siday u kala sarreyso ayaa loo kala qaadaa.

Dadka badankiis waxay mushkiladaha ay dhex dubaalayaan dusha ka saaraan ummad kale, balse xaqiiqdu waxay tahay; Inta ay fariisteen weligood isma weydiinin oo ma aysan qeexin (define) waxa ay nolosha doonayaan. Waa sida adiga oo tagay xarun socdaal (travel agency) oo ku yiri; Waxaad ii jartaan tikit aan ku tago meel qurux badan oo aan ka heli karo; Shaqo fiican, lammaane dhammaysa (perfect partner). Waxaa qasab ah qofku in uu sheego meesha uu u safraayo, ka hor inta uusan tickitka goosan. Ka warran haddii qofi albaabka kugu soo garaaco ee uu ku dhaho; Sheego saddex walxaad ee aad nolosha ka doonayso, maxaad sheegan lahayd oo liiska kuugu qoran?

Soo qaado qalin iyo warqad, ka dib waxaad ku qortaa saddex cinwaan oo magacyadoodu kala yihiin; Baahi-dhaqaale (financial needs) sida; Dhaqaalaha ijaarka iyo raashinka. Doonis-dhaqaale (finacial wants) sida; In aad Rolex dahab ah xirato iyo wax aan dhaqaale u baahnayn (non-monetary) sida; In aad noqoto qoraa. Hadda waad taqaan waxaad ka rabto sow ma aha nolosha. Haddaba haddii aad doonayso in aad xorriyad dhaqaale gaarto, waxaa lagaa doonayaa in aad kala saarto; Waxaad baahi u qabto (need) iyo waxa aad doonayso (want).

VISUALIZE YOUR IDEAL LIFE

Maskaxda aadanuhu waa sida kaarka xusuusta oo kale (memory stick). Marka qofku dhasho waa maran tahay (blank), balse markaynu weynaano waxaynu ka buuxinnaa xirfado iyo fikrado (skills and ideas). Fikradahaasi waxay u badan yihiin kuwo taban (negative) oo nagu la shubay markaynu koraynay.

Waxaa ka mid noqon kara farriimihii ay xambaarsanaayeen; Adigu ma tihid mid xariif ku ah xisaabta ama banooniga. Faallooyinkaasi badanaa waxay noqondaan kuwo raad ku yeesha nolosheenna dambe. Fikradahaas taban ma aha kuwo laga baaqsan karnay caruurnimadeenii, balse aynu fiirinno sida aynu u diiwaan-gashan karno (record) kuwo togan. Waxa ugu horraysa oo aynu u baahannahay waa; Innaga oo dib u qorna (rewrite) riyooyinkeena, sidii innagii oo rumaynay (already acheived).

Kasoo qabo waxaad rabtaa in aad iska riddo (lose) 25kg ama aad isku darto (gain). Ka dibna aad gadato baabuurkaadi riyada, 3-da sano ee soo socota. Waxaad hoosta ka xarriiqdaa; 2025 waxaan noqon doonaa miisaankaan doonayay (ideal weight), waxaana baarkeerinka iigu jiri doona Maserati. Intaan ayaad isku laqimaysaa subax iyo habeen kasta, adiga oo ku laraya xammaasad (enthusiasm) iyo sawirashada (visualization) noloshaada cusub. Muhiim ma aha in aad caloosha u daysatay sidii garkii ama aad wadato xaajiyo-khamsiin. Muhiimaddu waa sawirashada mustaqbalka waxa aad noqon doonto, waa sida uu yiri; Cary Grant (actor) markii la weydiiyay sida uu jilaaga ku noqday. Anigu waxaan bilaabay in aan jilo (act) qofka aan rabo in aan noqdo, ka hor inta aan jilaaga noqon.

Haddii aadan khayaal sawiran karin ama aadan qiyaasi karin, riyadaada ma rumayn kartid.

101
THE D.E.A.L FORMULA

"Someday is the disease that will take your dreams to the grave with you."

- Tim Ferris

Heshiishkaan waa qaaciddo lagu helo maalka (wealth) iyo farxadda (happiness). Heshiiska (d.e.a.l) wuxuu u taaganyahay: qeexid (definition), cirib-tirid (elimination), is-wadid (automation) iyo is-xoreyn (liberation).

Definition: Adiga laftirkaaga waan hubaa haddii lagu dhaho waxaad qeexdaa hantiile, in aad la soo boodayso qof bangigiisu buuxo, balse hantiiluhu ma aha kaas ee waa kan samayn kara waxay sameeyaan hantiilayaashu, sida subixii in uu kaco waqtigii uu rabo, in uu u dalxiis tago jaziiradaha kulaylaha ah (tropical), iyo in uu waqtiyo tayo leh la qaadan karo reerkiisa. Sidaas daraaddeed, hantidu waxay la macno tahay wax-qabad (activities), macnaha awoodda aad ku samayn karto waxaad rabto nolosha. Hantidu waa xorriyadda (freedom) iyo waqtiga firaaqada (free time), ma aha hadba hantida uu qofku haysto. Sidaan waxaa u sharraxaya ninka la yiraahdo Tim Ferriss (entreprenuer). Wuxuu kale oo leeyahay, waxaa qasab noqonaysa in aan isla qeexno sidoo kale macnaha farxadda, waayo qof kasta wuxuu ku leeyahay ujeedka noloshayda iigu weyn waa farxad, se waa maxay farxad? Qoraagu wuxuu kow ku qeexayaa ka-soo hor-jeedka (opposite) farxaddu ma aha murugo (sadness) ee waa camal la'aanta (boredom). Sidaas daraaddeed, qeexidda dhabta ah ee farxaddu waa xammaasad (excitement).

Adiga waxaa laga yaabaa in ay macne kale kuu leedahay farxaddu, laakiin waxaa kuu sheegayaa guri weyn, gabar badhi-weyn (big-butts), cambaruudyo-weyn (big-boobs) iyo shaqo kulleetigu kuu cadyahay (white collar job) in aysan farxad kuu keeni karin, mar haddii aysan ku farxad-gelinaynin (excited) waxa aad qabanayso nolosha.

ELIMINATION AND LIBERATION

Boqolkii 80% wax-qabadkaaga ka mid ah ayaa waxay dhaliyaan maxsuulka dedaalka ka yimid 20%. Waa xeerka caalamiga ah ee loogu magac-daray 80/20. Haddii aad u fiirsato, shaqaaluhu (employees) waxay shaqeeyaan 8 saac maalin kasta ama 40 saac isbuucii. Ma waxay shaqeeyaan ayay kula tahay 8 saac oo waxsoosaar ah (productivity) mise waxay sameeyaan uun dhaqdhaqaaq (activity)? Tani micnaheedu waxaa weeye qofku in uu cirib-tiro (eliminate) howlaha iyo waxqabadka aan macnaha laheyn ama aan u jiidaynin dhanka ujeedaddiisa. Haddaba, qofku siduu ku ogaan karaa howlihiisa muhiimka ah? Samayso liis (list) aad ku qoroto howlahaaga muhiimka ah (crucial tasks) ee lagaa doonayo in aad qabato maalintii, isbuucii, bishii iyo sanadkiiba, howlihii kale ee soo baxa oo aan ku qornayn liiskaasna aad dhagaha ka furaysato.

Qofku inta uu shaqo la xaadirayo ka shaqeeyo marnaba u ma noqonayo noloshiisu xor, xataa haddii uu fahmay farqiqa u dhaxeeya maalka iyo farxadda. Haddaba, xalku muxuu yahay? Xalku waa adiga oo ka baxsada (scape) shaqada xaafiiska. Tani kuu ma keenayso in aad shaqayso saacado yar ee waxaad shaqayn kartaa adiga oo jooga goobtii aad doonto. Waxaad heerkaas ku gaari kartaa adiga oo qaada 5-taan tallaabo.

1. Increase your value to the company: Kordhi qiimaha aad u leedahay shirkadda.
2. Prove increased output when working remotely. Kordhi waxsoosaarkaaga markii aad si madax-bannaani ah u shaqaynayso.
3. Quantify the company benefits: qiimeey faa'iidooyinka shirkadda.
4. Propose a trial period: Codso in aad u shaqayso si madaxbannaani ah.
5. Expand the time you work remotely: Ka dibna, kordhiso waqtiga aad madax bannaanida aad u shaqayn laheyd.

THE AUTOMATION TIME

Haddii aad do onaysid in aad ku biirto taajirnimada-cusub, waxaa qasab noqonaysa in aad abuurato dhakhli (generate income) ku soo gala bil kasta oo aan kaaga baahnayn waqti iyo in aad xaadir ahaato. Macnaha, dhaqaale iskiis u shaqaynaya (runs itself). Intii ay badeecaddaadu (product) ama adeeggaagu (service) noqon lahaa mid maareyn iyo beekhaamin adiga kaaga baahan, waxaad la shirkoobi kartaa shirkad weyn oo waxaad hayso u baahan. Shirkadaha noocaas oo kale ah waxay kaaga baahanyihiin uun in aad akhriso warbixinnada (reports) ay kuu soo diraan iyo adeegga ay kaa rabaan. Waa macquul in ay kuu baahdaan fool ka fool balse taasi ma dhacayso mar kasta. Haddaba, sidee ayaad suurto-gal uga dhigi kartaa riyadaan?

Tallaabada kowaad waa in adiga iyo dadka ganacsigu idin ka dhaxeeyo aad si toos ah u heshiisaan, macnaha aanu saddexeeye idin ku dhex jirin. Waa in mar kasta adeeggaagu ama badeecaddaadu ahaataa mid lagu kalsoonaan karo, adiguna ahaatao mid ka madax-bannaan howlahaas qofkii kala wadi lahaa. Cajiib! Haddaba, howlahaas ma jin baa kala wadaya? Maya. Waxaad samaysan kartaa gacan-yare (virtual assistant).

Waxaad heli kartaa dad badan oo gacan-yaranimo loo carbiyay oo kala jooga adduunka daafihiisa. Ogowna illaa inta qofku uu qaban karo shaqada aad ka doonayso (required skill), macne ma samaynayso meesha uu adduunka kaga noolyahay. Waxaa inta badan suuragal ah in gacan-yarayaasha dunida 2-aad iyo 3-aad ku nool ay wax badan ka raqiisisanyihiin kana waayo-aragnimo badanyihiin kuwo ku nool dunida 1-aad. Ka baxso shaqada 9-5 u dhexaysa. Ku noolow meeshii aad dunida ka doonayso. Kuna biir taajirnimada cusub (the new rich).

"You can go to the gym, drink your water, and take your vitamins, but if you don't deal with the shit going on in your head and heart you are still going to be unhealthy and unhappy." - - Unknown

TIXRAACYO GUUD

1. The Nicomachean Ethics: by Aristotle, penguin classics, 2004
2. Discourses and selected writings: by Epictetus, penguin classics, 2008
3. The Bhagavad Gita: by Krishna and Eknath Easwaran, Nigri press, 2007
4. The dhammapada: by Eknath Easwaran, nigri press, 1986
5. Meditations: by Marcus Aurelius, penguin classics, 2006
6. Letters from a stoic: by Seneca, penguin classics, 1969
7. On the shortness of life: by Seneca, penguin books, 2005
8. The enchiridion: by Epictetus, independently published, 2017
9. The analects of confucius: by Confucius, vintage, 1989
10. The tao te ching: by Lao tzu, harper perennial, 1992
11. Thus spoke zarathustra: by Friedrich nietzsche, modern library, 1995
12. Flourish: by Martin seligman, simon & schuster, 2011
13. Happier: by Tal ben-shahar, McGraw-hill, 2007
14. Rethinking positive thinking: by Gabriele oettingen, current, 2014
15. Grit: by Angela duckworth, scribner, 2016
16. Peak: by Anders Ericsson & Robert Pool, Houghton Mifflin Harcourt, 2016
17. Presence: by Amy cuddy, little brown, 2015
18. The power of agency: by Dr Paul Napper & Anthony Rao Ph.D, St. Martin's press 2019
19. The how of happiness: by Sonja Ljubomirsky, penguin press, 2007
20. Creativity: by Mihaly Csikszentmihalyi, harper perennial, 2013
21. The courage quotient: by Robert biswas-diener, jossey-bass, 2012
22. What does not kill us: by Stephen joseph ph.D, basic books, 2013
23. Character strengths matter: by Shannon M. Polly & Kathryn Britton Mapp, positive psychology news, 2015
24. Iconoclast: by Gregory berns, Harvard business review press, 2008
25. Tiny habits: by B. J. FOgg, Houghton Harcourt, 2019
26. Atomic habits: by James Clear, Avery, 2018
27. Mini habits: by Stephen Guise, CreateSpace, 2013
28. The power of habit: by Charles Duhigg, Random house, 2012

29- The compound effect, Daren Hardy, Vanguard press, 2012
30- Willpower: by Roy Baumeister & John Tierney, Penguin group inc, 2011
31- The willpower instinct: by Kelly McGonigal, Avery, 2011
32- The slight edge: by Jeff Olson, Greenleaf, 2013
33- The Marshmallow Test: by Walter Mischel, Back Bay Books, 2015
34- Daily Rituals: by Mason Currey, Knopf, 2013
35- Food Fix: by Mark Hyman, Little Brown Spark, 2020
36- The Happiness Diet: by Tyler Graham & Drew Ramsey, Rodale Books, 2012
37- It Starts With Food: by Dallas Hartwig & Melissa Hartwig, Victory Belt Publishing, 2014
38- The Case Against Sugar: by Gary Taubes, Anchor, 2017
39- Why We Get Fat: by Gary Taubes, Anchor, 2011
40- Eat Fat Get Thin: by Mark Hyman, Little Brown company, 2016
41- Fat Chance: by Robert Lustig, Avery, 2013
42- Grain Brain: by David Perlmutter MD, Little brown, 2013
43- Always Hungry: by David Ludwig, Grand Central Life & Style, 2016
44- Bright Line Eating: by Susan Peirce Thompson, Hay House inc, 2017
45- The joy of movement: Kelly McGonigal, Avery, 2019
46- No sweat: by Michelle Seger Ph,D, Amacom, 2015
47- Spark: by John Ratey, Little brown & company, 2008
48- Spartan up: by Joe De Sena, Houghton Mifflin Harcourt, 2014
49- The Maffetone Method: by Dr. Philip Maffetone, Ragged mountain press, 1999
50- Move Your Dna: by Katy Bowman, Propriometrics press, 2014
51- Don't just sit there: by Katy Bowman, Propriometrics Books, 2015
52- Fix your feet: by Dr. Philip Maffetone, The lyons press, 2004
53- True to form: by Eric Goodman, Harper Wave, 2016
54- Evolution: by Joe Manganiello, Gallery books, 2013
55- The Big Picture: by Tony Horton, Harper Wave, 2014
56- Why we sleep: by Matthew Walker PhD, scribner, 2018
57- The sleep Revolution: by Arianna Huffington, Harmony, 2016
58- Sleep Smarter: by Shawn Stevenson, Model house publishing, 2014
59- End the insomnia struggle: by Colleen Ehrnstrom & Alisha Brosse,

New Harbinger Publications, 2016
60- The sleep Solution: by W. Chris Winter M.D, Berkley reprint edition, 2018
61- Night School: by Richard Wiseman, McMillan, 2014
62- The secret life of sleep: by Kat Duff, Atria books, 2019
63- Power Sleep: by James Maas, Harper Collins Publishers, 1999
64- Take a nap, change your life: by Sara Mednick, Workman publishing, 2006
65- Sleep for success: by James Maas, Author House, 2011
66- Digital minimalism: by Cal newport, portofolio, 2019
67- Irresistible: by Adam alter, penguin press, 2017
68- Indistractable: by Nir Eyal, BenBella books, 2019
69- The distracted mind: by Adam Gazzaley & Larry Roen, The MIT press, 2016
70- The distraction Addiction: by Alex Soojung-kim Pang, Little Brown & Company, 2013
71- Unscribe: by Jocelyn Glei, PublicAffairs, 2016
72- How to break up with your phone: by Catherine Price, Ten speed press, 2018
73- 24/6: by Tiffany Shlain, Gallery books, 2020
74- Bored & Brilliant: by Monoush Zomorodi, St. Martins press, 2017
75- Focus: by Daniel Goleman, Harper paperbacks, 2015
76- Personality: by Daniel Nettie, Oxford university press, 2009
77- Four Tendencies: by Gretchen Rubin, Hodder & Stoughton, 2018
78- Surrounded by idiots: by Thomas Erikson, Essentials, 2020
79- Loving what is: by Byron Ketie, Three river press, 2003
80- Self-compassion: by Kristin Neff PhD, william Morrow, 2011
81- The gift of imperfection: by Brene Brown, Hazelden, 2010
82- Radical compassion: by Tara Brach, Penguin Life, 2019
83- Social Empathy: by Elizabeth Segal, Columbia university press, 2018
84- Against Empathy: by Paul Bloom, Ecco, 2018
85- The age of empathy: by Frans De Waal, Crown, 2010
86- The war for kindness: Jamil Zaki, Crown, 2019
87- Humankind: by Rutger Bregman, Little brown & company, 2021
88- A force for good: by Daniel Goleman, Bloomsbury publishing, 2015

89- Mindwise: by Nicholas Epley, Vintage, 2015
90- The kindness method: by Shahroo Izadi, Bluebird, 2021
91- Altruism: by Matthieu Ricard, Back Bay Books, 2016
92- The science of getting rich: by Wallace D. Wallace, Tarcher, 2007
93- Think & Grow Rich: by Napoleon Hill, free press, 2003
94- Secrets of the Millionaire Mind: by T. Harv Eker, Harper Collins, 2005
95- Millionaire Success Habits: by Dean Graziosi, Hay House inc, 2019
96- Rich Dad, poor Dad: by Robert Kiyosaki, Business Plus, 2000
97- Your Money or Your Life: by Vicki Robin, Penguin books, 2008
98- Die With Zero: Bill Perkins, Mariner books, 2021
99- Quit Like A Millionaire: by Kristy Shen & Bryce Leung, Tarcher perigee, 2019
100- The Millionaire Dropout: by Vince Stanzione, wiley, 2013
101- The 4-Hour Work Week: by Timothy Ferriss, Crown, 2009.

www.ingramcontent.com/pod-product-compliance
Lightning Source LLC
Chambersburg PA
CBHW011956090526
44590CB00023B/3747